12½ JAAR
VAN HARTE Lido

Jos Brink

JOS BRINK

De biografie van een uniek tv- en theatertalent

Tom van den Oetelaar

Spectrum
Uitgeverij Unieboek | Het Spectrum bv

Spectrum maakt deel uit van Uitgeverij Unieboek | Het Spectrum bv,
Amstelplein 32
1096 BC Amsterdam

Eerste druk september 2021
Tweede druk oktober 2021

Omslagontwerp: Bloemendaal & Dekkers / Pinta
Foto cover: ANP Kippa
Foto auteur: stijndevriesphotography
Opmaak binnenwerk: Perfect Service
Opmaak fotokatern, tijdlijn en schutbladen: DPS

ISBN 978 90 00 37551 6
ISBN 978 90 00 37552 3 (e-book)
NUR 672

www.spectrumboeken.nl

Voor Pim en Mick

Inhoud

Proloog – Jos en ik

In de gang bij de kleedkamers draait Jos Brink zich, nadat hij met drie zoenen afscheid van me heeft genomen, nog een keer om: 'Als je eens wilt komen lullen over het vak, ben je van harte welkom, serieus. En dóén hoor!' Theater Markant, Uden, zaterdag 21 december 1996, rond elf uur 's avonds. Jos heeft net zijn voorstelling gespeeld en stapt bijna de bus in.

Een paar weken eerder zat ik voor een interview voor de lokale omroep bij zijn partner, Frank Sanders, in hun kantoor aan de Reguliersgracht in Amsterdam. Aanleiding voor het gesprek was *Zzinderella*, de musical waarmee Jos en Frank vierden dat ze 25 jaar samen in het theater stonden. Maar we spraken over veel meer. Frank was het reizen en optreden beu. Hij ging een school opzetten. Zodat er later in ons land misschien wel zoveel talent en daardoor ook enthousiasme voor musical zou zijn, dat er een hele straat zou ontstaan vol musicaltheaters, net zoals je die in Londen en New York hebt. Als musicalfan vond ik het een prachtig beeld en enthousiast droomden we er samen op los.

Natuurlijk moest ik *Zzinderella* zien. Het begon met een lied waarin Jos en Frank zongen over hun jubileum:

Partners, partners en onthoud,
Dat ik altijd hou van jou!

Jij en ik is wat ik wou,
Wat er ook gebeuren zou,
Ik hou van jou en blijf je trouw,
Partners!

Een paar maanden ervoor was ik uit de kast gekomen. Ik was 21, had er nogal tegenaan gehikt. Eigenlijk had ik het onderwerp liefde jarenlang verdrongen en me op mijn hobby, de lokale omroep, gestort. Met als reactie: 'We zullen het moeten accepteren,' stonden ze thuis ook niet te springen. Is allemaal goed gekomen, hoor. Maar de vanzelfsprekendheid waarmee twee mannen, na 25 jaar duidelijk nog steeds dol op elkaar, hun liefde bezongen in een vol theater, was op dat moment voor mij een lichtend voorbeeld. Zo wilde ik het ook.

Na afloop van de voorstelling stond ik vooraan enthousiast te klappen. Frank zag me en zwaaide. Ik zocht hem op in de kleedkamer, om te vertellen wat de voorstelling met me had gedaan. Maar tot mijn verrassing nam Jos het meteen over. Hij had van Frank over onze ontmoeting gehoord. Dat ik zo'n goed interview had gemaakt en veel van musicals af wist. Jos was ervan onder de indruk: 'Goede voorbereiding en kennis van zaken, dat maak je steeds minder mee.' We raakten in gesprek en Jos nodigde me uit de volgende avond weer te komen. Ik mocht *Zzinderella* opnemen met een geluidsrecorder, zodat ik er stukjes van kon uitzenden. En na die tweede avond kreeg ik dus bij het afscheid de uitnodiging een keer te komen 'lullen'.

Op de fiets naar huis ben ik verrukt. Dé Jos Brink wil met mij praten over het vak. De presentator van *Wedden dat...?*, waar ik als kind zo'n fan van was. Op de basisschool speelden we *Wedden dat...?* na en was ik Jos Brink. Mijn moeder vond dat wel leuk maar was, nadat ik verteld had dat ik net als Jos Brink wilde zijn, ook een beetje bezorgd. Op een zaterdagmiddag in het voorjaar zat ik weer aan de Reguliersgracht, nu met Jos. Urenlang luisterend naar zijn verhalen. En plotseling vroeg hij me wat ik nou eigenlijk wilde bereiken?

'Ik wil voor televisie werken.'

'Op het scherm of erachter?'

'Als het even kan wel erop.'

'Dat is lastig. Dat willen er meer.'

Jos kwam met een plan. Een pilot: een proefprogramma, waarin ik laat zien wat ik kan en dat ik naar omroepen kan sturen. 'En ik wil wel slachtofferen.' Het bleef dus niet bij woorden, Jos ging me echt helpen verder te komen. Ik zou een interviewprogramma voorbereiden met hem als gast. In de maanden erna had ik een afspraak met Paul, de zoon van Jos, die het archief beheerde en die materiaal uitleende.

Op een van zijn spaarzame vrije zaterdagavonden kwam Jos samen met Frank in hun Mercedes naar Uden gereden om het interview op te nemen. Ik had de ploeg van de lokale omroep opgetrommeld en vrienden en kennissen zaten in het publiek. Na ruim een uur interviewen had ik een pilot en was het dus klaar. Maar ons contact bleef. Via brieven en ontmoetingen na afloop in de kleedkamer bleef Jos betrokken bij mijn leven. Nadat de relatie met mijn vriend Jeroen na bijna drie jaar was stukgelopen, kwam er een lange, handgeschreven brief:

> Als zoiets als wat jij meemaakt mijn kinderen overkomt, dan maak ik zelf de pijn, verdriet en de onmacht een behoorlijk stuk ook door, want ik weet hoe het voelt. Toen ik mijn Frank kreeg (ik bedoel echt kréég, want het was een geschenk), was ik 30 en had twee heel grote verdrieten achter de rug, net als jij. En toen kwam de zekerheid. Kijk lieverd, er komt heus wel eens een heer langs waarvan je denkt: wat stuurt God me nu in de windselen? Maar die verliest het altijd van mijn beer. Wat ik maar zeggen wil: het gaat om de onvoorwaarde-

lijke keuze voor elkaar. Is dat onvoorwaardelijke er (aan één kant) niet, dan gaat het vaak mis. Hoeft niet, maar meestal wel. Ik kende Jeroen(tje) niet goed, heb ook geen oordeel. Ik wens hem het beste. Maar je mag me niet kwalijk nemen dat ik voor mijn jongen kies. Die onvoorwaardelijkheid is er ook in jouw geval.

Ik weet zeker, Tommie, dat het goed komt met je. Uiteraard heb ik me nooit met je relaties bemoeid, maar dat Frank-Jos gevoel had ik nog niet. En dat gebeurt heus. Nu heb je daar nog niks aan, want je bent alleen. Met 100 Jossen om je heen blijf je dat voorlopig. En toch komt er een brief of staat er een kind op de stoep met 'je had gelijk'. Ongelijk is een bochel, en die heb je niet. Gooi je in je werk voorlopig. Blijf lief voor Jeroen, jullie hadden het goed samen, en blijf vooral die je bent: een eerlijke, hartelijke, warme jongen van wie de mensen houden. Al was het maar je Jos.

In die donkere dagen waarin ik mijn huis moest verkopen en opnieuw moest settelen, bood Jos me met deze woorden heel veel troost. Op een liefdevolle manier was hij een voorbeeld. Hij definieerde voor mij waaraan ik liefde, onvoorwaardelijke liefde, kon herkennen.

In de zomer van 2007 hoorde ik op de radio een naar bericht: Jos was ernstig ziek. Hij ging naar het ziekenhuis, werd behandeld. Dat het mis zou kunnen gaan, kon er bij mij niet in. Maar op een vrijdagavond kwam het vreselijke nieuws. Dat deze geweldige man er niet meer was, deed me enorm verdriet.

Een jaar na Jos' dood gaf Frank een uitgebreid interview. Natuurlijk vertelde hij over het gemis. Maar ook over de prijs die hij heeft moeten betalen voor zijn leven met Jos. En hoe het werk altijd voorging. Daar kwam een andere Jos naar voren dan ik gekend had. Eentje die helemaal niet zo empathisch was. Toen Frank door longkanker ernstig ziek was, kreeg hij van Jos nauwelijks steun en ging Jos niet met hem mee naar het ziekenhuis. Ik kon dat moeilijk rijmen met de troost en warmte die mij ten deel was gevallen. Hoe kon het dat hij dat voor de man die hem het meest nabij was niet kon opbrengen?

Ik werd benieuwd naar zijn levensloop. Ik was op zoek naar inzicht in wie hij echt was geweest. Want ondanks alle openheid van Jos in de vele interviews die met hem waren gehouden, hield hij duidelijk ook een essentieel deel voor zichzelf. Ik belde Frank en stelde voor een biografie te schrijven. 'Lieverd, als jij denkt dat je dat moet maken, ga je je goddelijke gang maar.' Frank was ook flink aan het opruimen, dat hielp. Alle privéplakboeken, fotoalbums en tientallen dozen vol knipsels kwamen mijn kant op.

Het was overweldigend. De vele musicals, zijn enorme succes met *Wedden dat...?*, waar op het hoogtepunt wel veertien miljoen mensen naar keken. De kus voor koningin Juliana en de reacties erop. Maar ook zijn cabaretvoorstellingen, radioprogramma's, plaatopnames, pastoraal werk. Zijn boeken: bundelingen van columns, theologisch werk. Veertig boeken in totaal. Als ik dat allemaal zou behandelen, was dit een encyclopedie geworden. Om een indruk te krijgen van de enorme berg werk die Jos heeft verzet, staat alles wat hij heeft gedaan in een tijdlijn achter in het boek. Voor het verhaal heb ik me beperkt. Een van de vragen waarop ik een antwoord wilde vinden, is wat ervoor heeft gezorgd dat Jos Brink als een van de eerste openlijk homoseksuele artiesten op een bepaald moment de populairste man van Nederland was. Met twee Televizier-Ringen voor zijn tv-werk en volle zalen voor de musicals die hij zelf schreef en waarin hij ook de glansrol speelde.

Familie, vrienden, collega's en (ex-)geliefden vertelden mij over hun Jos. Het waren open en vaak ook emotionele gesprekken, met mensen die zich kwetsbaar opstelden. Omdat

Jos voor wie het dichtst bij hem stond niet alleen maar goed was. Hij heeft sommigen van hen pijn gedaan. Dat was confronterend om te horen. Maar Jos heeft ook een dierbare plek in hun hart.

Het verhaal is ook een persoonlijke zoektocht. Wat betekende Jos Brink voor mij, voor iemand op enige afstand, met wie hij geen werk- of familierelatie had? Ik heb Jos gekend en hij was me dierbaar, dus dit boek is ontstaan vanuit liefde en bewondering. Maar ik ben ook journalist. Ik wil weten hoe het zit en heb al het materiaal bij de hand om erachter te komen. Ik vind het eng, maar ik wil weten wie hij nou écht was.

Hoofdstuk 1 – Oorlogskind

Wat ik van Jos niet kon begrijpen, was zijn enorme afkeer van Duitsers. Als je zo ruimdenkend bent en je predikt als pastor naastenliefde, waarom kun je dat dan niet opbrengen voor Duitsers? Toen ik Jos interviewde voor mijn proefprogramma, in 1997, heb ik hem ernaar gevraagd. 'Ja jongen, dat kun jij je niet voorstellen, want je zit zelf nog in de peuterleeftijd, vergeleken bij mij. Maar de broers van mijn moeder zijn allemaal vermoord. En mijn vader heeft dingen gezien waar hij nooit meer over heeft willen praten.'

Jos is midden in de oorlog geboren, in de zomer van 1942, in Heiloo. Het gezin woonde in Rotterdam, maar Jos' moeder Jopie vond daar bevallen te riskant. Weliswaar was haar huis gespaard gebleven tijdens het bombardement in 1940, maar een bevalling bij haar zus Mien in Heiloo zou een stuk rustiger zijn. De oorlog had het leven van Jopie en haar dierbaren op zijn kop gezet. Haar zus had net haar man verloren en was daardoor in een depressie geraakt. Hun broers Gerrit en Bas waren allebei spoorloos.

Jopie Kuster kwam uit een familie van marinemensen. Gerrit en Bas waren allebei onderofficier bij de Koninklijke Marine en haar twee zussen waren allebei met een marineman getrouwd. Alleen Jopie had geen marineman. Op dansles had ze Johan Brink leren kennen, een ambtenaar. Ze waren allebei Amsterdammers. Hij kwam uit een volksbuurt, De Pijp, zij was opgegroeid in het wat nettere westelijke deel van de stad. In 1935, vlak voor ze trouwden, had Johan een baan gekregen bij het Rijk. Hij ging voor de belastingdienst bij de douane werken. Zijn carrière begon dat jaar in Brabant, in Borkel en Schaft. Op de grensovergang kwam ongeveer één keer per dag een auto langs. Dan sprong Johan Brink naar voren met een vlaggetje, riep 'douane' en inspecteerde de auto.

In Borkel en Schaft hadden Johan en Jopie het gevoel dat ze terug waren geworpen in de middeleeuwen. De wegen waren onverhard en er heerste schrale armoede. Keuterboertjes probeerden door te smokkelen hun leven wat draaglijker te maken. Sigaretten, tabak, koffie en vooral boter vormden de contrabande. Johan moest erop toezien dat – figuurlijk – de grenzen niet werden overschreden. Maar hij leefde in de gemeenschap en kon zich tegenover zijn buren niet onmogelijk maken. Door de regels te handhaven maar ook, wanneer nodig, een oogje dicht te knijpen, kon hij zich handhaven en kreeg hij zelfs blijvende vriendschappen met zijn buren.

In 1939 maakte Johan promotie. Hij werd verificateur bij de douane in de haven van Rotterdam. Met de Holland-Amerikalijn voer hij mee naar Southampton, Engeland, om de passagiers te controleren. Hij en Jopie zullen die verhuizing naar Rotterdam vast wel eens betreurd hebben, want al vrij snel werd het oorlog. Bij een vergisbombardement van de geallieerden in 1943 werd hun straat geraakt; 326 buurtgenoten kwamen om het leven en 13.000 mensen werden dakloos. Als door een wonder bleef hun huis min of meer gespaard.

Overal om zich heen voelden ze de gruwelijke gevolgen van de Duitse overmacht. Ze gingen in het verzet. Jopie bracht illegale krantjes rond en Johan zat in een knokploeg. 'Een knokploeg. Ja, hij sloeg erop in de oorlog. Hij vertelde daar heel ontspannen over, maar alleen de verhalen die kinderen mochten horen,' zei Jos er later over. Het gezin had stenguns in huis die gedistribueerd moesten worden. Dat deed Jopie met de kinderwagen. Levensgevaarlijk, want baby Jos lag erbovenop. Maar vanuit een ingebakken rechtvaardigheidsgevoel konden ze niet anders, legde moeder haar zoon later uit.

Ook twee broers van Jopie gingen de strijd aan. Oudste broer Gerrit scheepte in 1940 in op de O 22, een moderne onderzeeboot, die vlak voor de oorlog was gebouwd maar nog verre van operationeel was. Het schip was halsoverkop naar Engeland gevaren en zo uit handen van de bezetter gebleven. Op 5 november 1940 vertrok de O 22 voor een vijfde oorlogspatrouille. Het schip zou nooit meer terugkeren. Tegen beter weten in bleef Jopie hoop houden. Af en toe kreeg ze via via een tip van mensen die dachten dat ze Gerrit ergens hadden gezien. Als de tip serieus was, ging ze op bezoek om het uit te zoeken. Altijd zonder resultaat. Pas op 13 augustus 1993 werd Gerrits lot definitief duidelijk, toen het wrak van de O 22 werd gevonden bij de Noorse kust. Alle 46 bemanningsleden waren omgekomen, naar alle waarschijnlijkheid nadat de onderzeeboot op een mijn was gevaren.

Broer Bas vocht in 1940 tegen de Duitse invasie. Hij werd door de bezetter krijgsgevangen gemaakt en kon na de capitulatie weer naar huis. Maar in 1942 wilde de bezetter hem opnieuw interneren in een krijgsgevangenenkamp. Hij weigerde, dook onder en ging in het verzet. Bas was handig met zendapparatuur en hij kwam terecht in de verzetsgroep van Jacoba van Tongeren. Haar 'Groep 2000' hielp zo'n 4500 onderduikers. Met andere oud-marinemensen zorgde Bas voor verbindingen. Maar de zender werd verraden. Drie weken voor de bevrijding, op 14 april 1945, was de laatste fusillade in de rozentuin bij de Amsterdamse Weteringschans. Een van de geëxecuteerden was Sebastianus Gerardus Kuster, 43 jaar oud.

Het lot van Jopies zwager werd al eerder bezegeld. In 1942, toen Jopie voor haar bevalling in Heiloo aankwam, was al bekend wat er met de man van Mien was gebeurd. Hij vocht in Nederlands-Indië tegen de Japanners op de Tromp, een kruiser die was betrokken bij de Slag om de Javazee. In de nacht van 19 op 20 februari 1942 raakten de Japanners de Tromp met de enige treffer die het schip ooit kreeg, in de machinekamer. Zeven mensen sneuvelden, onder wie Miens echtgenoot, Jos van der Waaij.

Toen Jos als tweede zoon van Johan en Jopie op 19 juni werd geboren, werd hij vernoemd naar zijn pas gesneuvelde oom Jos. Zijn tweede naam verwijst naar de twee broers van Jopie: naar de tweede naam van Bas en naar Gerrit als verbastering van Gerardus. Josephus Gerardus Brink werd zo vanaf zijn geboorte altijd herinnerd aan het tragische lot van liefst drie verzetshelden.

Dat ik deze familieverhalen nu pas van zijn broers hoor en nooit eerder heb gelezen in een van de honderden interviews die Jos heeft gegeven, vind ik opvallend. Vond hij dat hij dapperheid van zijn familieleden heeft geërfd? Of was het voor hem juist een juk? Ondanks de vele liedjes, verhalen, cabaretvoorstellingen en musicals die hij schreef waarin de Tweede Wereldoorlog een thema is, had hij het nooit over de heldenmoed die achter zijn roepnaam en doopnamen zit.

Het is wel zeker dat het familieverleden in Jos' jeugd niet besproken werd. Hoe Jopie en Johan de oorlogsjaren hebben beleefd, daar konden hun zoons later slechts naar gissen. Jopie sprak er maar mondjesmaat over. Op 4 mei, met Dodenherdenking, was ze de hele dag verdrietig. De tv ging niet aan en de kinderen mochten niet buiten spelen. Ieder jaar kwam de oorlog terug. De bezetter zou ze niet vergeven. 'Duitsland is een prachtig land, maar je moet het vijf minuten onder water zetten,' zei ze later vaak. Johan sprak nooit met trots over zijn rol in de oorlog. ‘Denk maar niet dat deze jongen de oorlog één dag heeft bekort,’ was zijn relativerende conclusie.

Jos zou altijd over ‘moffen’ praten als hij Duitsers bedoelde, bekende hij toen ik hem ernaar vroeg. ‘De generatie van nu kan er echt niks aan doen. Maar het blijft me verbijsteren. En: het kan nog eens gebeuren, want zo zitten mensen in elkaar. En niet alleen Duitsers.’

Hoofdstuk 2 – Een lawaaiig gezin

'Mijn allereerste herinnering was de bevrijding. Nou, dan begin je je leven leuk,' vertelde Jos me toen ik mijn proefprogramma met hem opnam: 'Ik weet nog dat ik als jongetje van drie op het fietsenschuurtje naar vliegtuigen stond te zwaaien, dat moest van mijn vader.'

Ik was niet de enige met wie hij oorlogsherinneringen deelde. In interviews herinnert hij zich van alles: de voedselpakketten en de biscuits, die in grote vierkante blikken met een rond deksel zaten. De eerste keer dat hij boter proefde. De grote, kale vlakte die Rotterdam was, met in het midden het stadhuis met daarvóór een wit kruis voor hen die vielen. De Laurenskerk die in de steigers stond. En over de Groene Hilledijk sjokten de Duitsers de stad uit. Al deze beelden stonden op het netvlies van de driejarige Jos gebrand.

Of is het de levendige fantasie van een jongetje dat later van theater zijn leven zou maken? Jos had vier broers, en drie van hen leven nog. De oudste twee twijfelen sterk aan deze herinneringen. Middelste broer Peter kan er wel om lachen: 'Jij kunt je zelfs je prenatale tijd nog herinneren,' riep hij dan tegen Jos. En lachend beaamde die dat. Oudste broer Hans is harder in zijn oordeel. Hij kijkt me indringend aan en zegt: 'Jos kon bijna pathologisch liegen.' De biograaf is gewaarschuwd.

Hoewel, eigenlijk had Jos me zelf ook al gewaarschuwd. Dit

is niet het eerste boek dat over Jos wordt geschreven. Paul van Ewijk, de aangenomen zoon van Jos, schreef de biografie *Afgeschminkt* in 1995. Dat boek heeft Jos voor me gesigneerd, en hij schreef erbij: 'Je weet wel, van de firma LL&B' – List, Leugen en Bedrog. En heeft hij ook niet in tientallen interviews geroepen: 'Ik ben de Here Jezus niet! Ze maken een halve heilige van me, maar soms ben ik ook een enorme rot-Jos.'

Jos groeide op in een warm gezin, daarover zijn alle broers het eens. En Jos heeft er zelf ook veel over verteld in interviews. Het was de periode van wederopbouw: 'Daarin ben ik opgegroeid. En dat is niet de slechtste ervaring.' In de oorlog, in 1943, waren Jopie en Johan met hun twee zoons verhuisd naar een rijtjeshuis in Tuindorp Vreewijk, een Rotterdamse wijk met veel groen, opgezet als dorp. Met, zoals het een dorp betaamt, in het centrum een Brink. Het gezin bestond uiteindelijk uit vijf zoons. Vóór de oorlog, in 1938, was Hans geboren. In de oorlog Jos en Peter. En kort daarna volgden nog Jim en Harry, die hun leven lang de twee kleintjes zouden blijven. De jongens sliepen allemaal in één kamer met twee stapelbedden en een ledikantje. Geen luxe, maar gewoon in die tijd.

Het was een gezellig en druk gezin, de jongens waren behoorlijk luidruchtig. De buren dachten vaak dat er ruzie was, maar dan was er alleen maar discussie aan tafel. Bij te veel herrie riep Jopie als ultiem dreigement: 'Ik trek mijn jas aan en ik ben weg.' Dan barstten de kleintjes in tranen uit. Wachtend in het halletje hoorde moeder hoe oudste broer Hans met één nuchtere opmerking haar plan verpestte: 'Hou je maar rustig, die komt echt wel weer terug.'

Als hij zes is, gaat Jos voor het eerst naar school. Hij maakt een slechte start. Hij kon niet goed rekenen, niet schrijven, hij kon eigenlijk niks. Totdat Jopie de juf voorstelde met een andere pen te corrigeren. Jos bleek de rode pennenstrepen tussen zijn zwarte schrijfsels zo mooi te vinden dat hij opzettelijk zo veel mogelijk fouten maakte. Hierna verbeterden zijn schoolresultaten, maar een uitblinker werd hij niet. Zijn schoolrapporten werden gedomineerd door zesjes en zeventjes. Alleen in tekenen was hij echt goed.

Jos' interesses lagen niet op het vlak van de vakken die hij op school kreeg. Al heel jong had hij belangstelling voor het theatrale. Dat vond hij in zijn vroege jeugd in de katholieke kerk. Als remonstranten zadelden vader en moeder Brink hun zoons niet op met een God van vrees en wraak. Ze gingen vrijzinnig met het geloof om en de kerk werd zelden bezocht. Wel gingen de kinderen naar de zondagsschool. Daar kreeg Jos les van een juffrouw met een stijf been, die heel lelijk blokfluit speelde. Maar de katholieke kerk vond hij wel leuk, zo leuk dat hij 's ochtends vroeg nog vóór school met katholieke vriendjes mee naar de vroegmis ging. Hij genoot van de theatrale en mystieke kant van dat geloof. Vooral van Kerstmis kreeg hij geen genoeg. Op derde kerstdag trommelde hij de familie op en dan ging hij de mis tussen de schuifdeuren met kaarsstompjes nog eens naspelen. Tot verveling van zijn broers, die waren er gauw klaar mee. Maar zijn ouders vonden het prachtig.

Waar zijn broers wel vrolijke herinneringen aan hebben, is Pipolanto, de zomersinterklaas. Voor zichzelf maakte Jos een blauw pak met een tovenaarspuntmuts. En zijn knecht Torro, dat was jongere broer Peter. Met een zelfgemaakt lied gingen ze van deur tot deur: 'Pipolanto aan de deur, jongens verder geen gezeur.' Vader Johan wakkerde de liefde voor theater aan. Van papier-maché maakte hij poppenkastpoppen. Met de zelfverzonnen verhalen die hij speelde voor zijn zoons maakte hij vooral op Jos indruk. Zittend voor de poppenkast raakte die daar betoverd door het theater. Een soort van koorts, die hem steeds overviel als zijn vader achter de kast kroop, zou hij er later over zeggen. Ik kwam de poppen tegen toen ik in de doos keek die Frank Sanders na het opruimen van zijn huis voor jongste broer Harry had klaargezet. Ze zaten tussen allerlei spulletjes uit Jos' kinderjaren, netjes bewaard. Het waren ook deze poppen van zijn vader waarmee Jos op de foto staat op de omslag van zijn boekje *Allemaal Poppenkast*, waarin hij nostalgisch terugblikt op een tijd die voorbij is: 'Voor mij waren ze groot gelijk Ko van Dijk en bezaten ze de fantasie van Godfried Bomans.'

Al op jonge leeftijd, hij is elf jaar oud, heeft Jos zijn eerste, echte theaterbelevenis. Tenminste, dat heeft hij zo later verteld aan iedereen die het horen wilde. Een moment dat zijn leven zal veranderen. Want dan nemen zijn ouders hem voor het eerst mee naar *Tramlijn Begeerte*, een stuk met Ank van der Moer. Een verpletterende ervaring, zei Jos erover. Het is een nogal ambitieus stuk voor een kind van elf. *Tramlijn Begeerte* is een bewerking van *A Streetcar Named Desire*, een Amerikaans toneelstuk uit 1947, waarin thema's als verkrachting, krankzinnigheid en homoseksualiteit aan bod komen. Jos snapte er geen bal van, schreef hij er later zelf over in *Het Parool*. Maar het gedoe eromheen sloeg hij wel degelijk op. Dan bedoelde hij vast de dingen die op een kind dat voor het eerst in het theater komt indruk maken: het mooie gebouw, al die stoelen, rood pluche, spotlights, applaus. Zijn ouders joegen hem het theater in, beweerde Jos. Ze deden dat onder het mom: 'Watie ervan opsteekt, is meegenomen en wat het kereltje niet begrijpt kan hem geen kwaad doen.'

Met zijn broers praat ik over deze herinnering. Ze vertellen me dat hun ouders bijna nooit naar het theater gingen. Daar was helemaal geen geld voor. Laat staan dat ze de kinderen mee konden nemen. Ik ontdek dat *Tramlijn Begeerte* in de Rotterdamse Schouwburg werd opgevoerd in november 1948. Toen was Jos zes. Misschien zag hij een reprise van de voorstelling? De enige die ik kan vinden als Jos elf is, is van een amateurgroep in Amsterdam. Het gezin woonde indertijd in Rotterdam. Een verhaal met veel fantasie en overtuiging vertellen is acteurs eigen. Het is Jos met zijn eerste theaterervaring goed gelukt.

In 1954 neemt Jos afscheid van de lagere school en van Rotterdam. Op zijn laatste rapport in de zesde klas van de basisschool staan vooral veel zesjes. Een enkele vijf, voor rekenen. Maar geen acht. 'Jos kán beter!' schreef de onderwijzer in de kantlijn. Hij ging zoals de meeste kinderen in zijn tijd naar de mulo. En dat is niet iets waar hij later trots op was. Als hem ernaar wordt gevraagd, zegt hij zonder blikken of blozen dat hij op de hbs heeft gezeten. Hij gaat ook niet in op verzoeken van tv-programma's als *Klasgenoten*.

Omdat vader Johan weer promotie had gemaakt, ging Jos naar de mulo in Middenbeemster. Johan werd in Purmerend ontvanger van de belastingen. Het gezin verhuisde naar een groot vrijstaand huis met drie slaapkamers aan het Verzetplein in Zuidoostbeemster. Oudste zoon Hans was inmiddels het huis uit, hij zat op het KIM, het opleidingsinstituut voor de marine. Jos sliep met Peter op één kamer, Jim en Harry deelden de andere kamer. Ze sliepen in stapelbedden.

De Beemster was een gebied van tuinders. De mulo in Middenbeemster was een kleine school waarop vooral kinderen uit boerengezinnen zaten, uit de wijde omtrek. Jos moest vanuit Zuidoostbeemster elke dag zes kilometer fietsen door de polder. Daaraan, en ook aan het West-Friese dialect dat hij ineens om zich heen hoorde, moest hij als stadskind wennen. Op foto's uit die tijd zie je Jos meestal in een plusfour, de broek die Kuifje ook vaak aanheeft, in de volksmond bekend als 'drollenvanger'. Verder draagt hij vaak een trui met een bloes eronder. Weinig opvallend allemaal. Jeugdvriendin Nel Mus zat bij hem in de klas en herinnert zich dat hij het eerste jaar stil en afwachtend is. Daarom merkt ze hem pas na een paar maanden op. Ze krijgt een vervelende opmerking van het schoolhoofd en als ze haar hoofd omdraait, krijgt ze van Jos een knipoog. Pas op dat moment realiseert ze zich dat hij ook in haar klas zit.

In het tweede jaar ziet Nel dat Jos opbloeit. Verbaal is hij sterk. Als hij in de klas een vraag krijgt, herhaalt hij die eerst en dan formuleert hij zorgvuldig en overtuigend een antwoord. Zo verbloemt hij zijn matige voorbereiding. Nel is gecharmeerd van hem. Ze raken bevriend en samen worden ze de gangmakers in de klas.

De mulo in Middenbeemster is voor zijn tijd modern. In de winter is er om de twee weken schooltoneel: de Ulo-fuif. En daar doet Jos samen met Nel enthousiast aan mee. In eerste instantie spelen ze bestaande toneelstukjes. Maar als Jos in de bovenbouw komt, krijgt hij steeds meer artistieke vrijheid. Hij schrijft zijn eigen revues. Ideeën krijgt hij via de televisie, want het gezin Brink heeft al snel nadat dit nieuwe massamedium in ons land werd geïntroduceerd een toestel in huis. Vooral de toneelstukken op donderdagavond vindt Jos prachtig. Van de liedjes die hij op tv ziet, maakt hij een eigen versie voor de Ulo-fuif.

De leraar Nederlands die het schooltoneel mede begeleidt, meneer Berger, is jong en vooruitstrevend en hij geeft Jos de ruimte. Als er een leraar weggaat, regelt het hoofd van de school een zaaltje zodat Jos zijn revue kan laten zien, met zelfgeschreven afscheidslied. Hij wordt zo een populaire leerling op school. Nel vindt het al helemaal prachtig en doet mee met alles wat hij bedenkt. Het zijn de jaren van ontluikende tienerliefdes en Jos doet er vrolijk aan mee, beweert hij later. Op het schoolbal wordt er na afloop flink gescharreld, ook door hem. Voor een mooi meisje draait hij zijn hoofd om. Maar dat heeft wel meer met gevoel voor schoonheid te maken dan met iets anders. Nel is vaak bij Jos thuis. Hij noemt haar 'mijn zusje'.

Maar in het gezin ontstaat het vermoeden dat ze méér zijn dan broer en zus.

In 1958, als Jos' mulojaren op hun eind lopen, wordt het tijd te bedenken wat hij gaat doen. Er zijn twee opties. De eerste is de kunstacademie. Jos is dol op tekenen en schilderen en hij is er goed in. Op zijn eindexamen haalde hij een tien voor tekenen. Maar zijn vader verbiedt het hem. Daar kun je je brood niet mee verdienen, is zijn redenering. Natuurlijk mag Jos schilderen. Hij krijgt geld voor verf, kwasten, een ezel en canvas. Maar hij doet het maar lekker in z'n vrije tijd.

De tweede optie is de toneelschool. Daar staat Johan Brink wel voor open. Het sluit beter aan bij zijn eigen interesses en het zit in de familie. Johan is er trots op een volle neef te zijn van Charlotte Köhler, een vooral vóór de oorlog bekende actrice en voordrachtkunstenares. Hij besluit haar in een brief om advies te vragen over de toekomst van zijn zoon. In haar antwoord schrijft Köhler dat ze zich Johan niet direct kan herinneren: 'Mijn moeder had zoveel broers en velen ervan kende ik helemaal niet.'

'Het zou best kunnen dat uw zoon talent heeft,' schrijft ze. Maar verder weet ze ook niet zo goed wat ze ermee aan moet. Ze adviseert Johan om Jos een toelatingsexamen voor de toneelschool te laten doen: 'Indien hij daar door komt, dan komt er na een paar maanden vanzelf wel uit welke richting hij op zal gaan. Dat zou ik toch niet zomaar ineens kunnen beoordelen.'

De poging Jos op de toneelschool te krijgen, strandt al snel. Met zijn zestien jaar is hij te jong voor een toelatingsexamen. Maar er is een alternatief. De hoorspelkern, een groep hoorspelacteurs die werkt voor alle Hilversumse radio-omroepen, is gestart met een interne opleiding. Het hoorspel is populair. Weliswaar is er vanaf de jaren vijftig ook televisie, maar nog maar weinig mensen hebben een toestel. Als er een populair hoorspel op de radio is, zoals *Paul Vlaanderen*, is het ouderwets stil op straat. Omdat de kern veroudert, is er behoefte aan nieuwe aanwas.

Uit de 2400 brieven die de NRU, de Nederlandse Radio Unie, na de oproep kreeg, worden 286 kandidaten geselecteerd voor een auditie. Op 19 juni, zijn zestiende verjaardag, valt de uitnodiging voor Jos op de deurmat. Terwijl het gezin Brink in de zomer van 1958 geniet van de traditionele tweewekelijkse vakantie in een huisje in Schoorl, gaat vader met Jos voor de auditie naar Hilversum. In de VARA-studio is een stemproef. Jos moet een stukje proza 'degelijk memoreren', staat in de uitnodigingsbrief. Dat degelijk memoreren heeft Jos van huis uit meegekregen. Van zichzelf heeft hij een mooie stem en een goede dictie. Daarnaast was correct taalgebruik een grote deugd in het gezin Brink. Vader Johan zorgde er als taalliefhebber voor dat zijn zoons accentloos Nederlands spraken. Er werd geen 'doei', maar netjes 'dag' gezegd. Ook ambitie, de beste willen zijn, kregen de jongens van hun ouders mee. Zorg dat je binnen de mogelijkheden die je hebt het allerbeste, de top bereikt.

Begin oktober krijgt Jos te horen dat hij met nog zes anderen is aangenomen voor de hoorspelcursus. Die opleiding heeft aardig wat acteurs afgeleverd die later naam zouden maken. Zoals Hans Veerman, bekend van *Dossier Verhulst* en *Medisch Centrum West*. Veerman leerde op de cursus zijn latere levenspartner Hans Karsenbarg, bekend van *Baantjer*, kennen. En ook Corry van der Linden (de stem van Calimero en Smurfin) en Joke Hagelen (*Paul Vlaanderen*) leerden het vak op de hoorspelcursus. De leerlingen krijgen spraakles van Georgette Rejevski en dramaturgie van Rolien Numan. Verder zijn er lessen Duits, Frans en Engels, waarbij de leerlingen een toneelstuk in de originele taal juist moeten uitspreken.

Georgette Rejevski nodigt een aantal van haar leerlingen,

onder wie Jos, uit voor de première van een musical waarin ze speelt: *My Fair Lady*. Het is de eerste grote musical in Nederland, met Wim Sonneveld als stralend middelpunt. Het maakt op Jos grote indruk. 'In mijn genre is Sonneveld de grootste, onvergelijkbaar met anderen,' zegt hij later over zijn held.

Al tijdens de opleiding krijgt Jos af en toe een rolletje in een hoorspel. Hij maakt zijn debuut in een sciencefictionverhaal. Jos speelt 'voorbijganger nummer twee' en heeft drie regels tekst. Van de zenuwen verspreekt hij zich er in twee. Toch hoort hij bij de drie van de zeven leerlingen die dat jaar slagen voor de opleiding, als enige jongen. Jos heeft zich ontwikkeld tot een bruikbare acteur, dus hij krijgt een contract. Met zijn flexibele stem kan hij in hoorspelen zowel kinderrollen als oudere mannen spelen.

Maar de ambities van Jos gaan verder dan hoorspelen; hij wil het theater in. Daarvoor richt hij een heus Cabaret-showgezelschap Jos Brink op. Dat gezelschap bestaat, naast Jos, uit oud-klasgenoten Ita Garms en natuurlijk Nel Mus. Meestal treden ze op in het gemeenschapshuis van Middenbeemster, tijdens de feestavond van de D.U.V., de vereniging van oud-leerlingen van de mulo. Maar een enkele keer gaan ze met een busje het land in, bijvoorbeeld wanneer een oud-leraar, die elders is gaan werken, aan hen vraagt of ze op zijn nieuwe school willen komen spelen. Inspiratie voor stukjes krijgt Jos nog steeds via de tv. Daar had hij een act gezien waarbij een meisje als bergbeklimster al zingend op het podium steeds kleinere rondjes liep, totdat ze uiteindelijk op de top van de berg stond en concludeerde dat ze door de mist niks zag. 'Wandelen in Zwitserland' is een succesnummer voor Nel. In het nieuws is de 'Planta-affaire': mensen krijgen pukkeltjes van het eten van margarine. Jos bedenkt een liedje, schminkt bij Nel en Ita rode pukkeltjes op het gezicht en ze zijn de Planta-zusjes.

In lokale krantjes in Purmerend staan recensies van de avonden. Ik vind ze terug in Jos' plakboek. Met een paarse pen heeft hij zijn eigen rol onderstreept. Op de eerste bladzijde: 'D.U.V. verzorgde feestavond met veel variatie.' Dit zou zomaar de eerste recensie van een optreden van Jos Brink kunnen zijn. Het is een verslag van de jaarlijkse feestavond in Het Heerenhuis, het culturele centrum van Middenbeemster. De onbekende recensent schrijft: 'Als laatste nummer voor de pauze volgde de quiz "Dit is uw leven". Jos Brink was de conferencier, die met een praatje en een grapje artiesten en nummers aankondigde. Teksten van het openings- en lotenlied waren ook van de hand van de conferencier.'

Het Cabaret-showgezelschap Jos Brink biedt zich ook aan als regisseur en grimeur. Dat verbaast me niets: toen ik in 1997 met Jos mijn proefprogramma opnam, stond hij erop dat hij zelf de visagie deed. Hij heeft het zichzelf al op jonge leeftijd geleerd en het is altijd een hobby gebleven. Er was geen sprake van dat iemand anders dat zou doen.

Jos heeft ook nog extra scholing nodig. Want hij kan weliswaar acteren met zijn stem, maar zijn voordracht moet hij bijschaven. Dat doet hij met hulp van Judith Dokter, een artistieke vrouw, de moeder van een oud-klasgenoot van de mulo. Ze treden ook samen op tijdens een voordrachtavond in Purmerend. Ze wordt een vertrouwenspersoon voor hem. In lange, persoonlijke brieven vertelt hij haar over zijn ambities en zijn plannen. Op 25 oktober 1960, Jos is dan achttien, schrijft hij Dokter tijdens haar lange vakantie in Spanje. 'Lieve tante Ju,' is de amicale aanhef. Jos feliciteert Dokter met haar verjaardag en zet haar mondaine leven af tegen zijn eigen kleine bestaan: 'Ik kom anders nooit verder dan de bioscoop.' Hij vertelt nog even trots over al zijn werk: de regies, de toneelstukken, de hoorspelkern, 'Ik veronderstel dat het u ook lekker gaat.' En dan ineens: 'Zorgt u maar dat u een foto van het een of ander vriendje krijgt, dan kan u mij daar de ogen mee uitsteken.'

Die moest ik even twee keer lezen. En nog eens de datum checken waarop de brief is geschreven. Want het zou nog wel een paar jaar duren voordat Jos uit de kast komt. Maar hier staat het echt. En Jos vervolgt, tussen haakjes: '(jaloezie hoor, zo meen ik het niet, hoewel er niet zo erg veel aardige jongens op de wereld zijn. Ik ben altijd verrekte arrogant geweest!)' Om vervolgens weer snel over te gaan op koetjes en kalfjes: 'Hier pist het van de regen.' Maar het hoge woord is eruit. Deze zeer persoonlijke ontboezeming staat verder geheel op zichzelf: niemand anders kan me hier méér over vertellen. De brieven zijn bewaard door de kinderen van Judith Dokter; het is onbekend of Jos met haar al eerder heeft gesproken over zijn homoseksuele gevoelens. Maar dat Jos jaren voor zijn coming-out tegenover zijn familie en vrienden dit en passant aan haar schrijft, geeft wel aan dat hij zich bij haar zeer op zijn gemak moet hebben gevoeld.

Tegelijk met zijn latente homoseksuele gevoelens groeit Jos' geloof. Dat beet elkaar niet, integendeel. In zijn mulotijd was hij met Nel iedere week naar catechisatie gegaan, en op zondag naar de doopsgezinde kerk. Een praktische kerk, die als eerste een vrouwelijke predikant accepteerde. Daar voelde hij zich thuis: in de diensten ging hij helemaal op. In het jaar waarin Jos achttien wordt, is het gezin verhuisd van Zuidoostbeemster naar Tilburg. Maar hij keert terug naar de Beemster voor een plechtige gebeurtenis: zijn belijdenis. Die doet hij vol overtuiging. Hij schrijft de tekst van de belijdenis zelf en legt, natuurlijk, een link met theater. Zijn streven zal zijn, belijdt hij, via theater iets voor andere mensen te betekenen. De letterlijke tekst is helaas verloren gegaan, maar Nel herinnert het zich goed. Dominee Zwartendijk doopt Jos en draagt daarbij de tekst voor die erop aansluit, Johannes 14, vers 23:

'indien iemand Mij liefheeft, zullen wij tot hem komen.'

In de kerkgemeenschap voelt Jos zich thuis, maar voor het leger geldt dat niet. In 1961 moet Jos tot zijn afgrijzen in militaire dienst. Hij schrijft erover aan Judith Dokter op 29 mei: 'Ja ja, ik moet onder de wapenen. 14 juni om precies te zijn, vijf dagen voor mijn 19de verjaardag. U begrijpt dat ik er wel de pest in heb.' Maar echt hard zal hij thuis niet geprotesteerd hebben. In zijn familie wemelt het van de beroepsmilitairen. Dat Jos in dienst ging, zal vanzelfsprekend zijn geweest. Maar voor hem was het een hinderlijke onderbreking van zijn carrière. Anderhalf jaar militaire dienst betekent dat Jos twee seizoenen niet kan spelen. 'Wel jammer, ik begon net zo goed op dreef te komen.' Ter illustratie tekent hij er een wenend soldaatje bij.

Het valt Jos niet mee. Hij komt terecht in de Juliana van Stolbergkazerne, bij de geneeskundige troepen. Na twee weken schrijft hij zijn ouders: 'Vandaag beldienst gehad met camouflage. Doodvermoeiend. Gisteren een hel van een mars van 14 km. Afgrijselijk.' Jos had eigenlijk dienst willen weigeren, maar dan zouden zijn jongere broers Jim of Harry de pineut zijn. Omdat er uit een gezin maximaal drie jongens in dienst moeten, verleent hij hun broederdienst.

Oudste broer Hans, inmiddels beroepsmilitair, probeert hem vanuit Nieuw-Guinea een hart onder de riem te steken: 'Hoe gaat het met jou in dienst? Het valt allemaal wel mee. Van je oorspronkelijk beroep komt nu natuurlijk niets terecht. Er zijn veel te veel andere dingen. Je moet maar denken: de leiding doet het niet om jullie te pesten. Ook ik sta wel eens 48 uur achter elkaar op mijn benen. Drink verder iedere dag je biertje, daar blijf je gezond bij.' Maar Jos houdt het niet vol. Hij vraagt een herkeuring aan bij het Militair Neurose Hospitaal in Austerlitz. 'Reden: privé,' staat erbij. Jos wil een S5: een verklaring van geestelijke instabiliteit, de reden om alsnog te worden afgekeurd. Het wordt in die dagen vaker gegeven aan mensen die homoseksueel zijn. Jos krijgt zijn S5 niet meteen. Tot zijn schrik wordt hij naar de disciplinaire gevangenis van het leger gestuurd, in Nieuwersluis. Een gevangenis met een streng regime. Dienstweigeraars of soldaten die dronken achter het stuur hadden gezeten, kwamen daar terecht. En Jos dus ook. Op 26 september komt het bevrijdende bericht: dienstplichtig soldaat J.G. Brink is 'wegens gebreken' ongeschikt bevonden voor de militaire dienst. Hij kan naar huis.

Maar thuis heeft Jos het moeilijk. Nel moet met spoed naar hem toe om hem een hart onder de riem te steken: 'Je wilt allemaal voldoen aan de verlangens van je ouders en dat kon hij toen niet meer,' herinnert ze zich. Het is op dat moment nog geen twintig jaar geleden dat twee broers en een zwager van zijn moeder, alle drie beroepsmilitairen, sneuvelden voor volk en vaderland. Daarnaast werkt oudere broer Hans voor Defensie, en van jongere broer Peter staat ook wel vast dat hij beroepsmilitair zal worden. Nel: 'Ze hadden tegen hem gezegd: "Een Brink, die zit gewoon in het leger."' In deze sfeer zal Jos weinig aandrang hebben gevoeld te vertellen hoe het zit met zijn seksuele geaardheid. Hij kon nu al niet voldoen aan de verlangens van zijn ouders. Het nieuws dat hij ook nog op een ander punt anders was dan ze dachten, moest nog maar een paar jaar wachten.

Toch is Jos maar wat blij wanneer het leger achter hem ligt. 'Ieder gevaar is nu geweken,' schrijft hij opgelucht aan Judith Dokter. Hij kan verder met zijn leven. Maar zijn werk is geen vetpot. Jos' salaris bij de hoorspelkern is nog geen vijfduizend gulden bruto per jaar. Een gemiddeld jaarinkomen is in 1962 ruim zesduizend gulden. Hij doet er daarom van alles bij. Met collega's Hans Karsenbarg en Corry van der Linden speelt hij in de zelfgeschreven theatervoorstelling *Luchtballonnen*. En hij verhuurt zichzelf via een theaterbureau. Maar ook die inkomsten zijn marginaal. Sinds Jos in Hilversum werkt, heeft hij een kamer in de Eerste Jan van der Heijdenstraat in Amsterdam, boven de HEMA. Het is een armoedig bestaan. In een interview met Karel Prior in 1977 blikt Jos erop terug: 'Ik heb geleefd van SikS koekjes. Weet je wel, die maaltijdkoekjes?' Ik vind ze terug in een advertentie uit die tijd. 'De maaltijd in een koekje,' luidt de reclame. Een verpakking van twee gulden vijftig was goed voor drie tot zes maaltijden. 'Van een rijksdaalder kon je twee dagen eten. En dan had ik nog een flesje vla. Dat heb ik jaren gedaan.' Broer Peter blijft in die dagen een keer bij hem logeren met zijn verloofde Hansje. Ze verbazen zich erover dat er geen koffie en zelfs geen suiker voor in de koffie in huis is. Er is helemaal niets.

Als Jos op zaterdag 9 maart 1963 de aanbieding krijgt om voor honderd gulden mee te werken aan de opname van een lp met sprookjes van de Efteling, is dat voor hem dus zeer aantrekkelijk. Maar er is een probleem. Voor de hoorspelkern wordt hij verwacht in Hilversum, om een zinnetje in te spreken voor een hoorspel bij de KRO. Jos kan de verleiding niet weerstaan. Hij meldt zich ziek bij de Nederlandse Radio Unie en gaat naar Amsterdam voor de plaatopname.

Dat is een fout met verstrekkende gevolgen. Op het treinstation wordt hij gespot door een collega, en die verraadt hem. Op 28 maart valt er een aangetekende brief in de bus. 'Wij beschouwen uw gedrag zodanig dat redelijkerwijze voortzetting van Uw dienstverband niet kan worden aanvaard.' De NRU ontslaat hem op staande voet.

Jos is boos. Maar niet voor lang. Hij heeft bij de AVRO een schnabbel te pakken die hem vele malen meer geld en roem oplevert dan het spelen van passant, krantenverkoper of derde voorbijganger in een hoorspel.

Hoofdstuk 3 – Coming-out

Op oudejaarsdag 1962 is Jos voor het eerst bij de AVRO te horen als radiopresentator. Of eigenlijk diskjockey, want hij presenteert een muziekprogramma voor de teenagers, zoals jongeren toen werden genoemd. Elke week een half uurtje: *Tussen 10 plus en 20 min.* Geluidsbanden waren toen duur, dus er is bijna niets van bewaard gebleven. Eén radio-uitzending heb ik gevonden en teruggeluisterd. Voor iemand die is opgegroeid met Frits Spits en Jeroen van Inkel is het horen van zo'n programma een wonderlijke ervaring. Het begon met een stukje klassieke muziek. Klassiek! In een jongerenprogramma! Jos vond het zelf ook raar: 'Dág allemaal. Ja, ik geef toe, het is een wat ongewoon begin. Maar het berust echt niet op een misverstand hoor, dat het klarinetconcert van Mozart dit programma opent. Dat was om blij te blijven. En wat mij betreft: ik zou best nog wel zo door willen gaan. Ja hoor.'

Hij klinkt zalvend, een tikje zwoel. Het was ook eigenlijk niet echt iets voor Jos, zo'n jongerenprogramma. Jos was niet iemand van popmuziek. Later zou hij zeggen dat er na de Beatles niets fatsoenlijks meer is gemaakt. Klassiek vond hij veel mooier. Maar toch zou hij als diskjockey een tieneridool worden. Journalisten zoeken de 'Adviseur van jonge harten' op, zoals het *Algemeen Dagblad* hem noemt. De krant spreekt Jos aan de eettafel in zijn ouderlijk huis in Tilburg. 'Hele groepen jonge meisjes leggen hun hartsgeheimen bloot aan deze jongeman, die ze nooit gezien of gesproken hebben.' Op de begeleidende foto zien we Jos omringd door brieven. Wel vijfhonderd per week, schrijft de verslaggever. Een paar van die brieven heeft Jos bewaard, zoals die van een meisje van vijftien uit Uden, die hem schrijft wat hij voor haar betekent: 'Veel meer dan een zanger en wie dan ook. Zelfs meer dan Cliff Richard en de hele mikmak. Als je een meisje hebt, laat haar dan deze brief maar niet lezen, maar ik hoop dat je geen meisje hebt.' Ze moest eens weten. Verderop schrijft ze nog dat ze, naast Jos, ook Ronnie Tober geweldig leuk vindt.

Jos is – tegen wil en dank – een held voor jonge meisjes geworden. De man die hem daar op de radio bij geholpen heeft, is Skip Voogd. Hij schrijft de teksten voor *Tussen 10 plus en 20 min*. Hij adviseerde Jos ook om te zeggen dat hij wel vijfhonderd brieven per week kreeg. In werkelijkheid waren het er een paar honderd per maand. Maar Skip adviseert Jos de getallen op te blazen, zodat hij nóg succesvoller lijkt. Skip is 29 als hij Jos leert kennen. Nu is hij een broze tachtiger, maar het geheugen is nog scherp. Ik ben blij dat hij bereid is me te vertellen over zijn tijd met Jos, want het ligt gevoelig. Jos heeft een diepe indruk op hem gemaakt – én het is een kras op zijn ziel. Skip is een belangrijke getuige. Hij heeft Jos' eerste succesvolle jaren van zeer nabij meegemaakt.

Al snel nadat hun samenwerking begon, vertelt Skip me, voelden Jos en hij een klik. De blik in Jos' ogen, de manier waarop hij naar Skip kijkt en hoe ze met elkaar praten. Na een paar uitzendingen, tijdens een onderonsje in de AVRO-kantine na afloop van de uitzending, zegt Jos tegen Skip: 'Mag ik je wat zeggen? Ik ben helemaal gek van je.' Dit moet voor Jos toen een flinke drempel zijn geweest. Hij zat nog in de kast. Maar hij moet bij Skip hebben gevoeld dat het veilig was, en dat was ook zo. En het gevoel is wederzijds. Die prachtige stem, de manier waarop hij spreekt. Jos heeft Skip overrompeld met zijn bravoure. De verschillen zijn groot. Skip, de schrijver, heeft een paar vrienden. Jos is extraverter, zit in de artiestenwereld en gaat op stap. De twee hebben eigenlijk alleen op de terugreis na een uitzending een moment samen, als Skip Jos naar huis brengt in Amsterdam. Tussendoor bellen en schrijven ze veel. Een enkele keer blijft Jos bij Skip slapen. Maar ook dan gebeurt er niks 'supersensationeels' tussen de lakens.

In artikelen die Skip zelf over Jos schrijft in populaire tienerbladen stopt hij zijn eigen bewondering. In *Goede Ontvangst* begint hij met een citaat uit fanmail: 'Ik sla geen uitzending over en elke keer dat ik je stem in *Tussen 10 plus en 20 min* hoor, word ik heel blij van binnen...' En Skip vervolgt met: 'Deze brief kwam van een twaalfjarig meisje, dat al ruim vijf jaar in een sanatorium wordt verpleegd. Jos Brink draagt hem altijd bij zich en leest hem talloze keren per dag. "Het klinkt misschien een beetje raar," zegt-ie, "maar die brief van dat meisje is het mooiste cadeau dat ik ooit heb gekregen."' In het artikel geeft Skip ook de producer, zichzelf dus, het woord: 'Ik schrijf mijn teksten helemaal op Jos' stem en zoals die jongen het brengt, dat is in Nederland nog niet vertoond!' Nadien laat hij zijn liefde per brief weten: 'Ik heb de laatste jaren zelden een verhaal zó vlot en met zóveel plezier geschreven, maar jij kunt je wel voorstellen hoe dit komt.'

Toch is er ook al snel ruzie. Dat blijkt uit brieven van Skip die Jos heeft bewaard in zijn plakboeken. Maar Skip heeft ook een paar brieven van Jos bewaard. Samen geven ze een beeld van hun goede en minder goede momenten samen. Jos heeft later vaak gezegd dat hij van Skip veel heeft geleerd. En dat blijkt ook uit zijn brief van juli 1963. Skip heeft hem verweten dat hij keihard en berekenend is en dat Jos zijn naam te grabbel gooit. Jos probeert het goed te maken. Want door die ruzie realiseert hij zich wat Skip allemaal voor hem betekent: 'Je hebt me in een paar weken tijd enorm geholpen. Je hebt m'n plaats bepaald in deze showtoestand en m'n ogen geopend omtrent de achtergronden hiervan. Ik ben in zes weken zes jaar verder gekomen. Je hebt m'n hand gepakt, vastgehouden en me een paar meter over de rand van het zwembad geleid.'

Skip is in omroepland de man met de meeste ervaring en contacten. En Jos weet dat: 'Ik weet heel goed, dat als je me loslaat ik misschien nog slingerend en balancerend een meter verder kom maar dan ook onherroepelijk het diepe bassin indonder. En verzuip. Ik heb je nodig Skip.' Dus probeert hij te verzoenen: 'Ik hoop dat je in mijn nog wel heel verward gevoel een basis vindt om het opnieuw met me te proberen. Ik heb me serieus op je ingesteld. We geloven beiden in voorbestemming, we zijn in een heleboel dingen bijna identiek. Ik begrijp niet dat twee mensen die elkaar graag mogen langs elkaar heen zouden moeten leven.' Skip grijpt de handreiking met beide handen aan: 'Ik vind je een machtige vent en ik heb een grote bewondering voor je. Als acteur én – vooral – als mens. Jongens als jij zijn zeldzaam en daarom verdienen ze om heel mieters behandeld te worden,' beschrijft hij zijn gevoel aan Jos.

De relatie met Skip is een grote stap voor Jos, maar hij durft er nog niet mee naar buiten te treden. Je kunt nóg zulke vrije, liberale ouders hebben, homoseksualiteit voor jezelf accepteren, is een eenzaam proces. Jos had liberale ouders, maar toch: 'Als kind wist ik niets van homofilie. Toen ik ontdekte dat ik zelf homofiel was, wist ik me er gewoon geen raad mee,' vertelde hij in 1978 aan *Margriet.*

Toen ik zelf in 1996 na jaren aarzelen en uitstellen uit de kast kwam, was ik 21: dezelfde leeftijd als Jos bij zijn coming-out. Paul de Leeuw was populair en het homohuwelijk was in aantocht. En, uiteraard, Jos had me in de jaren daarvoor al laten zien dat een homo niks raars is. Maar hoe zou hij dat zelf hebben ervaren in 1963, een heel andere tijd?

Voor verreweg de meeste mensen is in 1963 homofilie nog een ver-van-mijn-bedshow. Er wordt maar mondjesmaat over geschreven in dag- en weekbladen, sinds eind jaren vijftig. Predikant Alje Klamer had in 1959 op de radio een bede gehouden voor homoseksuelen, is te lezen in de *Homo-encyclopedie van Nederland*. Op televisie is er op dat moment nog helemaal nooit over gesproken. Vanaf 1963 begint er wat te veranderen. Op 11 december 1963 komt homoseksualiteit ter sprake in het tv-programma *Literaire ontmoetingen*, in een uitgebreid interview met Gerard Reve, maar nog in bedekte termen, als onderwerp van zijn werk. Het maakt nauwelijks indruk. Een jaar later is het anders. Dan vertelt architect Benno Premsela, voorzitter van het COC, uitgebreid over zijn homofilie in het VARA-actualiteitenprogramma *Achter het Nieuws*. Het hele land spreekt erover dat een homoseksueel herkenbaar op tv is verschenen.

Jos houdt zijn eerste liefde vooralsnog in het verborgene. En verder stort hij zich vooral op zijn carrière. Zijn ambitie is tomeloos en gaat verder dan presenteren en acteren. Hij wil ook als zanger beroemd worden. In 1962 waagde hij vele pogingen. Zijn plakboek zit vol met brieven aan platenmaatschappijen. Tevergeefs. Jos kan best zingen, maar Phonogram zag onvoldoende commerciële mogelijkheden. Bovema liet weten dat Jos' prestaties 'nog niet volledig beantwoorden aan de eisen, welke voor een grammofoonplatenopname gesteld dienen te worden'. Maar de relatie met Skip geeft Jos nieuwe kansen. Skip is de achterneef van Jack Bulterman, een grote naam in die dagen. Hij begeleidde de populairste artiesten van toen: Willeke Alberti, Anneke Grönloh en The Blue Diamonds. En hij zal ook Jos' eerste liedje componeren. De titel is Jos' vaste slotzin aan het eind van iedere uitzending van *Tussen 10 plus en 20 min*. Skip hoorde dat dj's van Radio Luxemburg hun uitzending afsloten met de boodschap: 'Take care of yourself.' Skip vertaalt dit naar het Nederlands en dus zegt Jos aan het eind van iedere uitzending, met een zo laag en zwoel mogelijke stem: 'Pas goed op jezelf, dááq.' Die zin moest de hit worden. Gerrit den Braber schrijft de tekst:

Pas goed op jezelf.
Dat zeg ik bij het afscheid als een laatste groet.
Pas goed op jezelf.
Vergeet niet dat te doen wat je het liefste doet.

Het plaatje eindigde met, parlando, de beroemde slotzin en het zwoele 'Dááq'.

Jos is apetrots. Het draaiboek van zijn eigen radio-uitzending, op dinsdag 29 oktober 1963, waarin hij zijn singletje voor het eerst aankondigt, is zorgvuldig bewaard in zijn plakboek. Halverwege het programma draait Jos eerst de B-kant: 'Toe Jos, draai nog eens een plaatje.' 'En Skip achter de ruit heeft zojuist z'n duim omhoog gestoken, waar ik uit concludeer dat hij het in elk geval een fijne plaat vond,' heeft Skip zelf als begeleidende tekst voor Jos geschreven. Als afsluiting van het programma draait hij, uiteraard, de A-kant. Wel een vreemd gedoe, je eigen plaatje draaien, geeft hij toe: 'Maar... ik was het toch écht. En voor het geval dat je hem wéér wilt horen, luister dan volgende week dinsdag maar.' De schaamteloze zelfpromotie is hard nodig, want in andere programma's kan hij airplay schudden. De concurrentie tussen de dj's van de verschillende omroepen is hevig in die dagen. Herman Stok van VARA's *Tijd voor Teenagers* had de platenmaatschappij al gewaarschuwd: 'Geen omroep die 'm draait. Het wordt een enorme commerciële flop.' En hij kreeg gelijk. Jos' eerste singletje verkoopt nauwelijks en is tegenwoordig een rariteit, waarvoor verzamelaars tussen de twintig en veertig euro neertellen.

Terwijl Skip zijn best doet Jos verder te helpen in zijn carrière, is die alweer met andere dingen bezig, of eigenlijk met íémand anders. Jos heeft in september, in Amsterdam, een nieuw vriendje leren kennen: Leo IJs, een knappe danser en choreograaf. Het is een hevige verliefdheid. Al snel komt Jos bij Leo thuis over de vloer en hij valt in de smaak: hij mag vaker komen. Bij Leo stort Jos zijn hart uit. Hij vertelt hem over de beledigingen en vernederingen die hij ervaart in zijn werk. Hij eet weinig en slaapt slecht, vertrouwt hij hem toe. Als Jos, omdat hij te lastig is in de studio, op het matje moet komen bij de AVRO, adviseert Leo hem zich te beheersen.

Het is deze verliefdheid die Jos over de drempel trekt: hij komt uit de kast. Een moment waarover Jos, als hij eenmaal een van Nederlands bekendste openlijk homoseksuelen is, vaak zal vertellen, vooral in interviews in de jaren tachtig en negentig. Ik denk dat Jos het ook zo vertelde om jonge homo's die het toen lazen vertrouwen te geven. Bijvoorbeeld in het blad *Actie* in 1992: 'Toen ik bij mijn ouders aanklopte, bleken zij al lang op de hoogte te zijn. "Dat hadden jullie me dan wel eens eerder mogen zeggen," riep ik uit. "Nee," zei mijn vader, "zoiets moet je zelf ontdekken en uitzoeken. Pas als je dreigde vast te lopen, zouden we hebben ingegrepen."'

Aan *HN Magazine* vertelde hij hoe zijn moeder reageerde: 'Ze zei dat ze het al op mijn vijftiende wist. Ik kwaad dat ze me niet eerder had geholpen.' Jos' ouders hadden vanaf de zijlijn gekeken of hun zoon het wel redde. Dat bleek zo te zijn, dus wachtten ze geduldig af tot hij er zelf mee kwam. Jopie Brink sprak gevleugelde woorden, die haar zoon eindeloos zou herhalen: 'Onze-Lieve-Heer heeft iedereen het recht gegeven om gelukkig te zijn.' Daarmee was de kous af en ging het gezelschap, om het te vieren, een taartje eten bij Groot Speijck, het natuurgebied in Oisterwijk.

Eind goed, al goed, zou je denken. Jos' ouders waren liberale mensen, daar had hij mazzel mee. Maar zo achteloos als Jos hun reactie op zijn coming-out later presenteerde in interviews, was het toch niet. Uit liefde voor hun zoon en om hem te beschermen, deden ze tegen hem misschien luchtig. Maar Hansje, de latere echtgenote van Jos' broer Peter, zag meer. Ze kwam al als jong meisje bij de familie Brink over de vloer. Hansje kwam uit een gereformeerd vrijgemaakt gezin. Ze sprak erover met haar moeder. Wat een homofiel nou eigenlijk was? Ze wisten het niet. Het zal wel eng zijn, iets schandaligs. Haar schoonmoeder huilde nooit. Maar kort na Jos' coming-out trof ze Jopie tot haar schrik huilend boven de afwas. En ook voor Johan was het een klap: wat zou er van zijn zoon terechtkomen?

Toch schikt het gezin zich snel in zijn lot. Ook voor oudere broer Hans is het geen probleem. Toen Jos het hem vertelde, onderweg in de auto, vroeg hij: 'Ben je verder gezond? Nou, dan is er niks aan de hand.' Thuis werd er daarna niet meer over gesproken. Of het moet door die irritante tante Nel zijn geweest, die zo zuigend aan Jopie kon vragen of Jos nou nóg geen vriendinnetje had? Toen een paar jaar later ook Jos' jongere broer Jim uit de kast kwam, was dat een grotere schok. Dat er van de vijf jongens niet één homo was maar dat het er twee waren, hadden Jopie en Johan niet verwacht. Bovendien gedroeg Jim zich een stuk uitgesprokener. Hij kon in gezelschap zomaar tegen een jongen roepen: 'Met jou wil ik naar bed!' Hij was meer een kroegtijger dan Jos en bezocht de leerscene in Amsterdam.

Het meeste verdriet van Jos' coming-out had zijn jeugdvriendin Nel Mus. Ze deden zoveel samen. Nel kwam vaak bij zijn familie over de vloer, had zo'n goed contact met zijn ouders en broers. En Jos kwam ook vaak bij haar thuis, iedereen was dol op hem. Ze had zich toch wel ingesteld op een toekomst samen. Toen hij haar vertelde dat dat niet kon, was dat voor haar een grote schok. Haar eerste reactie was dan ook dat ze dan maar niet meer bij hem thuis wilde komen. Maar daar kwam ze snel op terug. 'Je weet dat ik nog net zo tegenover je sta, als voor die tijd, toen ik dit alles nog niet wist. We kunnen volgens mij op de gewone voet met elkaar om blijven gaan,' schreef ze hem later.

Net nu Jos eindelijk openlijk vriendjes kan hebben, loopt de relatie met Leo al snel spaak. In januari 1964 is het over, en Jos is wanhopig. Hij schrijft zijn gevoelens van zich af in een 'Sonnet voor Leo':

Je hebt de hand gelegd op heel mijn leven;
Een stille stem, diep binnen in mij, zei me
Dat ik mijn eenzaamheid voor jou kon ruilen:
Wil mij dan niets meer dan je liefde geven.
Mijn ogen vragen: blijf in Gods Naam bij me.
Want als je weggaat zullen zij zo huilen...

Jos probeert Leo terug te krijgen. Hij koopt een ring voor hem. Maar het is echt over. 'Jos, ik voel me niet waardig de ring te dragen. Jij bent veel te goed voor mij. Nou, meer zal ik hierover maar niet schrijven.' Skip ondertussen voelt zich door Jos verraden, omdat hij weet dat hij niet de exclusieve liefde voor hem is. Hij schrijft hem: 'Ik heb de moeilijkste weg gekozen, maar ik bleef je trouw. Omdat ik nu eenmaal wist dat ik nooit meer zoveel om iemand zou kunnen geven als om jou Jos.'

Omdat Jos letterlijk ziek van verdriet is, moet hij de presentatie van zijn radioprogramma even neerleggen. In de kranten is te lezen dat het 'om gezondheidsredenen' is. 'Jos heeft de laatste maanden veel te hard gewerkt,' vertelt Skip aan *De Telegraaf*. 'Een instorting kon gewoonweg niet uitblijven.' In de nacht van zondag 5 op maandag 6 januari maakt Skip het draaiboek voor de voorlopig laatste uitzending met Jos. En omdat hij de muziek mag plannen, aarzelt hij niet zijn gevoelens te vertellen met een lied. Hij plant 'Another you' van Johnny Tillotson in als laatste plaat:

Just when I thought that you were mine alone,
You told me there was someone new.
Oh it's so hard to think of finding someone else,
Oh there will never ever be another you.

Daarna, het is half vier in de ochtend, schrijft hij Jos. Melancholiek haalt hij herinneringen op aan het samenzijn op vakantie, in de studio, op recepties. Hij schrijft over de twee verschillende Jossen die hij heeft leren kennen: eentje vóór en eentje na Leo, zonder Leo te benoemen overigens. 'Ik heb je alles vergeven wat je me aandeed. Je deed het niet expres, je kón niet anders. In je kamer in Amsterdam staan genoeg dingen die je blijvend zullen herinneren aan mij, de enige échte vriend die je ooit had. Ik weet dat je erg eenzaam bent en niet gelukkig.'

Op 9 januari, twee dagen na de laatste *Tussen 10 plus en 20 min*, komt het antwoord. Ook Jos heeft muzikale inspiratie. Hij heeft tijdens het schrijven een plaat van Frank Sinatra opstaan en luistert naar 'All alone': 'I'm so all alone. There's no one else but you.' Leo vertrekt naar Parijs. Dus nu deze verdwijnt uit zijn leven, wil Jos niet óók Skip verliezen. Hij is aan Skip gehecht, biecht hij op in zijn brief: 'Meer dan je zou durven hopen. Meer ook dan ik zelf aanvankelijk verwachtte. En toch heb ik niet het gevoel dat ik twee heren dien, om het maar eens grof uit te drukken. Ik ben dagen met je bezig, van moment tot moment. Leo weet dat, hij voelt dat en hij begrijpt het.' Maar, bekent Jos eerlijk: 'Ik hou van Leo, Skip. Ik hou echt van hem, hoeveel verdriet het je misschien ook doet om dit te moeten horen.'

Jos geeft hier wel bloot hoe hij op dat moment in relaties staat. Hij heeft zelf niet het idee dat hij iets verkeerd doet: 'Ik heb niet het gevoel dat ik twee heren dien.' Maar ondertussen houdt hij *sans scrupules* van een ander dan Skip. De bal ligt in dit geval bij de ander, Skip, die het gelaten accepteert, vanuit de hoop, misschien tegen beter weten in, dat hij Jos vanaf nu wel exclusief voor zichzelf heeft.

Ook aan zijn ouders schrijft Jos een emotionele brief over het einde van zijn relatie met Leo. Zijn vader is niet rouwig om de breuk, en dat laat hij zijn zoon weten ook. Volgens Johan was Leo niet de man met wie hij het geluk zou vinden. In het gezin Brink geldt dat je moet zorgen dat je de beste wordt. 'Nou ben je nog 21 jaar en heb je een leven voor je waar je van alles van kunt maken met jouw talenten. Samen met Leo kon dat niet – al lijkt dit misschien vreemd – om te bereiken wat jij bereiken wilt kan alleen je werk gelden.'

En daar geeft zijn vader Jos een les die veel indruk lijkt te hebben gemaakt. Deze brief van zijn vader heeft Jos in zijn plakboek op het programmaboek van *Een avond met Wim Sonneveld* geplakt. Sonneveld, zijn grote idool. Alsof hij tegen zichzelf wil zeggen: zo bereik ik mijn doel.

Johan kent de ambitie van zijn zoon. Hij weet dat Jos pas echt gelukkig kan zijn als hij aan de top komt: 'Als je straks 30 of 40 jaar zou zijn en je talent zou niet alleen ongebruikt doch afgenomen zijn, dan zou je toch echt diep ongelukkig worden.' De enorme verliefdheid is volgens vader Brink met zijn zoon op de loop gegaan. Nu dat voorbij is, hoopt hij dat Jos zich weer helemaal op zijn werk zal storten. Via theater wil Jos er voor de mensen zijn, zei hij in zijn belijdenis. Misschien had zijn vader dat in zijn achterhoofd toen hij aan Jos schreef: 'Jos, werk en denk aan je carrière. Je kunt iets moois van je leven maken en daardoor heel veel voor anderen betekenen.'

Als je Jos' gehele carrière overziet, is het niet te geloven wat hij allemaal heeft gedaan. Zoveel televisie- en theaterprogramma's. Hij maakte ze allemaal tegelijk, en dan schreef hij tussendoor ook nog toneelstukken voor anderen. En veertig boeken. En niet te vergeten de steun die hij verleende als pastor, via stervensbegeleiding en aan jonge theatermakers. Waar komt die ongelofelijke werklust toch vandaan? Als ik de woorden van zijn vader lees, heb ik het gevoel de bron ervoor te hebben gevonden: 'Nu beteken je voor een paar mensen iets. Breid dat uit tot duizenden, dan kun je na afloop van je leven zeggen: ik heb het moeilijk gehad, maar het was niet voor niks. Ik heb voor anderen veel betekend.'

Als ik die woorden van Johan Brink lees, herken ik de Jos die ik zelf heb ontmoet. Want voor mij heeft hij veel betekend, en ik ben lang niet de enige. Zijn vader voelde toen al dat zijn zoon veel kon bereiken. Maar hij legde ook duidelijk de risico's bloot. Want wat als Jos niet zuiver aan zijn werk zou denken, maar de liefde zou met hem op de loop gaan? Het zou zijn voorspoedige carrière al snel in gevaar brengen.

Hoofdstuk 4 – De tienerster valt van zijn voetstuk

Na zijn eerste liefdesleed krabbelt Jos snel overeind. Hij pakt na anderhalve maand de presentatie van *Tussen 10 plus en 20 min* weer op. Als tieneridool ontmoet hij de grote sterren van dat moment. Als de Beatles in Nederland zijn, mag hij mee op de rondvaartboot. Hij ontmoet Cliff Richard en Françoise Hardy. Hij interviewt Chubby Checker en Sammy Davis jr., verwelkomt Bobby Vee op Schiphol en gaat op tournee met Adamo. Vele avonden staat hij op het podium om artiesten aan te kondigen. De *Haagse Post* doet op 10 augustus 1964 verslag van zo'n avond. 'De fondantstem van Jos Brink, wekelijks te consumeren in AVRO's tiener-programma *Tussen 10 plus en 20 min* kondigt in de Scheveningse Kurzaal de eerste "warming up"-artiesten aan.' Jos introduceert Trix and the Paramounts. Dat valt in de smaak: 'Hoofden met overwegend overtollige haardossen deinen gemeenzaam op de professionele beat,' noteert de verslaggever. Ook bandparodist André van Duin en twee opvolgende beatbands doen het goed bij het publiek en zwepen de zaal lekker op.

Dan wordt het publiek onrustig. Ze willen waar ze voor zijn gekomen en roepen om hun idolen. Jos maakt een inschattingsfout. Bij wijze van grap kondigt hij de hoofdact aan. 'Ja hoor, ze zijn d'r,' roept hij guitig. 'Maar ze komen nog niet hoor.' Het publiek moet eerst nog naar een optreden van The

Fouryo's kijken. The Fouryo's was een close-harmony-zanggroep die weliswaar met liedjes als 'Dans nog eenmaal met mij' en 'Zeg niet nee' grote hits op zijn naam had, maar hier volkomen misplaatst was. Het optreden van het arme viertal gaat ten onder in een storm van lawaai en ze worden met rotte appels bekogeld. Dan is het pauze. Maar niet voordat Jos alvast een foto van de hoofdact laat zien: de Rolling Stones.

Wat voor Jos begon als een van de vele schnabbels die hij in die dagen deed, wordt later beschreven als het begin van de rebelse jaren zestig. En Jos staat erbovenop. Als hij na de pauze de groep aankondigt en foutief meldt dat die uit vier leden bestaat, in plaats van vijf, wordt hij weg gefloten. De Stones komen op en het publiek breekt de zaal af – letterlijk. Na vijf nummers wordt het optreden afgebroken. Het doek gaat dicht, de Stones vluchten het gebouw uit en de zaal van het Kurhaus is gesloopt. 'Om de drie maten ging er een kroonluchter naar beneden. Het zou me eeuwig bijblijven,' zou Jos er later over zeggen. 'De Fouryo's hoorden daar natuurlijk helemaal niet thuis.' En Jos Brink natuurlijk ook niet. Maar hij is zo toch maar mooi verbonden met een legendarisch moment in de vaderlandse muziekgeschiedenis.

Jos zou zich er niet lang druk om maken. Hij had allang weer een grote nieuwe uitdaging: de televisie! Geholpen door Skip krijgt hij een auditie. 'Het is levensbelangrijk dat jij óók regelmatig voor de tv komt,' schrijft Skip hem. 'Ik adviseer je derhalve: bel Gerrit den Braber.' Jos had in de zomer van 1963 al zijn beeldbuisdebuut gemaakt. Een kleine rol, in het stuk *Seizoenzang* van regisseur Dick Harris, als George Gershwin. Maar nu wordt het menens. 'Ik zou wel eens een proefopname met jou willen maken als presentator van *Combo*,' schrijft tv-producer Gerrit den Braber hem in een memo. *Combo* is het muziekprogramma van de AVRO. Die proefopname komt er en wordt nog uitgezonden ook. De uitzending bevalt kennelijk, want in oktober 1964 is Jos terug met een nieuwe aflevering. En deze is bewaard gebleven, dus kan ik zien hoe de man die later in *Wedden dat...?* voor het oog van veertien miljoen kijkers met een stralende lach van de showtrap schreed het in zijn eerste uitzendingen deed. *Combo* begint vanzelfsprekend met een shot van een combo (pianist, bas, drums, xylofoon), dat een opbeurend wijsje speelt. Terwijl de titelkaart in beeld is, zwenkt de camera naar een groep beheerst dansende jongeren. Keurige paartjes, jongetje-meisje. Na een halve minuut is er beschaafd applaus en de presentator komt in beeld.

Jos heeft een dunne, donkere stropdas om en een ruimzittend licht jasje aan dat bezien met de ogen van nu het meest doet denken aan een stofjas. De eerste seconde is er de stralende lach die hem later zo populair zou maken. Met de microfoon in de hand, dicht bij de mond, zegt hij: 'Goeienavond bij *Combo*!' Gevolgd door een keurig uit het hoofd geleerde tekst: 'We zijn vanavond in zaal Duinvermaak in Bergen, waar we behalve een talrijk heel plezierig teenage-publiek ook nog een paar andere gasten hebben.' De ogen zijn niet continu op de camera gericht. Soms kijkt Jos de zaal in, soms kijkt hij even onzeker opzij. Zijn dictie is vlekkeloos, zijn Engelse uitspraak keurig. Hij somt de gasten van die avond op en kondigt het eerste optreden aan: 'You've done it again' van Johnny Lion and the Jumping Jewels.

Zijn latere presentaties doet hij zittend tussen de teenagers of nadat hij gedanst heeft met een meisje uit het publiek. Na 22 minuten is het weer voorbij en neemt Jos plechtig afscheid. 'Afscheid van Duinvermaak in Bergen. Afscheid van het erg plezierige publiek dat hier vanavond aanwezig was. Afscheid van *Combo* met het Winchester Quartet. Goedenavond, tot de volgende keer.'

In de loop van 1965 raakt de relatie tussen Jos en de AVRO verstoord door de manier waarop hij zich presenteert in interviews. 'Wij nemen zonder meer aan, dat u van AVRO's persdienst toestemming hebt gekregen voor het interview in *Trouw* van 14 april,' begint Jos' tv-baas Gerrit den Braber zijn brief. 'Dat wil evenwel niet zeggen dat wij het met de inhoud van dit artikel eens zijn.'

Jos blikt in het gewraakte artikel terug op zijn tijd bij de hoorspelkern en noemt het er 'één grote corrupte bende'. Daar is Den Braber niet blij mee: 'Als u domme dingen doet of zegt, dan heeft dit automatisch zijn weerslag op de AVRO.' In het interview vertelt Jos ook weer over de vele brieven die hij krijgt. In dit geval zijn het er maar liefst zeshonderd per week. Hij kan ze natuurlijk niet allemaal beantwoorden. Maar die van zieke mensen beantwoordt hij wel. En soms zoekt hij er eentje op: 'In Rotterdam was zo'n ziek meisje. Het arme kind wist dat ze nooit meer beter zou worden. Veertien jaar was ze, maar opgewekt als altijd, enorm. Eén keer heb ik zelfs voor haar gezongen – zou ik nooit doen – maar ze vond het heerlijk. Nu is ze dood en ik ben blij dat ik het gedaan heb.' Den Braber vindt het smakeloos: 'Zelfs indien dit verhaal op waarheid zou berusten is het toch wel volkomen onjuist om dit te laten publiceren. U hebt er kennelijk behoefte aan u populairder voor te doen dan u bent. Maar u moet er toch wel terdege rekening mee houden dat de waardigheid van de omroepvereniging waarvoor u werkt daardoor niet in het gedrang komt.'

De brief komt niet meteen bij Jos terecht. Hij wordt gestuurd naar het adres van zijn ouders in Tilburg. Dus als Jos hem onder ogen krijgt, gaat hij vergezeld van een boodschap die zijn moeder er met balpen onder heeft geschreven. Zijn ouders waren ook bepaald niet blij met het interview: 'Het was volgens ons ook een immoreel gezwets.' Ze verwijt Jos dat hij met zijn uitlatingen niet alleen zichzelf, maar het hele gezin schaadt: 'Je moet met ons en je broers rekening houden,' drukt ze haar zoon op het hart. En ze waarschuwt hem: 'Dus kap deze reclame maar! Om er bij de AVRO uit te vliegen, kun je nog niet hebben.'

In mei verschijnt er weer een verhaal over Jos waarmee ze bij de AVRO vast niet blij waren. *De Gelderlander* heeft ontdekt dat hij een nieuwe bijbaan heeft, als diskjockey in nachtclub Romantica in Den Haag: 'In de club, waar tot voor kort danseressen zich ontkleedden tot zover de Haagse politie en hun ouderdom dat toelieten, staat hij achter een bar, waar hij platen draait op verzoek van de clientèle.'

En dan gebeurt weer een maand later waar zijn moeder al bang voor was. In het *Algemeen Dagblad* moet Jos lezen dat hij 'op de AVRO-wip zit': 'Jos Brink zal komend seizoen waarschijnlijk niet terugkomen.' Als reden voert de krant Jos' werk in de Romantica-bar op. De bar staat volgens de krant niet goed bekend: 'Zelfs de politie zou er al enige invallen hebben gedaan.'

Alle kranten melden dat hij weg moet bij de AVRO. Op 14 augustus geeft het *AD* een extra reden voor het ontslag. Het heeft ook te maken met Jos' werk in Romantica: 'Naar wij vernemen zou Jos Brink in deze club toezeggingen aan artiesten hebben gedaan die hij niet waar kon maken.' Jos slaat terug in het *Nieuwsblad van het Noorden*. Hij noemt de aantijgingen 'volkomen uit de lucht gegrepen': 'Natuurlijk komen er aankomende artiesten bij me, die menen dat ik voldoende invloed heb om een engagement per radio of televisie voor hen te versieren. Dat is natuurlijk uitgesloten.'

Maar ik vind in Jos' plakboek een kopie van een brief die de geruchten onderschrijft. Hij is afkomstig van Rudi Reen, een Indische zanger van 23 jaar. Jos heeft hem leren kennen bij een van zijn schnabbels, de presentatie van de T3-talentenjacht. Rudi had een van de voorrondes gewonnen. In een brief aan de AVRO schrijft Rudi dat Jos hem daar een optreden had beloofd in zijn radioprogramma *Shout*, dat hij presenteert naast *Tussen 10 plus en 20 min.*

Als Rudi gelijk heeft, kloppen dus de aantijgingen in de kranten. Maar hij gaat verder. Hij schrijft ook dat hij Jos heeft gesproken in de Romantica-bar: 'Daar kreeg ik tevens van hem de belofte dat hij mij in *Shout* zou krijgen, dat hij zielsveel van mij hield en al maandenlang met mijn foto's in zijn portefeuille liep. Bepaalde voorstellen deed hij mij, waarop ik inging en hij wilde die intieme contacten blijven houden. U begrijpt dat ik alles voor Jos deed omdat hij mij zou kunnen helpen en ik zo graag eens voor de radio wilde komen. Reeds enkele weken zijn nu verstreken en van Jos Brink taal noch teken. Wel hoorde ik dat Jos Brink het intussen met anderen aanlegde en er inmiddels al een ander Indisch vriendje op na hield.'

Rudi sluit af met de woorden: 'Ik ben in mijn artiestenloopbaan al vaker voor de gek gehouden, maar deze methode vind ik toch wel verschrikkelijk schandalig. Ik ben dom geweest, maar na mij zullen er wel meer volgen als de AVRO zich door zulke ambassadeurs laat vertegenwoordigen.'

Probleem is dat het verhaal hier stopt. Is het waar? Als het níét waar is, waarom heeft Jos het dan zo bewaard, zonder context? Op de kaft van het plakboek waarin de fotokopie zit, verwijst hij ernaar onder de noemer 'Affaire R.R.' Niemand van de intimi rond Jos die ik heb gesproken, kent deze affaire. Ook Skip, die in de brief met naam wordt genoemd omdat Jos Rudi naar hem zou hebben doorverwezen, kan zich het voorval niet herinneren. Rudi Reen overleed zonder directe erfgenamen in 2013. Er is ook geen bewijs dat deze brief ervoor zorgde dat de AVRO niet meer met Jos verder wilde.

Het ontslag bij de AVRO had voor Jos het signaal kunnen zijn om de broekriem aan te trekken. Maar dat doet hij niet, integendeel. In zijn belastingpapieren vind ik de factuur van een garagebedrijf. Op 2 augustus 1965 viel bij zijn ouders de ontslagbrief in de bus; elf dagen later rijdt hij met een splinternieuwe lichtblauwe Opel Admiral ter waarde van 14.000 gulden de garage uit. Jos is slordig met geld. Vanaf het moment dat hij lekker verdient, geeft hij het met bakken tegelijk uit. Zijn kleding koopt hij bij de Society Shop. 'Ik heb van verscheidene collega's al complimenten gehad dat ik altijd zo onberispelijk en chique (!) gekleed ga,' schreef hij in 1961 trots aan Judith Dokter. 'Maar ik ga ervan uit dat je in mijn vak goed gekleed moet gaan.' Jos houdt van maatpakken: 'Prachtig van snit en toch klassiek.' Eigenlijk heeft hij geen idee hoeveel geld er binnenkomt en hoeveel hij uit kan geven. Sluitpost zijn de maaltijden: daar bezuinigt hij dan maar op door zijn maag te vullen met maaltijdkoekjes.

Eind 1965 komt hij serieus in de problemen. Steeds meer schuldeisers zitten achter hem aan en ze sturen advocaten op hem af. Jos zit in het nauw en maakt rare sprongen. Ik heb veel van Jos gelezen, en ook behoorlijk wat boze brieven. Maar de oud-collega uit de Romantica-bar van wie hij honderd gulden tegoed heeft en die maar niet over de brug komt, krijgt er eentje die zijn weerga niet kent. 'Ik moet zeggen: ik vind het een schoftenstreek van je. En ik heb er genoeg van! Je krijgt nog één week om me terug te betalen. Heb ik het geld dan niet, dan neem ik andere maatregelen en die zullen je niet meevallen. Ik zal je zo toetakelen dat je in weken niet zitten of staan kunt. Ben je nou helemaal bedonderd? Ik weet niet wanneer je jarig bent, maar nog niet op de dag dat ik mijn geld kom terughalen!' Op 4 oktober krijgt Jos een brief van de deurwaarder: 2604,20 gulden moet hij betalen.

Toch lijkt er in die donkere dagen voor de kerst van 1965, op 18 december, ook nog wel iets leuks te gebeuren: een heuse fanclubdag. Jos heeft sinds een paar maanden een fanclub, gestart door Joice Stegman, negentien jaar oud en in opleiding tot kleuterleidster. 'Omdat we Jos een fijne, vlotte diskjockey vinden, omdat we hem bewonderen om hetgeen hij presteert op dit gebied willen wij hem maar al te graag helpen een persoon van formaat te worden in binnen- en buitenland,' is de motivatie die ze opschrijft in het fanclubblad *Blij Blijven*. Maar de fandag is geen succes. Er komen weinig mensen en de sfeer is mat. Jos had ook nauwelijks geholpen bij de voorbereiding. Brieven van Joice beantwoordde hij niet en hij liet haar voor alle kosten opdraaien. Een paar dagen later krijgen ze grote ruzie. Een door Jos op band opgenomen telefoongesprek loopt uit de hand. Daarna stuurt hij Joice een brief waarvan hij, op aanraden van zijn advocaat, een door een getuige gewaarmerkte kopie in zijn bezit heeft.

In Jos' plakboek vind ik niet meer dan een kladversie van zijn brief. Het was dus waarschijnlijk een loos dreigement. Het voelt een beetje als grootheidswaan, en daar heeft Jos in die tijd vaker last van. In het blad van zijn fanclub had hij altijd een ingezonden brief. Zoals deze, in september 1965, met als onderwerp de telefoon: 'Een mooie uitvinding, daar zijn we het allemaal over eens.' Maar, drukt hij zijn fans op het hart: gebruik het toestel alleen als het nodig is. 'De hele dag rinkelt hij en daar zijn zeker 20 à 30 telefoontjes bij die absoluut onnodig zijn. Telefoontjes van fans. Zogenaamde fans dan. De échte bellen ook wel eens, maar vragen wat ze te vragen hebben en houden het kort. Kijk, je mag gerust opbellen, maar houd je aan datgene wat onder beschaafde jonge mensen als behoorlijk geldt.' En hier konden Jos' fans het mee doen. De eerste golf van roem die hem in zijn leven ten deel viel, heeft zijn arrogantie gevoed. Joice was er na de dreigbrief in ieder geval klaar mee. 'Je staat volkomen buiten de showbusiness en houdt jezelf alleen schimmen voor over een comeback,' schreef ze hem terug.

Na zijn ontslag bij de AVRO probeert Jos op allerlei manieren weer aan de bak te komen: bij een hoorspelserie voor de KRO, de Snip en Snap-revue, Wim Kan. En de Coop, de supermarktketen waar hij de talentenjacht voor presenteerde, hoopt hij warm te maken voor een door hem geschreven cabaretprogramma. Allemaal zonder resultaat. Dus Jos heeft geen keus. Om zijn schulden af te betalen, zal hij aan de bak moeten in de Haagse nachtclub Romantica: plaatjes draaien van negen uur 's avonds tot vier uur 's nachts.

Als Jos in Romantica moet werken, blijft hij vaak slapen bij zijn jeugdvriendin Nel Mus en haar verloofde Willem Wanrooij in Den Haag. Door zijn extreme werktijden zien ze hem weinig. Maar Nel vindt wel dat Jos er slecht uitziet. Hij ziet nauwelijks meer daglicht. Skip had haar gewaarschuwd: Jos zou van dat nachtclubwerk naar de donder gaan. Dus stuurt ze Willem erop uit om poolshoogte te nemen. De brief die hij Nel schrijft, geeft een aardige indruk: 'De Romantica zelf is de meest goedkoop uitgemonsterde nachtclub die ik ooit heb gezien. Met zilverpapier, veel hel licht en spiegels.' Willem vindt dat Jos zijn nachten staat te verdoen 'in een goedkope rottent, waar een decadente sfeer hangt, al of niet van Jos afkomstig, maar die in ieder geval rechtstreeks tot zijn morele ondergang zal leiden'. Het toekomstperspectief voor Jos is somber, denkt hij: 'Als Jos niet verandert, zal het zo'n mislukt, verlopen eng jongetje worden, die tussen allerlei groezelige bedrijven in klaagt, dat de mensen zijn grote artistieke gaven niet begrijpen.'

Jos zelf heeft in interviews zijn tijd in de Romantica-bar altijd als het dieptepunt in zijn carrière beschreven. Het is ook een wonderlijke zijstap. Maar ook deze heeft Jos goed gedocumenteerd. Zijn herinneringen heeft hij verzameld in een fotoalbum. Hij begon zijn dienst altijd met een vaste presentatie voor de gasten: 'Ik vervang in mijn eentje een geheel orkest, een niet geringe taak overigens. Maar ik sla me er blijmoedig doorheen, tot kwart voor vier vannacht. Ik doe het niet helemáál alleen. Ik heb tot mijn beschikking 1200 kleine platte zwarte vriendjes. Geen plaatjes maar pláátjes.' Iedere avond vertelde hij dit. 'En nog waren er na een halfjaar mensen die lachten,' heeft hij als toelichting erbij geschreven. Ook de drankenkaart heeft hij ingeplakt. 'De firma drijft letterlijk op champagne. Dat wil zeggen: appelwijn. "Duc de Montagne" die voor 90 gulden uitgeschonken werd en 1,10 gulden inkoop was.'

In de club werkten prostituees. Van allemaal heeft Jos fotootjes met opmerkingen ingeplakt: 'Barmeisje. Entreneuse-met-wat-daarbij-hoort. Zus van de bedrijfsleider. Ieder barmeisje heeft achtergronden. Ze liep weg op een stampvolle zaterdagavond om bij "Slappe Toon" te gaan werken, waar het geluk ook slechts een aangelegenheid van de klanten is,' schrijft hij bij een foto van 'één van de weinige vrouwen die met bril knapper is dan zonder'. Het moet een intense tijd zijn geweest voor Jos. Bevreemdend, omdat hij in zo'n totaal andere wereld is opgegroeid, maar leerzaam. Zijn tijd bij Romantica zal zijn wereld groter hebben gemaakt. Jos' jeugdvriendin Nel herinnert zich dat hij met een van de bardames zo'n intensieve band had dat hij met haar wilde trouwen. Ze had een kind, een klein jongetje, en Jos was dol op hem. Een bevlieging, het ging over, maar het was voor Jos even heel serieus. Zeker twee keer is Jos bij Romantica gestopt en weer begonnen: hij had nou eenmaal geld nodig. Van theater of de omroep alleen kon hij niet leven. In 1965, 1966 en 1967 is het werk in de nachtclub voor Jos veruit de grootste inkomstenbron. Pas op 17 oktober 1968 kan hij in een interview in *Trouw* melden dat hij is gestopt met zijn werk in de Romantica-bar omdat hij schuldenvrij is.

Niet alleen klanten vinden in de bar de liefde; Jos ook. Hij leert er Andrew Fuchs kennen. Een Indische jongen, weer, die met zijn ouders vanuit Duitsland naar Den Haag is gekomen.

Een paar maanden hebben ze een relatie. Andrew, roepnaam Andy, maakt in de familie Brink indruk met de sieraden die hij maakt voor de vriendinnen van Jos' broers. En ondertussen blijft ook Skip in zijn leven. 'Er zijn zo af en toe ogenblikken waarop ik denk: hé, dat zou ik Skip even moeten vragen,' schrijft hij hem. 'Het is natuurlijk waar dat ik je nodig heb.' Jos gaat verder op een beeld dat hij in een brief twee jaar eerder opriep. Hij had Skip toen verteld dat die hem een paar meter langs de rand van het zwembad had geleid. 'Ik wist toen alleen niet dat de rand van dat diepe zwembad zo lang was en zo smal.' Het gaat niet goed met Jos, geeft hij eerlijk toe. Hij vergelijkt zichzelf met een net gebouwde muur die te vroeg uit de steigers wordt gehaald. Hij is in slechte staat: 'Ik ben hard bezig totaal in te zakken. Het brokkelt en scheurt al danig.'

Skip kan Jos helpen terug te komen in de omroepwereld: 'Jij hebt de nieuwe stenen, troffels, cement.' Maar heeft hij Skip dan alleen maar nodig om opportunistische redenen? Nee, zegt hij: 'Zo af en toe zijn er dingen waar ik je bij nodig heb. Of momenten waarop het prettig zou zijn als je er alleen maar wás. Het is makkelijker dit te schrijven dan te zeggen. Ik had je dit al eerder willen zeggen maar, enfin, je snapt me wel.' Skip moet dus zelf maar invullen dat Jos dierbare, warme gevoelens voor hem heeft. Hij schrijft dit niet op papier. 'Er zijn door mij en door jou kardinale fouten gemaakt. Maar de tijd heeft geleerd en zal leren dat niets onherstelbaar is. Alles kan weer in zijn oude vorm worden gerestaureerd. Iedere muur kan worden hersteld en als dat niet lukt, komt er een andere muur, maar op dezelfde fundamenten.' Als het om Andrew gaat, vraagt Jos om begrip. 'En houd er rekening mee dat ik van Andrew houd en hij van mij. Het is allemaal erg moeilijk.'

De relatie met Andrew is alweer snel voorbij. Andrew schrijft Jos dan een brief waarin hij uitlegt waar dat volgens hem door komt. De eerste vijf maanden was het volgens hem leuk. Maar daarna drong er een 'intrigante' door. Iemand die met gemene praatjes Jos en hem uit elkaar probeerde te drijven. En met succes. 'Een zeer intelligente vrouw in jouw ogen die je weet te bespelen en zelfs je ondergoed weet. Is dat nou niet een beetje te veel van het goede lieve schat van me?' De dame in kwestie is niet alleen voor Andrew een probleem. Ook Skip heeft veel last van haar. Die schrijft daarover aan Jos: 'Je wordt voortdurend tegen me opgezet en bent een willoos werktuig in de handen van een ander.'

De intrigante in zijn liefdesrelaties heeft Jos leren kennen toen hij de T3-talentenjacht presenteerde. Opvallend vaak zat er een dame van in de veertig in de zaal die een bijzondere belangstelling voor Jos had. Ze produceerde de shows voor de sponsor, supermarkt Coop, en zocht Jos op in de kleedkamer. Nou drongen zich in die tijd wel vaker vrouwen aan hem op. Skip wist deze belangstelling altijd behendig af te wimpelen. Maar bij deze dame lukte dat niet. Haar naam is Hetty van Kempen, een weduwe. Op jonge leeftijd, in de Tweede Wereldoorlog, heeft ze haar man verloren. Toen ze Jos leerde kennen, zat ze niet lekker in haar vel. Ze was verdrietig en gesloten, gebruikte antidepressiva. Jos hielp haar daar met geduld en begrip vanaf. Dat deze jonge man die ze niet kende dit voor een vreemde deed, maakte op haar diepe indruk.

Van Kempen is dichteres. Ze ziet het schrijftalent van Jos en ze moedigt hem aan daarmee verder te gaan. Daarmee raakt ze hem op zijn gevoelige plek. Jos vindt al dat radio- en tv-werk wel aardig, maar zijn ambitie ligt in het theater. Hetty bewondert Jos' theatrale kant en Jos vindt die bewondering heerlijk. Ze is een onafhankelijke, dominante vrouw en daar houdt Jos van. Het idee dat ze samen een theatervoorstelling kunnen gaan maken, drijft hem in haar handen. Maar op Jos' minnaars is Hetty jaloers. En ze gaat heel ver om hen op afstand te houden. Dat leidt tot spanningen.

Die spanningen leiden in de loop van 1966 tot een breuk. Jos is er klaar mee, hij wil Hetty niet meer zien. Zij is ten einde raad en schrijft hem een handgeschreven brief. En niet zó maar een. Op maar liefst 25 handgeschreven bladzijden zet ze de zaken van haar kant op een rij. Eerlijk en open. Hetty vertelt Jos hoe ze geprobeerd heeft 'met alle faire en unfaire middelen' Jos bij Skip weg te krijgen. Aanleiding daarvoor, vond ze, was Jos zelf. Want hij sprak tegen haar zo negatief over Skip. En toen hij zich na een ruzie met Andrew liet ontvallen: 'Wat let me, of ik rij zó naar Naarden', de plaats waar Skip toen woonde, knapte er iets bij Hetty. Het beeld dat ze vervolgens van zichzelf beschrijft, is best ontluisterend. Ze ging minimaal twee keer per week in het Amsterdamse café Hof van Holland zitten, alleen maar om negatieve informatie over Skip te krijgen. Zodat ze daarmee Jos uit Skips handen kon losweken. Maar de belastende informatie viel tegen, dus daarom loog ze maar tegen Jos dat ze brieven had met belastende informatie. Hierover kreeg Hetty gewetensnood. Ze zocht Skip op, trok het boetekleed aan en praatte de affaire met hem uit. Hoe is niet na te gaan, maar Jos vergaf Hetty haar streken. Mogelijk ook omdat hij haar nodig had bij een ambitieus project: zijn eerste echte theatervoorstelling: *Grote, grote wallevis*.

Hoofdstuk 5 – Bevlogen mislukkingen

In *Grote, grote wallevis* gaat Jos niet alleen op het toneel staan. Hij vraagt Vera Bergman, een oud-collega van het Amsterdams Jeugdtoneel, en beginnend acteur Henk Flier aan zijn zijde. En er is ook een pianist: Ton Verkroos. Samen gaan ze aan de slag met materiaal dat Jos en Hetty hebben geschreven. Jos en Henk zijn allebei 24, Vera is 19. Henk is een stille jongen, die zich makkelijk laat plooien. Vera heeft ontzag voor Jos. Die neemt op een natuurlijke manier de leiding. Hij weet waar hij mee bezig is en bepaalt wat er gebeurt. Wat ook opvalt: het ziet er allemaal prachtig uit. Jos heeft voor zichzelf een nieuwe smoking, rokkostuum, avondcape en hoge zijden hoed gekocht. Er zijn pruiken en voor Vera is er een mooie jurk. Om de voorstelling te promoten, worden tientallen professionele persfoto's gemaakt. Er zijn affiches en programmaboekjes. Er is zelfs een relatiegeschenk: een *Grote, grote wallevis*-asbak.

Kosten noch moeite zijn dus gespaard om van de voorstelling een succes te maken. Over hoe het allemaal gefinancierd werd, vertelde Jos jaren later een smakelijke anekdote aan *Nieuwe Revu*. Hij werd in de Romantica-bar voorgesteld aan de heer Van Heijst, een fabrikant: 'Hij hoorde van mijn probleem en schreef zomaar op de rand van de krant: "Goed voor vijfduizend gulden." Ik kon dat zo bij de kassier van zijn bedrijf ophalen.'

Maar ik denk niet dat het zo makkelijk is gegaan. In Jos' plakboek zit een kopie van een brief aan Van Heijst, waarin Jos hem uitgebreid zijn plannen uitlegt en om een lening van vijfduizend gulden vraagt. 'Uiteraard is het voor mij niet plezierig U deze vraag te moeten stellen, maar de wetenschap dat mijn gehele toekomst als cabaretier afhankelijk is van het slagen van deze productie én het feit dat U meermalen de overtuiging hebt uitgesproken dat ik tot méér in staat was dan ik in Romantica kon laten zien, leidden mij ertoe juist bij U om hulp aan te kloppen.' Mogelijk heeft Van Heijst na het lezen van deze brief bij zijn volgende bezoek aan Romantica inderdaad 'Goed voor vijfduizend gulden' op een krant geschreven. Jos roemde hem een paar jaar later in een interview als de enige goede mens die hij in de Romantica had ontmoet. 'Een zeer eenzame man, een waarachtig goed mens.' Jos wilde het geld terugbetalen, maar dat hoefde niet. 'Hij zei: dat kun je toch niet.' In Jos' belastingaangifte vind ik de vijfduizend gulden niet terug. En toen Jos eenmaal rijk en beroemd was, was Van Heijst al overleden.

Op 13 oktober 1966 gaat *Grote, grote wallevis* in première in het Minerva Paviljoen in Amsterdam. In de zaal zit zo'n zestig man publiek. Het zijn genodigden en persmensen. Na een fijne repetitieperiode voelt Vera Bergman dat het misgaat. Over een onderwerp als discriminatie spreekt Jos zijn publiek bevoogdend toe in de trant van: 'Weet u dat wel, dames en heren?' Een assertieve vrouw snerpt terug vanuit het publiek: 'Tuurlijk weten we dat, snotneus.' Vera ziet het vanuit de coulissen gebeuren. Maar Jos is niet te houden. Dit is zijn avond. Hier heeft hij naartoe gewerkt. Hij wilde theater maken, de grote cabaretier zijn. Deze avond is hij dat ook. Aan het eind van de voorstelling kan hij zijn grote gevoelens eindelijk met zijn publiek delen. In een grootse zangsolo brengt hij een ode aan dat wat hem het allerliefst is:

Ik kijk om mij heen en dan zie ik de planken. Ik sta op de planken.
Ik kijk om mij heen en ik zie de gordijnen. Ik ruik de gordijnen.

Met weidse gebaren wijst Jos naar de spots die boven hem hangen:

En dat is het licht. Daar zoeken de lampen.
Ze kiezen coulissen. Beschijnen gordijnen.
Ik hoor het, ik voel het, ik zie het, ik weet het, ik zing het, ik leef het.
Voor nu en voor later:
Dit is theater!

Na een plichtmatig applaus komt Jos bezweet achter het toneel. Ontdaan. Waar was de ovatie? Vera vraagt zich in stilte af waar haar collega mee bezig is. De gevierde artiest spelen: Jos zwelgt in iets wat helemaal niet past bij iemand van 24.

De recensies zijn vernietigend. 'Bedorven wallevis,' kopt *Trouw*. Hun recensent vindt dat Jos zichzelf op een bijna beschamende wijze heeft overschat. Dagblad *De Tijd*: 'Als ze gaan "klagen", zoals tegen de rassendiscriminatie, dan krijgt men de indruk dat ze er helemaal niets van menen.' *De Waarheid* schrijft dat Jos veel te hoog heeft gegrepen. 'Wat hier op het toneel werd gebracht, leek meer op een "bonte avond" in een jeugdherberg dan op cabaret.'

De voorstelling wordt door pech achtervolgd. Vera raakte al tijdens de repetities haar stem kwijt en klinkt bij alle uitvoeringen schor. Henk gooit plotseling de handdoek in de ring en moet in allerijl vervangen worden door de man van Vera, die ook acteur is. Jos heeft er geen plezier meer in. De twinkeling in zijn ogen is weg. Na de première in Amsterdam volgen nog twee voorstellingen. Jos roept enthousiast dat er vast nog meer aankomen – want hij heeft goede contacten. Het was de moed der wanhoop. In totaal wordt *Grote, grote wallevis* maar zes keer gespeeld. Dan is er 637,50 gulden verdiend en 2270,11 gulden uitgegeven. 'Dit cabaret is in financieel opzicht een groot fiasco geworden,' schrijft Jos op zijn belastingaangifte. 'Als artiest is het vallen en opstaan. Het was in 1966 helaas vallen.' Hij moet begin 1967 zijn auto verkopen om uit de schulden te komen.

Schulden of niet, qua woning is Jos er in de loop van 1966 flink op vooruitgegaan. Zijn kamer boven de HEMA heeft hij verruild voor een etagewoning in de Van Breestraat, vlak bij het Vondelpark en het Concertgebouw, in het Amsterdamse Museumkwartier. Hij heeft de tweede verdieping, met een eigen gang, slaapkamer en gecombineerde keuken/badkamer. Het kooktoestel staat op een plank boven het bad. Op de benedenverdieping woont zijn hospes, meneer Bostdorp, een morsige man met een duister oorlogsverleden. Hij beheert Jos' agenda. Als je Jos wilt spreken, moet je langs Bostdorp. Eens per week bespreken ze alle verzoeken die binnenkomen via Bostdorps antwoordapparaat. Hij is het ook die de ouders van Jos belt als er problemen zijn. Regelmatig moeten ze naar Amsterdam komen. Maar wat voor problemen dat zijn, wordt in het gezin verder niet besproken.

Jos woont dus op stand. Met weer een nieuwe liefde: Lee, een purser die vliegt voor de Amerikaanse luchtvaartmaatschappij TWA. Lee heeft echter nog een relatie met een andere vriend, dus het is ingewikkeld. Vlak voor Kerstmis is het uit. In 1967 gaat Jos dus maar weer naar Skip. Ze gaan samen op vakantie, naar Torremolinos in Spanje. Skip wil daar Pia Beck opzoeken. De zangeres geeft er een optreden en Skip is fan van haar. Jos gaat mee, maar hij geniet vooral ook met volle teugen van het strand en wat daar allemaal op rondloopt. Terwijl Skip in de hotelkamer zit, gaat Jos er met een andere man vandoor. Hierna scheiden de wegen definitief. Skip zal er nog lang last van hebben. En nog merk ik dat Jos een gevoelig onderwerp is voor hem. Hij heeft Skip veel verdriet gedaan. Skip voelt zich slecht behandeld. Als jaren later, ergens in de jaren tachtig, Jos ineens bij hem op de stoep staat – 'Ik kom je even een zoen geven' – gooit Skip de deur voor zijn neus dicht. Tot zijn eigen verbazing: zo impulsief reageert hij nooit. Ze zullen elkaar nog één keer spreken, bij de uitvaart van een gemeenschappelijke vriend. Ze lachen samen. En dan is Skip toch weer geraakt door Jos' mooie oogopslag.

Na het debacle van *Grote, grote wallevis* zitten Jos en Hetty niet lang bij de pakken neer. Ze willen samen theatervoorstellingen maken en besluiten de zaken grondig aan te pakken. Ze richten een compagnonschap op, Jos Brink Productions Amsterdam (JBPA). Deze organisatie moet de theatervoorstellingen van Jos gaan exploiteren. Maar Jos en Hetty denken groot. Ook het oprichten van een schoonheidssalon, kapsalon, persbureau of fotografische afdeling behoort tot de mogelijkheden.

Op 2 januari 1967 zetten ze hun ambities op schrift, maar al op 19 februari is het weer flink hommeles. Ook deze strijd heeft Jos bewaard. Het gaat nu zo ver dat er een boedelscheiding komt. Hetty stuurt Jos nog een aansteker die in reparatie is na en twee truien die ze voor hem aan het breien is. Jos moet achter een grammofoonplaatje aan dat nog bij een ex ligt en hij moet het boek *Kinderen vertellen de Bijbel*, dat bij broer Jim ligt, teruggeven. Dat Hetty het tot in deze details schriftelijk heeft vastgelegd, geeft wel aan hoe groot het wantrouwen op dat moment is.

Wat in het conflict niet helpt, is dat Hetty een advocaat inschakelt. Maar Jos is pas echt des duivels als ze alle contacten van de JBPA een brief stuurt waarin ze schrijft dat de post voor het bedrijf voortaan naar haar privéadres moet worden gestuurd. Jos stuurt haar een aangetekende brief waarin hij zijn woede de vrije loop laat. Alles wat kwetsend en beledigend is voor Hetty gooit hij op een hoop. Dat ze schulden heeft en daardoor de huur niet op tijd betaalt. Dat ze door een gedeeltelijke verlamming aan haar rechterarm niet in staat is eenvoudig kantoorwerk te doen. Over de adreswijziging hebben de twee bij de politie zo'n ruzie gekregen dat het optreden van Hetty volgens Jos 'een flagrante schending was van wat tussen beschaafde mensen behoorlijk is'. Zelfs een gerucht over verdovende middelen gooit hij in de strijd. Aan alle contacten wie Hetty eerder een adreswijziging stuurde, stuurt Jos een brief met de mededeling dat ze niet langer bij de JBPA in dienst is.

Er volgt nog wat geblaf over en weer tussen Jos en Hetty en haar advocaat en daarna, eind maart, wordt de ruzie toch weer bijgelegd. Jos wist dat hij Hetty nodig had om van zijn theaterambitie een succes te maken. Ze was zijn stille kracht, zijn stimulans. En Jos was voor Hetty de inspiratiebron waar ze uit putte. Ze hadden elkaar gewoon nodig. Jos stuurt nog een briefje naar alle relaties dat 'het geenszins in onze bedoeling heeft gelegen twijfels te zaaien ten aanzien van de integriteit van mej. H. van Kempen', en de twee gaan verder met het ontwikkelen van een nieuwe cabaretvoorstelling.

Het programma heet *Wobbewaf*, vernoemd naar een speelgoedhond van Hetty. Wijs geworden na *Grote, grote wallevis* houdt Jos het nu klein. Alleen pianist Ton Verkroos is weer van de partij. En Hetty uiteraard, zij doet het licht. Jos heeft het programma ooit opgenomen op een geluidsband, en deze vind ik terug in zijn archief. Als ik de band beluister, hoor ik een lied over de Duitse Jood Marcus Hamburger die, vlak voor de oorlog, naar Amerika gaat. Hij voelt dat het niet meer veilig is en een porseleinen engeltje fluistert hem in dat hij weg moet. In Amerika maakt Marcus carrière. Aan het eind van zijn leven vraagt het engeltje: 'Were you happy?' – 'Yes, I was very happy. Aber glücklich war ich nicht.' Ik herken het lied. Jos zou het herschrijven en een paar jaar later opnieuw zingen. De Duitse Jood heet dan Levi Savelkoul. Hier hoor ik dus de oerversie. Het idee is in de basis heel goed, maar de tekst is nog niet sterk. En daardoor pakt het niet.

Wat heel duidelijk opvalt: de inspiratie door Wim Sonneveld. De klank van Jos' stem, zijn manier van praten: het is net Sonneveld. Ik pak het voorwoord erbij dat hij schreef voor de biografie over Wim Sonneveld, van Henk van Gelder uit 1987. Daar geeft Jos het eerlijk toe: 'Ik heb veel van hem geleerd. Als jongetje al zag ik hem in het Nieuwe de la Mar-theater en in het Paviljoen te Scheveningen. Ik raakte betoverd door die "lampjes" achter zijn ogen. En die melancholieke, lyrische stem.' Hij was voor Jos niet alleen een inspiratie, maar ook een drijfveer: 'Ik herkende in hem niet alleen een artiest, een kunstenaar. Ik voelde een mens zoals ik er ook een bleek te zijn. Van dezelfde koekplank. Ik nam me voor hetzelfde te willen, hetzelfde te bereiken.'

Dat Jos met Sonneveld contact had, staat vast. In zijn plakboek zit een briefje van laatstgenoemde uit 1962. Jos had zijn held gevraagd of hij misschien in zijn theatergezelschap mocht. Helaas: Sonneveld ging alleen spelen. 'Maar komt es praten als we in Tilburg spelen. Misschien voor later!' Natuurlijk maakte Jos van het aanbod gebruik. Hij mocht ook achter de schermen: 'Ik heb hem tientallen malen meegemaakt vanuit de coulissen, want hij nam je mee: "Daar leer je van, joch!" En ik nam me voor om, mocht ik ooit iets betekenen in de *theaterbusiness*, dezelfde opstelling te hanteren ten opzichte van weer een nieuwe generatie.' Die belofte zou Jos meer dan ruimschoots inlossen.

Toch is er ook een groot verschil tussen de twee mannen. Sonneveld hield zijn seksuele geaardheid tijdens zijn leven angstvallig verborgen. Maar Jos vertelt en zingt er open en bloot over. Eerst heeft hij een conference over een nichterige jongen die geplaagd wordt door bouwvakkers. Hij gaat ze te lijf met een bloeddorstige hond. Later zingt hij het lied van 'de zoon van Sanders'. Over de dromen en verwachtingen van een streng katholieke man, die zijn zoon naar het seminarie stuurde. Daar werd-ie weggestuurd, want: 'Hij werd in de sacristie gesnapt. Niet met iets heiligs, nee, met heel iets anders.' De zoon wordt verstoten en als vader na zijn leven aan de hemelpoort staat, zegt Petrus: 'Kom er maar in. Je zult wel moe zijn. Want je hebt je zo druk gemaakt.' Aanvankelijk wilde Jos hem de toegang tot de hemel ontzeggen. Maar op Sonnevelds advies heeft hij het veranderd, vertelde hij in een interview.

Terwijl hij met *Wobbewaf* langs kleine zaaltjes trekt, laat de TROS er op 5 november een stukje van op tv zien. Voor die omroep werkt Jos sinds kort, hoofdzakelijk bij de radio. Hij maakt een muziekprogramma voor jongeren en een serie hoorspelen: *Bij de Buyten binnen*. De TROS presenteert het als een cabaretstrip, omdat het komische verhaaltjes zijn die worden afgewisseld met liedjes. Jos speelt de hoofdrol en hij schrijft het ook allemaal: 34 afleveringen en 140 liedjes. In werkelijkheid helpt Hetty mee. Jos betaalt haar 66,66 gulden per aflevering en Hetty op haar beurt ziet af van de rechten. Hetzelfde geldt voor *Wobbewaf*. Ook daar schrijft Hetty mee. En zolang er vrede en vriendschap is tussen de twee, is dat natuurlijk allemaal geen enkel probleem. De intimi van Jos die naar de tv-uitzending van *Wobbewaf* keken, zagen in het publiek veel bekenden. Jos' ouders zaten op de eerste rij. En bij hen in de buurt zat een Indische jongen die sinds kort ook vaak in Jos' nabijheid was: zijn nieuwe vriend Peter Siccama.

Een evenwichtig beeld krijgen van hun relatie valt niet mee. Jos relativeert het. Hij noemt Peter in een tv-interview met Ischa Meijer in 1994 een 'huisgenoot'. Ze leerden elkaar kennen via Jos' broer Jim. Peter ontmoette hem in de trein, Jim vroeg hem mee te gaan naar Amsterdam. 'Hij is blijven slapen en meteen zeven jaar gebleven. Het was nauwelijks een seksuele vriend. We hebben het heel gezellig gehad,' vertelde Jos erover aan Ischa.

Ik vind Peter op het eiland Tenerife, in Santa Cruz. Als ik hem bel, is hij over die opmerking van Jos bij Ischa nog verontwaardigd. Hij noemt het hypocriet. Om aan te tonen dat hij voor Jos veel meer was dan een huisgenoot, stuurt hij me een brief van 3 september 1968. Peter is op het moment van schrijven een paar uur ervoor bij Jos vertrokken en Jos mist hem: 'Ik mis je ogen, je handen, het spelend bewegen van je blote voeten, de zachte achterkant van je linkeroortje, ik mis jou. Maar ik weet dat je er bent, voor mij. Je hebt me immers het mooiste geschenk gegeven dat een mens aan een mens geven kan: oprechte, warme vriendschap; zinderende, bloeiende liefde. Dank je Peter, voor dit. Je hebt een mens van me gemaakt. Een mens vol verlangen naar alles wat mooi en eerlijk is. Verlangen naar jou! Ik heb je zeer lief.'

Peter denkt met weinig warmte terug aan zijn tijd met Jos. 'Ik werd een beetje erg besodemieterd, met allerlei escapades. Daar spraken we nooit over. Over seks werd tussen ons nooit gesproken.' Maar waarom bleef hij dan zo lang bij Jos? 'Dit was voor mij de mogelijkheid om in Amsterdam te kunnen wonen. Maar ik kan niet zeggen dat ik aan Jos gehecht was. Uit praktische overwegingen ben ik aan hem blijven plakken.' Hij vertelt me dat ze in die tijd een gezamenlijke huisvriend hadden: Ted Mooren. Jos had hem leren kennen toen hij bijkluste als fotomodel en ze waren bevriend geraakt. Als ik Ted vraag wat zijn indruk was van de relatie tussen Peter en Jos, geeft hij een heel ander beeld: 'Ik had de indruk dat Peter Jos adoreerde. Peter leek in eerste instantie een klein, eigenwijs mannetje. Maar hij was volgzaam aan Jos, hij keek ontzettend tegen hem op. En Jos liet zich dat graag aanleunen. Die vond dat prettig.'

Als ik Ted vertel hoe Peter nu over hem spreekt, verbaast hem dat. 'Ik weet zeker dat ze veel van elkaar hielden. Maar wat je vaak ziet bij mensen die omringd worden door bewonderaars en die ijdel zijn: dat worden niet de meest aangename partners. Die hebben voor hun geliefde niet altijd tijd. Dat moet Peter gestoord hebben.'

Omdat de geschiedenis zich nu eenmaal herhaalt: ook in de relatie van Jos en Peter had Hetty van Kempen een negatieve invloed. 'Vreselijk mens! Ze beïnvloedde Jos op een irritante manier. Ze maakte mij zwart, want ik was niet goed genoeg,' zegt Peter. Hij maakte vaak ruzies tussen Jos en Hetty mee: 'Ze waren het niet eens over hoe Jos de teksten van Hetty moest uitwerken. Hij probeerde haar zijn wil op te leggen en dan vielen er harde woorden.' Op 16 januari 1969 klapt de relatie. Alleen nu niet die van Jos en Peter, maar die van Jos met Hetty. Peter: 'Jos had schoon genoeg van haar intriges.' Ditmaal is de breuk definitief.

Maar Jos was niet zomaar van Hetty af. Een paar maanden later, in mei, krijgt de affaire een staartje. Hetty start, in Jos' bewoordingen, een 'lastercampagne'. Ze wil dat bij de teksten die zij voor zijn theater- en radioprogramma's heeft geschreven voortaan haar naam wordt vermeld. En dat meldt ze, tot schrik van Jos, per brief aan de directeur van de TROS, Joop Landré. 'Ik zit me vreselijk op te winden,' laat Jos weten aan zijn radiodirecteur André Meurs. 'Zij stuurt brieven met waanzinnige beweringen. Een aanklacht wegens smaad wordt overwogen.' Jos schrijft aan Meurs en Landré dat Hetty weliswaar teksten heeft geschreven voor zijn radioserie *Bij de Buyten binnen*, maar dat hij haar daarvoor 1800 gulden heeft betaald. Bovendien zou zij slechts Jos' 'dictaten' hebben uitgewerkt.

In zijn frustratie over de kwestie kan Jos de verleiding niet weerstaan enkele toespelingen op de affaire te maken in de volgende aflevering van de radiostrip. Dat levert hem een boze brief op van Landré. Persoonlijke controversiële zaken kan Jos niet voor de microfoon uitspelen, wordt hem te verstaan gegeven. Landré biedt aan met Jos en André Meurs om de tafel te gaan, 'teneinde te onderzoeken of stappen van mejuffrouw Van Kempen, via haar advocate alsnog voorkomen kunnen worden, zo dat althans uw wens is'. Het lijkt erop dat de zaak daarna in stilte is geschikt, want hier stopt alle correspondentie tussen Jos en Hetty. Pas vele jaren later, op 13 oktober 1991, duikt er weer een brief op van Hetty aan Jos, waarin ze hem herinnert aan een gebeurtenis van 25 jaar daarvoor: de première van *Grote, grote wallevis*. 'Een uitgelezen kans om je van harte geluk te wensen met je glanzende carrière. Ik wens je in alle opzichten veel succes en geluk.' Bij de TROS zat de 'Affaire Van Kempen' Jos niet in de weg. Integendeel. Hij gaat verder met zijn radiostrips en krijgt later zelfs de kans weer tv te maken.

Hoofdstuk 6 – Nog geen Jos Brink Show

Op 10 augustus 1969, 's avonds om tien uur, beleeft Jos in Oosterland een bijzondere première. In de hervormde kerk treedt hij voor het eerst op als gastpredikant. Een jaar eerder had hij in de buurt zijn voorstelling *Wobbewaf* gespeeld. Voorafgaand had hij de kerk bezocht en hij had meteen een klik met dominee Van Medevoort. Die sprak over het werk van de cabaretier als een vorm van prediking, precies zoals Jos het ook ziet. De dominee vertelde hem dat het monumentale kerkorgel dringend aan restauratie toe was en Jos bood zijn hulp aan: een benefietavond. 'Een kerk-cabaret, waarin de aanwezigen op oude melodieën nieuwe berijmingen van Brink te zingen krijgen; teksten die er niet om liegen,' belooft de organisatie in een persbericht. Entree is 3,50 gulden.

Een cabaretier die in de kerk gaat preken, dat trekt de aandacht. Jos geeft interviews waarin hij voor het eerst zijn empathische en contemplatieve kant prijsgeeft, die hem later zou kenmerken: 'Het is misschien versleten (en dat is op zich al een schandaal) maar het verbijstert me nog steeds dat er dingen als Vietnam en Biafra kunnen bestaan. Dat wil ik ze laten weten. En ik wil mijn overtuiging dat er "iets" is overdragen op mijn manier, die – hoop ik – een soort schokeffect zal veroorzaken. Als ze mekaar aankijken, zo van: "dat mag toch niet?" dan ben ik een heel eind,' zegt hij tegen *Het Vrije Volk*. In *Trouw* legt

Jos uit waar zijn preek over zal gaan: ontluistering. Hij vindt het jammer dat de mensen 'de krullen er tegenwoordig zo erg afsnijden'. Dat er fraaie oude panden in de binnenstad worden afgebroken en dat daar bankgebouwen voor in de plaats komen: het maakt de mens armer.

Het *Dagblad van Noord-Holland* stuurt een verslaggever naar Jos' eerste preekbeurt: 'Een klein orgel zet in en de kerkraad komt binnen. In haar midden nu eens niet een predikant in toga, maar een slanke jongeman in zwart pak, oranje das en pochet, donker golvend haar, gevoelig gezicht.' Over de verrichtingen van de lekenpreker is de verslaggever lovend: 'De lezing is op zichzelf een verrukking voor de geest. Je zou "voordracht" tot een verplicht onderdeel van de predikantenopleiding willen maken, als je dit hoort. Er wordt nog nagepraat tot diep in de nacht...'

Na Oosterland preekt Jos een week later ook nog in de Beemster, zijn thuisbasis. Maar dan is het voorlopig klaar. Hij heeft zijn aandacht nodig voor zijn nieuwe theatervoorstelling *Geen bezoek, geen bloemen*. Dit keer wil hij samenwerken met Mady Misset. Ze is zijn tegenspeler in de cabaretstrip *Bij de Buyten binnen*. Jos en Mady leerden elkaar kennen op het ICC-concours in 1968, een wedstrijd voor beginnende cabaretiers. Ze werden gedeeld derde. Zowel privé als in het werk hebben ze een klik. Hun stemmen klinken mooi samen, ze kennen elkaars familie en lachen wat af. Voor advies gaan ze naar de Haarlemse schouwburg. Daar is Peter Lohr directeur, en hij is ook dramaturg en toneelschrijver. Voordat ze hem bezoeken, kijken ze eerst samen naar de voorstelling van een ander beginnend cabaretgezelschap: Neerlands Hoop. Het maakt op Mady een verpletterende indruk. 'Dat is wat ik cabaret noem. We zitten hier niet aan het goede adres,' zegt ze beslist. En met de staart tussen de benen vertrekken ze uit Haarlem, zonder gesprek. Mady realiseert zich dat dit een niveau is dat zij met

Jos niet zal bereiken. Ze kiest ervoor een programma te gaan maken met de Friese cabaretier Rients Gratama. Drie weken voor de première van *Geen bezoek, geen bloemen* laat ze Jos zitten.

Ook Peter had Jos al eens gewezen op Neerlands Hoop. Ze hadden een voorstelling gezien in een bovenzaal van Felix Meritis in Amsterdam. Peter probeerde Jos daarna los te krijgen van zijn keurige uitstraling. 'Zij spugen op het publiek. Dat moet jij ook doen. Trek eens een overall aan,' had hij gesuggereerd. Maar volgens Jos wist 'Kleintje', zoals hij Peter noemde, er niets van. Jos maakt cabaret op zijn manier: in jacquet, met hoge hoed. Hij gaat verder zonder Mady. Critici lopen niet over van enthousiasme. Ze prijzen zijn uitstekende presentatie, maar hadden meer verwacht. 'Nog te vlak,' oordeelt *Het Parool*. 'Enigszins teleurstellend,' kopt de *Haagsche Courant*. *De Telegraaf* was meedogenloos. Die krant vond dat Jos in zijn nieuwe programma niet boven het niveau van een schooljongen uit kwam: 'Goede smaak, toch een eerste vereiste, was iets waar het voortdurend aan mankeerde.' Jos speelt *Geen bezoek, geen bloemen* toch liefst vierhonderd keer, maar altijd in kleine zalen.

In de omroepwereld gaat het beter. De TROS is een jonge omroep en met weinig middelen kan er veel. In oktober 1970 maakt Jos eindelijk weer eens echt televisie. Wat heet. Voor het eerst draait het ook echt om hem, want de titel is: *De Jos Brink Show*. Er worden drie afleveringen van gemaakt en eentje is er bewaard gebleven. Het is, bijzonder voor die tijd, kleurentelevisie. En het is ook merkwaardige tv, want het is erg onsamenhangend. Het programma bestaat uit op een nogal lompe manier aan elkaar geplakte liedjes en sketches. Penney de Jager, bekend van *Toppop*, danst in de leader. Zonder het publiek verder welkom te heten, speelt Jos daarna met acteur Ton Lensink een sketch. Voor de mensen die in die dagen ook al echt een kleurentoestel hadden, wordt het daarna feest. Want als Jos het lied 'Luchtkastelen' zingt, bekend van Wim Sonneveld, trekt regisseur Jop Pannekoek de trukendoos open. Op de achtergrond zijn kleurrijke beelden van mooie dames en luchtkastelen te zien. Het zal er anno 1970 indrukwekkend hebben uitgezien. Dan, opeens, komt Jos close-up in beeld en kondigt hij de finale van de show aan: een serie optredens, begeleid door Dolf van der Linden en het Metropole Orkest. Omdat Jos de onderdelen niet aan elkaar praat, heeft hij niet de dragende rol die de titel suggereert. Maar goed: Jos is toch maar mooi op tv met een show die ook nog zijn naam draagt. 'Het geheel had veel allure en een onmiskenbaar (niet over-)beschaafd peil. Hoe hebben je ouders het gevonden? Me dunkt, het moet voor ouders wonderlijk en heerlijk zijn, dit soort succes van hun kind te zien,' schrijft Olaf J. de Landell hem na afloop. De Landell is in die jaren een beroemde schrijver en Jos bewondert hem zeer. Op advies van Hetty had hij hem eens een brief gestuurd. Er volgde een ontmoeting en daar vloeide een jarenlange vriendschap uit voort.

De Landell werd Jos' mentor. Na iedere belangrijke tv-uitzending of ieder nieuw theaterprogramma volgt er een brief van hem met gedetailleerde op- en aanmerkingen. Kritisch, maar altijd opbouwend. Na de laatste *Jos Brink Show* schreef hij: 'Je ogen zijn erg mat, vond ik. Het is gek, dat de make-upper geen kans ziet, de gewone expressie van donkere mannen-ogen met voldoende wimpers zó over te brengen onder scherp licht – met alle possibiliteiten van mascara etc, dat de ogen boeiend blijven.' De schrijver heeft een ring, gemaakt van het goud van zijn vader, met daarin de spreuk 'Alles is winst'. Deze ring draagt Jos bij iedere première. En 'Alles is winst' wordt zijn lijfspreuk: 'Want alles wat je doet, is positief. Ook al loopt het verkeerd af, je leert overal van.'

Na *De Jos Brink Show* volgt er snel een nieuw tv-programma bij de TROS. Een talentenjacht: *Attent op talent*. Het deed zijn naam eer aan, want twee van de twaalf deelnemers zouden een mooie carrière krijgen. Tineke Schouten zong een ietwat vreemd Hebreeuws klinkend lied en Robert Paul deed imitaties van minister Luns, Swiebertje en Godfried Bomans. Nadat hij ook nog in zijn eentje het voltallige dierenbos uit de *Fabeltjeskrant* had nagedaan, kreeg hij een groot applaus van de zaal. Opvallend: ook de presentator kwam met een grote lach en twinkeling in de ogen enthousiast applaudisserend in beeld. Robert Paul mocht aan het eind van de avond met de hoofdprijs naar huis: een auto. En omdat hij nog geen rijbewijs heeft, krijgt hij dat erbij.

Jos is duidelijk gecharmeerd van de winnaar: dat heeft iedere tv-kijker kunnen zien. En Jos is wel toe aan een nieuwe flirt, want zijn relatie met Peter loopt niet lekker. Hun karakters botsen. Peter is meer van de kunst, hij vindt Jos te commercieel. Jos kan niet tegen kritiek, dus zo nu en dan vliegt thuis de tomatensoep door de lucht. Ze zijn uit elkaar gegroeid en daarom maakt Jos werk van Robert Paul. Na de uitzending nodigt hij hem meteen uit voor een interview in een van zijn radioprogramma's. Jos haalt hem op. Onderweg van Amsterdam naar Hilversum praten en lachen ze veel. Voordat ze in Hilversum zijn, weet Jos dat Robert ook homo is. En, ook belangrijk: zijn relatie is net uit. Jos vertelt dat zijn relatie met Peter is uitgebloeid. Ze staan dus allebei open voor iets nieuws. Robert woont nog thuis bij zijn ouders en Jos zorgt ervoor dat hij terecht kan in de zolderwoning van zijn broer Jim in Amsterdam. Daar ontmoeten ze elkaar en spreken ze veel over het vak.

Jos ziet Roberts talent en biedt aan hem te helpen met zijn carrière. Robert werkt dan nog als etaleur bij Vroom en Dreesmann en weet bijna niets van het theatervak. Jos adviseert hem niet alleen imitaties te doen, maar aan de slag te gaan met een eigen theaterprogramma. Ondertussen probeert hij hem waar hij maar kan bij zijn werk te betrekken. Robert krijgt een rol in de nieuwe serie radiostrips, en als Jos voor de tv een kindermusical maakt, spelen Robert en hij natuurlijk ook mee.

Ondertussen heeft Robert het gevoel dat het vak voor Jos wel héél belangrijk is. Hij kan bijna nergens anders over praten en is er zo door geobsedeerd, dat hij in een liefdesleven niet meer zo is geïnteresseerd. Er is ook geen tijd voor. Als Jos niet aan het schrijven is, dan staat hij wel ergens op te treden. Omdat hij met zijn eigen voorstelling *Geen bezoek, geen bloemen* maar niet verder komt dan de kleine zaaltjes, gaat hij ook aan de slag in 't Winkeltje, een café-restaurant-chantant van actrice en cabaretière Ansje van Brandenberg in Rotterdam. Hij moet er opboksen tegen dinerend en feestend publiek. 'Ze zaten wel eens zo ordinair te vreten dat ik niet meer boven het gesmak kon uitkomen. Dan zei ik: ik geloof dat ik stoor, ik ga maar weg,' vertelde hij er later over. Ook gaat hij aan de slag bij Beppie Nooys Amsterdams Volkstoneel. Hij speelt, samen met Robert Paul en andere beginnende cabaretiers, liedjes en sketches. Het lijkt allemaal maar niet op te schieten. Maar dan, in juni 1972, rinkelt de telefoon. De man die hij spreekt als hij opneemt, zal Jos' leven veranderen, zowel in zijn werk als privé.

Hoofdstuk 7 – Succes in theater én in de liefde

Toen Jos aan de andere kant van de lijn de naam Frank Sanders hoorde, stroomden er vast niet meteen positieve gevoelens door hem heen. Frank had hem een paar jaar daarvoor lelijk een blauwtje laten lopen. Jos had hem gezien in *De Stunt*, een musical met Jasperina de Jong. Hij vond Frank wel een smakelijke kracht en vroeg hem voor een gastrolletje in *Bij de Buyten binnen*, als homoseksuele kapper. Op dat moment kende Frank Jos ook al. Hij had zijn solovoorstelling gezien, maar hij vond er niks aan. Te gemaniëreerd, te veel Sonneveld. En Frank houdt niet van Sonneveld. Ook van Jos' verschijning – bontjas, te veel ringen om zijn vingers – was Frank niet onder de indruk.

Na afloop van de radio-opnames bracht Jos Frank naar huis. Maar toen ze bij zijn auto kwamen, zag Jos dat hij een lekke band had. Hij gooide zijn bontjas op de grond, deed de ringen af, pakte de krik en begon de band te verwisselen. Dat vond Frank dan wel weer stoer. Thuis aangekomen, vroeg hij aan Jos of-ie nog een kopje thee wilde. Dat wilde Jos wel, en hij schatte in dat Frank ook wel méér wilde. Maar dat had-ie verkeerd gedacht. Die band wisselen, dat vond Frank wel stoer. En natuurlijk zag hij dat Jos een knappe man was. Hij had lieve ogen en was ook erg geestig. Maar Frank valt op een ander type man. Eentje met een stoere hetero-uitstraling, type vrachtwagenchauffeur. Dat is Jos niet. Met hem wilde Frank dus echt alleen gezellig theedrinken, als collega's onder elkaar. En daarna kon Jos onverrichter zake weer naar huis.

Nu, jaren later, zit Frank met een probleem. Hij zoekt dringend een nieuw mannelijk lid voor zijn cabaretgezelschap Tekstpierement. Jos is bepaald niet de eerste keus. Ze hadden Frits Lambrechts aangenomen, maar die had zich bedacht. Ze hadden een auditie gedaan met Hans Otjes, maar dat klikte toch niet. Toen zei Franks goede vriendin Lia Karon, samen met hem lid van het eerste uur: misschien moeten we toch Jos Brink vragen.

Wat Frank niet wist, was dat Jos vlak voor hij hem belde uitgebreid had gepraat met zijn mentor Cees de Lange. Hij was een jeugdheld: Jos luisterde in de jaren vijftig altijd naar hem als hij conferences op de radio gaf; Cees was voor hem 'de grapjesman'. Ze leerden elkaar persoonlijk kennen bij een radioprogramma voor de TROS; met hem sparde Jos over zijn toekomst. Tegen De Lange had hij geklaagd dat hij geen zin meer had in weer een solovoorstelling. Vaderlijk had die Jos gerustgesteld en gezegd dat er vast iets op zijn pad zou komen. En prompt erna kwam dit telefoontje.

Dus Jos besloot ervoor te gáán. Hij kende Tekstpierement wel, want Frank had voor het eerste programma teksten bij hem uitgezocht. En hij had wel eens een voorstelling gezien. Maar hij was niet onder de indruk: 'Eigenlijk stelde het helemaal niets voor. Maar er zijn van die momenten in je leven waarop je op je intuïtie afgaat, dingen doet waar het verstand niet bij kan.' In het pand van de Kleinkunstacademie doet hij auditie. Hij speelt een snel, komisch nummer waarmee hij Frank verrast. Jos is helemaal niet zo gekunsteld en aanstellerig als Frank zich herinnerde. Op voorwaarde dat hij net als de andere leden duizend gulden inlegt voor het aanschaffen van kostuums en decor, het maken van persfoto's en de huur van een busje, wordt Jos aangenomen.

Met Lia, Jos, Guuske Kotte, net afgestudeerd aan de Kleinkunstacademie, én een nieuwe pianist: Henk Bokkinga, heeft Frank zijn groep weer compleet. Jos en Frank spreken af dat ze allebei de helft van de teksten schrijven, uiteraard in goed overleg met Lia en Guuske. Een intensieve periode volgt, met veel overleg tussen de twee schrijvers. Repeteren doen ze onder leiding van Franks oude leermeester van de Kleinkunstacademie, Johan Verdoner. Die heeft best wat te stellen met het jonge gezelschap. Nadat Jos even de kat uit de boom had gekeken, komt hij al snel los en maakt hij vooral met Guuske veel pret. Tijdens het oefenen van een scène bij de dierenarts krijgen ze steeds de slappe lach. In de sketch hebben ze alle vier een doos op schoot met een denkbeeldig huisdier en ze vertellen wat ermee aan de hand is. Het is een scène van Jos' hand die van zichzelf al aardig wat meligheden bevat. ('Wat heeft Willempie?' – 'Syfilis!') Als er later bij een optreden in de zaal juist bij deze scène door een technische storing een enorme brom is te horen, roept Lia dat er een bromvlieg in haar doos zit. Het hele gezelschap ligt mét de zaal dubbel van het lachen en Jos is niet meer te houden: hij buit het meteen uit. Het schmieren is geboren.

Tijdens het repetitieproces voelt het voor Jos en Frank meteen vertrouwd. Hun ideeën en smaak vullen elkaar aan. Ze gaan een hapje eten, naar de film, trekken dag en nacht met elkaar op, en al snel belanden ze tussen de lakens. Jos was al meteen voor Frank gevallen. Een knappe man van 26 met een Surinaamse vader en een Nederlandse moeder. Hij is net na de oorlog als Franklin Balinge geboren, vernoemd naar Franklin D. Roosevelt, president van het land dat Europa mede had bevrijd. Omdat hij zijn achternaam niet mooi vond, veranderde hij die in Sanders, een eerbetoon aan zijn lievelingsoom. Na zijn opleiding aan de Academie voor Kleinkunst speelde hij in de musicals *De Stunt* en *Sweet Charity*, danste in televisieballetten, had een rol in de theatershow van Jasperina de Jong en gaf les op zijn oude school. Om tussen twee voorstellingen door toch bezig te zijn, richtte hij in 1970 zijn eigen cabaretgroep op: TexTpieremenT, later Tekstpierement. Het bracht hem bij de man die zijn verdere leven zou bepalen.

Als ik Frank vraag wat het was waar hij bij Jos op viel, noemt hij in eerste instantie diens talent. 'Zijn improvisatievermogen, schrijftalent, hoe hij met de zaal omging. Zijn ondernemerschap en humor. Zijn ongebreidelde inzet en werklust.' Maar, houd ik hem voor, dat zijn toch niet de dingen waar je verliefd op wordt? Ik vertel hem over het moment waarop ik verliefd werd op mijn man Pim. Het moment dat ik hem zag, de eerste keer, de manier waarop hij naar mij lachte en waarop ik voelde, wíst: met hem kan ik gelukkig worden. 'Pff... Jezus, Tom.' Hij valt stil. Dan: 'Het is lullig om te zeggen, het klinkt raar. Nee, ik geloof niet dat ik verliefd was of zo. Hij had heel mooie, geile benen. En ook in bed was het allemaal hartstikke fijn en gezellig. Dat staat nu allemaal op je bandje, hè?' We schieten beiden in de lach. Frank vond het jammer dat Jos geen sixpack had, geen gespierde man was. Maar hij had wel mooie handen en mooie polsen, breed, met een beetje haar. Echte mannenhanden.

Ik herinner me ineens wat Frank had geschreven in zijn rouwadvertentie voor Jos:

Midden op de dag, 's avonds laat, 's morgens vroeg...
Ik vind je lief, ik vind je lief... genoeg!

Een dichtregel uit hun eerste musical *Maskerade*. Het raakte me toen zo, omdat het niet uitgaat van een volmaaktheid. Zo vaak, voor mijn gevoel vooral ook in homorelaties, zoeken jongens naar dé volmaakte partner. Terwijl die niet bestaat. Met iedereen is wel wat. De kunst is genoegen te nemen met wat voor jou genoeg is. Pas toen ik dat doorhad, vond ik de liefde.' Frank vult aan: 'Jos was heel lief in bed. Hij was heel toegewijd. Erg op mij gericht en niet zozeer op zichzelf. Hoe langer ik bij hem bleef en hoe meer we samen deden in onze carrières, hoe meer ik van hem ging houden. En ik weet zeker dat dat ook voor Jos gold.'

Hun liefde begint wel ingewikkeld. Want Frank heeft nog een relatie met acteur Ad Hoeymans. Die woont en werkt doordeweeks in Rotterdam, ze hebben een weekendrelatie. Jos heeft Robert Paul en woont nog samen met Peter. Voorlopig moet hun ontluikende liefde dus maar verborgen blijven. Bij Tekstpierement proberen ze te doen alsof er niets aan de hand is, maar dat gaat lastig. Lia en Frank zijn boezemvrienden, dus hij besluit haar in vertrouwen te nemen. Lia is boos, Frank moet de sleutels van haar huis inleveren. Het geheim voor Guuske bewaren valt niet mee. Frank en zij wonen allebei in de Amsterdamse Tollensstraat, op een etage in hetzelfde pand. Frank moet proberen Jos ongezien naar binnen te smokkelen, zodat Guuske niets doorheeft. Maar uiteindelijk is de spanning niet meer te houden. Bovendien: het zijn heel dunne muren. Ze besluiten het haar en pianist Henk te vertellen. Op dat moment zijn de hele Tekstpierement-groep en Jos' beste vriendin Mary Michon op de hoogte.

Op 30 oktober 1972 gaat *In de zesde hemel* in première in de kleine zaal van theater Bellevue in Amsterdam. In de voorstelling natuurlijk de hilarische sketch bij de dierendokter. Daarnaast een scène waarin Lia en Frank naar Fabeltjesland verhuizen omdat het daar veel leuker is. Jos neemt in een lied de Hare Krishna-beweging op de korrel en Guuske zingt over het jaar 2004, waarin door transplantatie alles mogelijk is ('Ik heb geen reet meer van mezelf en laat per dag een keer of elf een wind die geurt naar tandpasta!'). De pers reageert overwegend positief. Het *AD* noemt de voorstelling 'vakwerk', *De Telegraaf* zag 'uitstekend amusement' en volgens NRC *Handelsblad* is Tekstpierement 'ongeveer halverwege'. Met de kop 'Tekstpierement: mooi maar oppervlakkig' is het *de Volkskrant* die het gezelschap het meest weet te prikkelen. Daarmee hebben ze meteen het openingsnummer voor de volgende voorstelling te pakken. Volgens recensent Jan Paul Bresser brengt de groep eigenlijk geen cabaret. Het is voor hem alleen amusement. 'Aantrekkelijk maar niet aanstekelijk, charmant maar nauwelijks scherp, onderhoudend maar oppervlakkig.' Vooral de komst van Jos is daar volgens hem debet aan. Hij verwijt de groep, maar hem met name, gebrek aan engagement. Ja, je hebt het over euthanasie en homofilie, maar het kan je eigenlijk niet veel schelen, is zijn indruk.

Met de overwegend positieve kritieken op zak gaan Guuske, Lia, Jos en Frank op tournee, in een gehuurd Volkswagenbusje. Frank haalt het busje op, rijdt naar Lia, want daar hangen de kostuums, dan inladen met het hele gezelschap en op weg. Onderweg is de sfeer goed en er wordt veel gelachen. Maar alle begin is moeilijk. De zaaltjes waarin Tekstpierement speelt, zitten niet meteen allemaal vol. Als Jos naar Tingel Tangel loopt, een klein theater in Amsterdam, kijkt hij angstig door de ramen om te zien hoeveel kopjes koffie er klaarstaan. Staan er twintig kopjes, dan zijn er tien kaartjes verkocht. In grotere theaters worden de stoelen vaak maar op het toneel gezet, omdat de grote zaal anders wel heel leeg is. Een enkele keer rijdt de groep zelfs voor niets, omdat er maar twee kaartjes verkocht zijn. 'Achteraf kijk je met een zekere romantiek terug op die periode, maar het was ook vernederend,' vindt Jos. Als de groep na de voorstelling weer terug is in Amsterdam, en vanuit Groningen is dat vaak diep in de nacht, zet Frank iedereen weer af bij Lia, laden ze de bus uit, en dan moet Frank het busje ook nog terugbrengen.

Het geheim van Jos en Frank levert soms pijnlijke situaties op. Bij het jaarlijkse feest dat Jos met zijn radiocollega Monica Penders organiseert, is hij met Peter en Frank met Ad. Als de tournee van *In de zesde hemel* is afgelopen, gaat Jos op vakantie naar het Spaanse eiland Formentera; Frank gaat met Ad en zijn moeder naar het Griekse eiland Rhodos. Op advies van Johan Verdoner vertelt hij het Ad vooraf. Dan kunnen ze de vakantie gebruiken om hun relatie af te ronden. Pas als ze terug zijn, licht Frank zijn moeder in. Zij is woedend. Ze is gek op Ad en ze vindt Jos een veel te gladde, en ook veel te rijke jongen voor haar zoon. Als ze een paar dagen later jarig is, stuurt Jos, niet vies van het grote gebaar, haar een enorme bos bloemen. Dat valt verkeerd: ze stuurt ze terug. Jos is gekrenkt en hij schrijft haar een brief. 'Dat Uw warmte en sympathie in deze verdrietige periode uitgaan naar Ad begrijp ik. Dat ik hierop geen aanspraak kan maken, accepteer ik. Maar realiseert u zich wèl dat ook Frank een even groot en even schrijnend verdriet heeft moeten verwerken, eerder dan alle anderen. Je begint iets niet om het te laten mislukken. En zelf ook daarvan uitgaand, verzeker ik U dat ik heel veel van Frank houd, om wie hij is en om wat hij kan. En dat is een basis die met veel eerlijkheid, hard werken, discipline en vooral liefde stevig genoeg zal blijven. Ik hoop dat U daar dan ooit een aanleiding in ziet om mijn goed gemeende attenties zonder argwaan te kunnen aanvaarden.' Jos moet alle zeilen bijzetten om Franks moeder te bewijzen dat hij echt van haar zoon houdt. Dat lukt. Na een jaar kunnen ze prima met elkaar overweg.

Bij Jos thuis is het allemaal minder ingewikkeld. Zijn vader roept gekscherend: 'Ik mag voor jou wel een wissellijst aanschaffen', en al met de kerst slapen ze samen bij zijn ouders. Maar ook Jos moet zaken afronden. In het geval van Peter gaat dat vrij makkelijk. Hun relatie was eigenlijk al voorbij. Ook Peter heeft een nieuwe liefde: Martijn. Een fotomodel, van wie hij al eens een foto op tafel had laten slingeren. 'Dat is een goede jongen, dat kun je zo zien,' had Jos gezegd. Peter had dit opgepakt als de bevestiging dat hij veilig naar hem toe kan. Ze krijgen een relatie voor het leven. Robert Paul had al gemerkt dat zijn relatie met Jos zich niet meer ontwikkelde, maar was toch diep teleurgesteld toen hij erachter kwam dat zijn vertrouwen was beschaamd. Robert had ondertussen zijn huidige partner Wout ontmoet en tegen hem gezegd dat hij eerst zijn relatie met Jos moest afronden. En toen kwam hij erachter dat Jos al best lang met Frank was. Maar tijd heelde de wonden. Robert vond in Wout de liefde van zijn leven en bleef vrienden met Jos en Frank.

Jos en Frank hebben elkaar gevonden, maar dat wil niet zeggen dat Jos zijn oude streken heeft afgeleerd. Hij blijft een enorme flirt, merkt Frank al snel: 'Toen we nog niet zo lang bij elkaar waren, stond hij een keer ontzettend te zoenen op de gang. Ik vond dat heel vervelend, maar Jos zei: "Waar maak je je nou druk over? Wij gaan toch samen naar huis, ik word toch naast jou wakker? Dus je hoeft je daar niet druk over te maken." Nou, ja, oké. Dat was ook zo natuurlijk.' Frank vond het in het begin niet makkelijk, maar moest er ook niet te veel over zeuren, vond hij zelf: 'Het was geen schering en inslag. Jos was niet heel promiscue. Hij was niet voortdurend met andere jongens in de weer. En alles wat hij met mij deed en deelde, daar was geen sprake van dat hij dat bij een ander zou doen.'

Ook op werkgebied hebben ze elkaar helemaal gevonden. Alleen de verdiensten houden nog niet over. Zestig voorstellingen speelt Tekstpierement in het eerste seizoen. Doordat er soms maar erg weinig mensen kwamen kijken, is de opbrengst laag. Maar Jos verdient goed bij de TROS én door het maken van reclame. Wie begin jaren zeventig een avondje tv-kijkt inclusief reclameblokken, kan zo acht spots met Jos' stem erin zien. Door zijn riante inkomsten en dankzij Peter, die bij een bank werkt en verstand heeft van beleggen, is Jos de laatste jaren slimmer met zijn geld omgegaan. Hij heeft op Peters advies flink gespaard en kan een huisje kopen: een historisch pandje in de Amsterdamse grachtengordel, in de Utrechtsedwarsstraat. Het is wel in slechte staat. De kelder staat onder water en in het voorste gedeelte op de begane grond heeft een kleine winkel gezeten, en dat is nog onbewoonbaar. Frank en Jos gebruiken in eerste instantie op de eerste verdieping de achterkamer, de opkamer en het bovenste gedeelte van het huisje. In oktober 1973 trekken ze erin.

Na de vakantie gaat Tekstpierement met dezelfde leden aan de slag met een nieuw programma: *Blijf zitten waar je zit*. Omdat Jos het grootste schrijftalent heeft, maakt hij vanaf nu alle teksten. Voor Jos is het volstrekt logisch dat hij nu de baas is: 'Er werd te veel geouwehoerd. Democratisch praten over teksten, ja ja. Deze keer hebben we een andere werkwijze gevolgd en dat blijkt vrij aardig te werken.' Als Jos zijn zin wil krijgen, gaat dat niet altijd zachtzinnig. Bij een voorstelling in Pepijn, het theatertje van Paul van Vliet in Den Haag, staan in de zaal zo'n vijftig stoelen aan tafeltjes met een lampje erop. Dat geeft tijdens de voorstelling een café-chantant-achtige sfeer. Frank en ook Lia en Guuske vinden het sfeervol, maar Jos wil dat de lichtjes uitgaan. Een reden geeft hij niet, maar hij is niet te vermurwen. Jos stelt Frank een ultimatum: de lampjes gaan uit, anders speel ik niet. De groep gaat met ruzie uit elkaar. Frank eet met Lia, Jos met Guuske. Bij terugkomst vraagt Jos naar de uitslag en Frank zegt: de lampjes gaan uit. Dit incident zet de toon. Want voor Jos is vanaf nu duidelijk dat er gebeurt wat hij zegt, omdat hij het wil. Onder het genot van een cognacje zou hij later wel eens zeggen: '*L'état, c'est moi*.' Gekscherend, maar toch. En het incident met de lampjes bij Pepijn zal Frank altijd dwars blijven zitten.

Voor Lia zou het nieuwe Tekstpierementseizoen wat ingewikkelder worden. Ze ontdekt in de zomer van 1974 dat ze zwanger is. De groep moet dus midden in de tournee op zoek naar iemand die haar vlak voor en na de bevalling kan vervangen. Maar zo ver komt het niet. Jos schrijft Lia een brief waarin hij haar omstandig uitlegt dat ze maar beter een seizoen kan overslaan, op zijn minst. Hij ziet het niet zitten dat ze met een bolle buik op het podium gaat staan. Lia is beledigd. Waarom kan een zwangere vrouw niet gewoon spelen? Als troost mag ze, zoals het programmaboekje meldt, 'allemaal kleine klussies opknappen' als productieassistent. Haar opvolger komt vers van de Kleinkunstacademie: Sytha Bolt. *Wit op zwart* heet de nieuwe voorstelling, met als ondertitel 'Een consumptie-cabaret': een knipoog naar de kwalificatie die *Volkskrant*-recensent Bresser gaf van hun vorige show. Met deze voorstelling is de ontwikkeling van de groep voor recensenten duidelijk. *De Telegraaf* verklaart Tekstpierement plechtig volwassen. 'Ik wil ermee aangeven dat wat Jos Brink hier in zijn eentje heeft bijeen geschreven op hoog niveau bijna gaaf is.' Jacques d'Ancona van het *Nieuwsblad van het Noorden* stond er van begin af aan positief in, en ook hij heeft grote woorden. Volgens hem wordt dit de wezenlijke doorbraak: 'Inhoudsmatig is Tekstpierement met sprongen vooruitgegaan.'

De Telegraaf zoekt na de lovende woorden van hun recensent Jos op. In een interview maakt hij de balans op: na jarenlang knoeien heeft hij eindelijk zijn plek gevonden. Hij bespreekt zijn jaren als tieneridool ('Het was vreselijk'), zijn schulden en zijn eerste jaren als cabaretier: 'Hemeltje, wat heb ik veel geschreven.' Jos staat samen met Frank op de foto en de krant meldt ook dat ze 'hecht bevriend' zijn. Wat dat precies inhoudt, wordt aan de fantasie van de lezer overgelaten. De verslaggever is terughoudender over hun relatie dan Jos en Frank zelf. Aan het eind van het artikel mag Jos, na jaren van zaaien, eindelijk oogsten: 'Het gebeurt wel eens, dat er na de voorstelling iemand op me af komt die zegt: vroeger vond ik je een geweldige lamstraal, maar ik heb mijn mening herzien.' Wat een zoete overwinning zal dat voor hem zijn geweest: 'Dan, zo verklaart hij, krult zijn neus.'

Het succes bevestigt voor Jos en Frank dat ze op de goede weg zijn. Zelfverzekerd gaan ze aan de slag met hun nieuwe voorstelling *Ja we zijn daar gek*. Maar de andere leden van de groep, Guuske en Sytha, betalen de prijs. Want de verhoudingen zijn veranderd. Tijdens een bespreking laat Jos vallen dat alleen zijn naam op de flyer ook wel voldoende is. Daar is Guuske erg boos en verdrietig om. Als Jos een scène schrijft waarin het publiek om een grap van Guuske moet lachen, kan hij, als de voorstelling loopt, de verleiding niet weerstaan de lach naar zichzelf te trekken. Guuske geeft geen krimp en ze gaat de strijd aan, ze probeert het publiek terug te winnen. Maar ze begrijpt het niet. Waarom heeft Jos het dan zo geschreven? Sytha vindt dat ze wordt onderbetaald, en als ze er iets van zegt bij impresario Hans Tobi geeft die haar te verstaan dat ze niet meer waard is. Ook vinden de dames dat Jos en Frank hen te veel claimen. 'We werden gecontroleerd,' herinnert Guuske zich. 'Het leek wel alsof ze het niet eens waren met mijn leven. Maar als ik om één uur 's nachts uit de kroeg wil komen, dan is dat mijn zaak.' Volgens Jos en Frank is Sytha onhandelbaar en negatief en gaat Guuske daarin mee. De sfeer in de groep is slecht. In de bus wordt nauwelijks meer met elkaar gesproken, en als de dames merken dat Jos of Frank eraan komt, gaat de deur van de kleedkamer dicht. Aan het eind van het seizoen gooit Sytha de handdoek in de ring. Ook Guuske wil stoppen, maar niet zo abrupt. Ze kondigt aan dat ze nog één seizoen doorspeelt en ze wil daarover een gesprek met Jos en Frank. Maar Jos reageert bokkig: hij geeft geen reactie en het gesprek komt er niet.

'Jos deed dat niet,' legt Frank uit als ik hem ernaar vraag. 'Het is later nog heel veel voorgekomen dat mensen een gesprek wilden met Jos en hij deed dat nooit.' En weet Frank waarom? Hij lacht: 'Hij deed het met mij al niet. Dus laat staan met mensen die bij de zaak zaten. Alle moeilijke gesprekken met personeel of met spelers deed ik. Ik ben van het harmoniemodel. Ik kan niet tegen ruzie en onvrede en probeer het zo leuk mogelijk te houden. Dit incident met Guuske was een voorbode voor wat me nog te wachten stond in de rest van mijn carrière.' Als we erover doorpraten, merk ik hoezeer Frank met deze vraag heeft geworsteld. 'Het klinkt pedant, maar ik heb best wel wat mensenkennis opgedaan. Met wat psychologie van de koude grond kun je je nog afvragen of hij zich bedreigd zou voelen? Of niet erkend? Maar dat was allemaal niet in Frage. Hij werd erkend, hij had succes. Het had niets te maken met sterallures. Hij is daarin een heel rare man.' Dan opeens: 'Ik denk dat hij dat soort conflicten bedreigend vond voor zijn werk als theaterman. Afleidend en gedoe, waardoor hij zijn werk als acteur niet kon doen. Hij kon het er niet bij hebben. Maar ik weet zeker dat het niets te maken had met zijn ego.'

Door het vertrek van Sytha moeten Jos en Frank op zoek naar een vervanger. Ze hebben wel iemand op het oog: Lucie, de dochter van Jos' oude mentor Cees de Lange. Toen De Lange in 1973 kanker kreeg, hield Jos hem tot zijn overlijden vaak gezelschap tijdens zijn maandenlange ziekbed. Lucie was toen zestien, ze studeerde voor haar examens. Ze hadden op dat moment weinig contact. Maar de laatste jaren is dat veranderd. Jos gaf haar spraakles en Frank gaf dans- en bewegingslessen. Ze moeten behoedzaam opereren, want Lucie heeft een klein trauma overgehouden aan een auditie voor de Kleinkunstacademie. Daar raakte ze tijdens haar lied zo de draad kwijt dat ze huilend de zaal uit liep. Nooit meer op toneel! dacht ze, en ze ging aan het werk als stewardess. Maar Jos en Frank zien haar talent en ook haar moeder, oud-actrice Lucie Steijn, ziet graag weer een De Lange op het toneel. Jos en Frank gaan met Lucie en haar moeder uit eten om haar te overtuigen bij Tekstpierement te komen. Het zou acht etentjes kosten voordat ze toegeeft. Om haar moeder te plezieren, om van het gezeur af te zijn en met een terugkomgarantie bij Martinair, mocht het allemaal toch niet bevallen. *Wacht u voor de hond* wordt voor Lucie de eerste van vele Tekstpierementvoorstellingen. Ze wordt, naast Jos en Frank natuurlijk, het trouwste lid.

Bij het lezen van de recensies vind ik het fascinerend om te zien hoe verschillend beroepskijkers hetzelfde programma kunnen beoordelen. Gaven ze de groep in het begin allemaal nog wel wat krediet, inmiddels staan de hakken in het zand. Ber Hulsing van *Trouw* heeft ervan genoten, bijvoorbeeld van een nummer waarin Lucie en Guuske martelingen in Chili schrijnend afzetten tegen de lectuur in damesbladen. Jan Spierdijk van *De Telegraaf* vond dat ook geweldig. Maar Hanny Alkema van NRC *Handelsblad* vond het 'puur misbruik van de bedoelingen en het materiaal van Amnesty International'. Zij vindt dat Tekstpierement geen ruggengraat toont en karakterloos overal een graantje van meepikt. Wat moet je daar nou mee? Om een eigen oordeel te kunnen vellen, vind ik wat stukken uit de voorstelling op de lp *Tekstpierement in ontroerend goed*. Spierdijk had zich wild gelachen om Frank Sanders als rijgek. Ik luister naar 'Blij dat ik rij'. Het is inderdaad hilarisch en heeft bijna 45 jaar later niets aan kracht ingeboet. Van Jos hoor ik 'Paulus de Pilkabouter', een scherp lied waarin hij, verkleed als paus, het verbod op anticonceptie door de katholieke kerk bekritiseert: 'Wee degenen die liever opzien baren dan kinderen! Copuleer en doe het louter voor Paulus de Pilkabouter.'

Dat lied zal Jos ook uitvoeren op het benefietconcert dat een omslag zal zijn in de zichtbaarheid van homo's in de samenleving: de 'Miami Nightmare', in de nacht van 8 op 9 oktober 1977 in het Concertgebouw. Om een idee te krijgen van de impact ervan en Jos' rol erin, zoek ik de organisator van toen op: Henk Krol. We zijn bekenden. Samen zaten we ooit in de Stichting Roze Maandag, die de drukst bezochte dag op de Tilburgse Kermis mede organiseert. Dat Henk en Jos bekenden waren, wist ik: Jos had een column in zijn *Gay Krant*. Maar op Jos' begrafenis werd me duidelijk dat ze een meer dan goede band hadden, want Henk was een van de sprekers.

Aanleiding voor 'Miami Nightmare' was de haatcampagne tegen homo's van een Amerikaanse zangeres, Anita Bryant. In de staat Florida zou een verordening worden ingevoerd die discriminatie op grond van seksuele geaardheid verbood. Bryant was daar fel op tegen en voerde een ware heksenjacht tegen homo's. Nederlandse homoseksuelen maakten zich er druk om en wilden een advertentie plaatsen in een grote Amerikaanse krant om de publieke opinie daar te bespelen. Om geld daarvoor bijeen te krijgen, kwam er een benefietconcert. Organisator Henk Krol werkte ook voor de TROS-radio, en zo kende hij Jos: 'We zochten mensen om van die avond een succes te maken, en daar heeft Jos me verschrikkelijk bij geholpen. Jos zei: "Ik zou het dolgraag willen presenteren. Maar als je er echt een succes van wilt maken, dan moet je Mies Bouwman bellen." Typisch Jos. Een heleboel nichten zouden zeggen: "Ik wil dat presenteren en ik ben de beste die dat kan!" maar hij niet.' Jos wist dat de boodschap veel sterker zou overkomen als deze gebracht werd door iemand die geen belang had bij de homobeweging, zegt Krol: 'Hij wist hoe je de boodschap bij mensen in de huiskamer kreeg. Tot 1977 zaten homo's achter gesloten deuren. Dit was een draai van 180 graden. Jij, Jos en ik, wij vochten voor onszelf. Jos wist dat je iemand als Mies Bouwman, toen de koningin van het amusement, nodig had. Om te laten zien: het is geen strijd van ons voor ons, het is een gemeenschappelijke strijd.' Bouwman zegde toe en haar betrokkenheid werkte als katalysator. De Amsterdamse burgemeester Wim Polak opende de avond, grote namen als Martine Bijl en Adèle Bloemendaal werkten mee. Hoogtepunt was een lied dat de Zangeres Zonder Naam speciaal had geschreven: 'Luister Anita'. De zaal applaudisseerde zo hard dat de tekst verloren ging. Daarom zong ze het nog een keer. Boven lagen Jos en Henk erom in een deuk.

De nacht werd een geweldig succes. Tweeduizend bezoekers brachten samen een ton bijeen: meer dan genoeg geld voor de advertentie. 'Maar dat haalde geen fuck uit,' herinnert Henk zich. 'Want in Amerika kreeg Bryant haar zin.' De verordening ging van tafel, de discriminatie bleef in stand. Maar in Nederland kreeg de homo-emancipatie een impuls. De jaarlijkse manifestatie Roze Zaterdag kwam voort uit het protest tegen Bryant en van het geld dat over was van de 'Miami Nightmare' werd, mede op advies van Mies Bouwman en Jos, de Stichting Vrije Relatie Rechten opgericht: het begin van de strijd voor de openstelling van het huwelijk voor homo's.

'Zichtbaarheid was toen heel hard nodig,' concludeert Henk. 'En er waren een paar mensen die dat begrepen, en een van hen was Jos.'

Vanaf het begin van hun relatie en hun samenwerking presenteerden Jos en Frank zich in interviews als een vanzelfsprekende twee-eenheid. Ze werden daarmee een boegbeeld. Toen ik Frank vroeg of dat een gezamenlijk besluit van hen was, om zich zo nadrukkelijk te presenteren, ontkende hij dat. Het verbaasde me een beetje. Daar heb je het samen toch over, van tevoren? Maar niet dus: 'Het was voor ons geen issue,' legt Frank uit. 'Het heet dan dat we open waren over onze relatie, maar wij ervoeren het niet als open. We hadden niet het idee dat we emancipatoir bezig waren. We deden gewoon wat we deden. Pas toen Jos post van homo's kreeg, begonnen we ons wel te realiseren dat we een voorbeeldfunctie hadden. En zo werden we het gouden gelukskoppel onder de homo's.'

Met homohaat hebben Jos en Frank, ondanks hun voortrekkersrol, nooit te maken gehad. Hooguit een keer een lelijke brief. Of een kerkgenootschap waarvoor Jos niet mocht preken omdat hij openlijk homoseksueel was. Maar scheldpartijen? 'Nóóit. Helemaal nooit,' bezweert Frank. 'Ook niet toen we in Gelderland gingen wonen, in Gorssel. Integendeel, we werden met open armen ontvangen en de mensen waren allerliefst voor ons. Het was geen punt.' Pas jaren na Jos' dood, in 2018, werd Frank een keer voor homo uitgescholden op straat, iets dat hem verschrikkelijk kwaad maakte. Maar in al die jaren met de beroemdste homo van zijn tijd aan zijn zij gebeurde dat nooit: 'Dat schelden werd toen nauwelijks gedaan. Als ze er al wat van vonden, was het bedekter. Er werd meer achter gesloten deuren over je geluld.'

In de tijd van 'Miami Nightmare' is Jos zo'n vijftien jaar bekend bij het grote publiek. Hij heeft zich ontwikkeld van tieneridool tot succesvol cabaretier. Maar die ontwikkeling liep wel langs een paar zijsporen: hij blijkt dj te zijn geweest in een louche nachtclub, hij zat in de schulden en maakte zo'n hoogoplopende ruzie met zijn compagnon dat er advocaten aan te pas moesten komen. Dat had ik nooit kunnen bedenken. Het lijkt erop dat Jos in zijn jonge jaren behoorlijk zelfgericht was; tegen zijn vrienden en directe collega's kon hij heel vervelend zijn. Een andere Jos dan die lieve, empathische man die ik later heb leren kennen. Zijn het jeugdzondes, groeipijnen of blijft er van die trekken toch iets hangen? Zowel wat zijn werk als wat zijn relatie betreft lijkt 1977 een kantelpunt te zijn voor Jos. Na veel ongelukkige relaties in het verleden heeft hij nu een goede partner gevonden. Hij is zelfs hard op weg een boegbeeld voor homo's te worden. En op hetzelfde moment staat hij op het punt door te breken als lieveling van het grote publiek.

Hoofdstuk 8 – De publiekslieveling

Op 15 oktober 1977 begint de definitieve, niet te stuiten opmars van Jos Brink als televisiester. Om precies te zijn om 21.15 uur, want dan start op Nederland 2 AVRO's *Puzzeluur*. Een uur puzzelen op tv, waarom was dat nou leuk om naar te kijken? Ik bel de bedenker, Jan Meulendijks. Met zijn partner Bart Schuil heeft hij *Puzzeluur* bedacht: 'Puzzelen, tja, het is een spelletje. Dat kan in feite iedere presentator leiden.' En daarmee verklaart Meulendijks meteen het succes van Jos, want die maakte er dus méér van: 'Waarom moet je lachen bij een puzzelprogramma? Híj zorgde daarvoor. Want hij was zo welbespraakt en geestig.' Meulendijks stond versteld van de professionaliteit van Jos: 'Als hij regels uit moest leggen en we wilden dat hij iets op een bepaalde manier zou zeggen, maakte hij zich dat meteen eigen. En het kwam er dan precies uit zoals we het bedoeld hadden.'

Omdat amusement in die jaren door de omroepen nauwelijks werd bewaard, is er van alle *Puzzeluren* bijna niets meer. Gelukkig heeft Frank nog een oude Betamax-band waar een aflevering op staat. Het begint met de programmatitel in beeld. Als de camera uitzoomt, blijkt dit een schuifdeur, en begeleid door een zeer gedateerd synthesizerdeuntje loopt Jos naar voren. Het publiek gaat staan en klapt geestdriftig. Vooral de dames van middelbare leeftijd kijken er verrukt bij. Jos, onberispelijk gekleed in smoking, lacht breeduit, maakt een diepe buiging, trekt een gezicht van: 'Is dat echt allemaal voor mij? Nee joh!' en maakt daarmee het publiek uitzinnig: het trappelt op de banken. Pas als het applaus weggeëbd is, neemt hij het woord: 'We hebben maar een uurtje, hè. Het is geen puzzelnacht.' Bij het kennismakingsgesprek met de kandidaten gaat hij meteen los. Van kandidaat Jur verneemt hij dat zijn slechtste eigenschap is dat, als hij iets nieuws heeft gekocht, hij dat meteen sloopt en vanbinnen bekijkt. Jos reageert: 'Dat was een mooi vooruitzicht voor je vrouw dan, op je trouwdag!' Jos ligt er zelf om in een deuk. Jur slaat terug en vraagt hem: 'Weet je wat het verschil is tussen Jos Brink en de Hulk? De Hulk wordt weer normaal!'

Als het spel start, belooft Jos dat het volkomen eerlijk gaat. 'Want het is geld van de AVRO en daar mag je niet mee gooien.' Maar hij zegt antwoorden voor en schuift een kandidaat het kaartje met de antwoorden voor de neus. Het publiek ligt dubbel, en de kandidaten, en Jos natuurlijk ook: 'Heb ik de jury weer tuk! Want het kan namelijk niet teruggeschroefd worden.' Maar toch, als het spel vordert en het gaat om serieus geld, het winnen van duizend gulden, is het Jos ernst. Omdat beide kandidaten in de kwalificatieronde alle antwoorden goed hadden, mogen ze samen door naar de finale. Ze moeten in zestig seconden een kruiswoordpuzzel oplossen. Dat komt traag op gang, maar door het voorzeggen van de eerste antwoorden helpt Jos de kandidaten. En als hij de laatste antwoorden ook voorzegt, halen ze het net. Ze krijgen allebei vijfhonderd gulden.

Het hele spel klopt zo voor geen meter, maar het publiek vindt het prachtig. Op zaterdag 28 april 1979, als Jos net de deur uit is voor een belangrijke tv-opname, krijgt Frank telefoon. Jos heeft met *Puzzeluur* de Televizier-Ring gewonnen, de prijs voor het populairste tv-programma volgens de lezers van het tv-tijdschrift *Televizier*. Met dit goede nieuws gaat hij naar het Congresgebouw in Den Haag, waar Jos aan het repeteren is voor het programma *Alstublieft Majesteit*. Een bijzondere en eervolle opdracht: het programma wordt aangeboden aan koningin Juliana voor haar zeventigste verjaardag. De majesteit zal ook zelf aanwezig zijn in de zaal en Jos praat het allemaal aan elkaar. Vooraf hadden Jos en Frank eigenlijk niet zo'n hoge dunk van het programma. Artiesten die optraden waren onder anderen Jan Akkerman, Lenny Kuhr, Thijs van Leer en Ramses Shaffy. 'We vonden het een beetje rommelig samengesteld voor de jarige job,' herinnert Frank zich. 'Een uur voor de opname zocht ik Jos op in de kleedkamer en vertelde hem dat hij de Televizier-Ring had gewonnen. Hij reageerde verrast, nam er een slok cognac op en moest alweer snel door naar de schmink. Maar het gaf hem voor die ingewikkelde uitzending die hij moest maken zelfvertrouwen.'

Als Jos bij het openingsapplaus van de showtrap dartelt, lijkt hij inderdaad wel te zweven. In zijn armen heeft hij iets dat vanuit de verte lijkt op een kerstboom. Het is de bos bloemen die hij Juliana moet gaan overhandigen. 'Majesteit, we hebben een volle bak: tweeduizend mensen in huis. Wat fijn dat u een kaartje heeft kunnen krijgen!' Een paar minuten eerder was de koningin met haar familie de zaal binnengekomen, terwijl een koortje van drie kinderen aarzelend 'Lang zal ze leven' zong. Onder doodse stilte waren ze gaan zitten, en pas toen zette het orkest een ouverture in. Met zijn opmerking ontlokt Jos een bevrijdende lach uit de zaal: de spanning is gebroken. Hij stapt naar voren, gaat voor de koningin staan en maakt een diepe buiging. Wat een fantastisch moment moet dit voor hem zijn, bedenk ik me. Met Tekstpierement heeft hij het koningshuis wel eens op de hak genomen. Zelfs zo, dat een burgemeester die in de zaal zat demonstratief opstapte. Het werd een rel en Jos was zwaar beledigd: hij was juist zo'n fan van Oranje. Nu staat hij voor zijn heldin en hij pakt z'n kans: 'Ik had een klein boeketje besteld, vergeet-mij-nietjes of zo, en het is een beetje groter uitgevallen.'

Jos blijft staan met de enorme bos in zijn hand. 'Het is een beetje moeilijk moment voor mij, dat zult u begrijpen. We kennen elkaar alleen via televisie.' De majesteit lacht, prins Bernhard en kroonprinses Beatrix lachen ook. Zelfs de twaalfjarige Willem-Alexander, die kort daarvoor nog verveeld voor zich uit staarde, zit nu te lachen. Jos looft de bescheiden inborst van Juliana, die er niet van houdt op een voetstuk te worden geplaatst. 'Miljoenen mensen worden zeventig jaar. Maar we zitten hier met tweeduizend onderdanen. En u bent toch de *bovendaan*.' Juliana slaat lachend haar hand voor haar gezicht. 'Lieve Koningin, we houden allemaal vreselijk veel van u. Waarom, dat zal iedereen begrijpen. Heel, heel hartelijk gefeliciteerd. En blijf nog lang bij ons. Laten we daar maar mee beginnen.' Applaus zwelt aan en dan komt het. Jos buigt zich naar voren en geeft koningin Juliana een zoen op haar rechterwang.

'Jos had bedacht: ik ga de koningin een zoen geven,' bevestigt Frank. 'Maar hij wilde het moment afwachten. Of de sfeer goed was, of zijn gevoel erbij goed was.' Aansluitend gooit hij er nog wat koninklijke grappen uit ('Pieter van Vollenhoven heeft pianoles bij me'), somt in hoog tempo uit zijn hoofd de negen doopnamen van prins Bernhard op ('Toen u geboren werd, hebben ze vier keer het water moeten bijvullen bij de doop'), beschrijft voor de radioluisteraars de jurk van Juliana ('Het zal wel geen katoentje van de Albert Cuyp zijn') en noemt de Gouden Koets de Gouden Caravan. 'Ben ik tegen het protocol?' Waarschijnlijk wel. Niet dat Jos vooraf veel van het protocollaire gedoe heeft meegekregen. Omdat hij druk was met de voorbereidingen voor zijn nieuwe musical *Maskerade*, deden regisseur Theo Ordeman en producer Gerrit den Braber de besprekingen met de vertegenwoordigers van Soestdijk en de Rijksvoorlichtingsdienst. Wel vroegen ze bij herhaling wat Jos dacht te gaan zeggen. Hij had steeds zijn kaarten tegen de borst gehouden en gezegd dat hij het niet wist. Bij de generale repetitie noemde hij Den Braber, die voor koningin Juliana speelde, 'Hare Gerrit'. Het leverde hem pijnlijke blikken op van medewerkers van de RVD. Hij had geïnformeerd of het mogelijk was Juliana vóór de opname even te ontmoeten. 'Het kan niet. Het is tegen het protocol,' kreeg Jos te horen. Hij was kwaad en teleurgesteld, maar hield zich verder vast aan een uitspraak die Juliana zelf schijnt te hebben gedaan: 'Er bestaat geen protocol, dat is voor idioten.'

Honderden uren video heb ik van Jos gezien. Door mijn eigen ervaring als presentator voor de Regionale Omroep Brabant kijk ik niet alleen als liefhebber. En vooral hier valt me op hoe verbluffend vakkundig zijn presentatie is. Niet alleen voelt hij tegenover een zeer onalledaags gezelschap de sfeer zo goed aan dat hij precies de juiste grap op het juiste moment plaatst, hij legt ook op prettige wijze het programma aan de kijkers en het publiek in de zaal uit. Een flinke lap gedetailleerde informatie over artiesten die hun royalty's afstaan voor het goede doel en hoe dat allemaal werkt: nu heb je daar autocue voor. Maar die was hier in geen velden of wegen te bekennen. Op een op het oog ontspannen wijze doet Jos het, net als die negen namen van prins Bernhard, allemaal uit z'n hoofd. Op mij maakt deze meer dan veertig jaar oude opname grote indruk. Maar Frank kijkt er niet van op: 'Jos had al heel veel gepresenteerd. Hij was al twee keer heel beroemd geweest.' Frank verwijst naar de tieneridooltijd in de jaren zestig en de presentaties bij de TROS. Ik werp tegen dat hij in het begin door Skip geschreven tekstjes voorlas en dat dat toch iets anders is dan wat we hier van hem zagen. En ik wijs op het amateurisme van zijn eerste theatervoorstellingen. 'Maar hij heeft het wél gedaan. En hij heeft ervan geleerd en hij heeft zich verbeterd. Wat hij daar stond te doen, was een optelsom van alles wat hij al kon.'

Twee dagen na de opname, op Koninginnedag, is de uitzending. De impact is gigantisch. De beelden gaan de wereld over. Zelfs in Amerika werd de kus *coast to coast* uitgezonden. Met dit waagstuk verovert Jos zijn plek in de geschiedenisboeken van de televisie. Thuis staat de telefoon roodgloeiend. Mies Bouwman, Toon Hermans en Wim Kan bellen om te complimenteren. Aan de laatste vraagt hij meteen of die hem de Televizier-Ring wil uitreiken. De foto van de kus staat in alle kranten. Er is post van actrice Josephine van Gasteren ('Zo losjes uit de mouw, zo sprankelend'), songfestivalwinnares Teddy Scholten ('Zó natuurlijk, zó spiritueel, zó ontspannen en zó origineel') en natuurlijk van zijn vriend Olaf J. de Landell: 'Uitstekend! Deze tv-uitvoering was een verrukkelijk, kracht gevend slot van de dag. Je wordt nu natuurlijk bliksemsnel wereldberoemd – al die landen hebben je gezien terwijl je Een Kus gaf! Het geheel heeft me werkelijk (en dat wil wat zeggen) ontroerd.'

Toen het programma was afgelopen, tijdens de aftiteling, vroeg Juliana aan Jos: 'Zie ik u nog?' Nee, had Jos gezegd: hij wist dat ze meteen weg moest. Twee dagen na de tv-uitzending schrijft hij Hare Majesteit een brief: 'U moet me een aantal vrijmoedigheden maar vergeven: er ontstond zo'n sfeer van "onder elkaar", dat ik eenvoudig niet anders kon. En ik meende woord voor woord wat ik zei. Ik heb diepe achting en bewondering voor Uw taakopvatting en persoonlijke inzet. Ik acht mij gelukkig Nederlander te zijn.' Het heeft er alle schijn van dat Juliana het enig vond. In 1988 bezocht ze incognito de première van een toneelstuk dat Jos had geschreven: *Oude nieuwe vrienden*. Tot haar dood zou Jos nog wel eens op bezoek gaan op Soestdijk bij, zoals hij haar noemde, 'de oude koningin'.

Alstublieft Majesteit is met 5,5 miljoen kijkers het best bekeken programma van het eerste kwartaal van 1979. En ook in 2019 nog wordt 'De Kus' op het digitale kanaal Geschiedenis 24 tot meest memorabele Juliana-moment gekozen. Frank: 'Dit gaf hem een enorme boost. Het was de grootste opstap naar succes en beroemdheid. Hiermee was zijn naam gevestigd.'

Tussen alle Oranje-hectiek door heeft Jos dus ook nog de gouden Televizier-Ring gewonnen. Wim Kan had toegezegd deze te overhandigen, maar kreeg daar spijt van nadat hij op tv een theaterregistratie zag van Tekstpierement. In zijn dagboek noteerde hij: 'Neen! Helaas nee. Absoluut niveaugebrek. Geen niveau. Snelle "vlotte" ritmische liedjes. Ik versta de tekst, maar ik kan het niet volgen. Erg spijtig. Wat nu met die Televizier-Ring die ik begin september aan Jos Brink zal uitreiken? Wat moet ik zeggen?' Kan bedenkt dat hij de uitreiking zal doen, maar in een zeer klein gezelschap en zonder pers erbij. Jammer voor de bedenkers van het spel, Jan Meulendijks en Bart Schuil, want zij mogen er nu niet bij zijn. Kan vindt het zo toch boven verwachting leuk. Tegen Jos zegt hij: 'Twee jaar geleden kreeg ik hem, vorig jaar "Het dagboek van een herdershond". De herdershond was op zijn staart getrapt en wilde de ring niet aan de heer Jos Brink geven. Nu deed ik het, dus alles wat ik meer zeg dan Woef is meegenomen. Voor sommigen is het krijgen van deze ring het einde, voor jou denk en verwacht ik het begin.'

Bijna alle kranten en tijdschriften berichten in deze hoogtijdagen positief over het fenomeen Jos Brink. Maar er is één journalist op wiens steun Jos onvoorwaardelijk kan rekenen: Henk van der Meijden. Hij heeft zijn eigen showbizzpagina in *De Telegraaf* en sinds 1977 een gelijknamig tijdschrift, *Privé*. Als ik hem bel, is hij nog steeds lovend over Jos: 'Veel sterren dragen een masker. Maar hij toonde zijn gevoel. Ook als hij tegenslagen had, bleef hij open. En dat trok me aan. In die onechte showwereld zijn er maar weinig artiesten die echt zichzelf zijn tegenover journalisten.' Al snel na de start van zijn blad vraagt Van der Meijden Jos een column te schrijven: 'Hij was natuurlijk ontzaglijk populair. En ik wilde goede mensen hebben die een groot publiek aanspraken. Dat had Jos. Er waren maar weinig mensen die een hekel aan hem hadden.' Dat laatste geldt niet voor Van der Meijden. Door zijn *Privé*-imperium wordt hij een factor van betekenis: hij kan sterren maken en breken. Veel artiesten kunnen zijn bloed wel drinken. Sonja Barend gaat openlijk de strijd met hem aan. Volgens haar zijn er twee soorten mensen: 'Zij die meewerken – daar schrijft hij welwillend over – en zij die zich verzetten – en daar spuit hij alle vuil van de wereld over uit.'

Jos zit duidelijk in het eerste kamp, en daar moet hij zich in interviews vaak over verdedigen: 'Tegen de koppen in *Privé* heb ik aperte bezwaren, maar die heb ik ook tegen koppen in *Vrij Nederland*, *Het Parool* en *de Volkskrant*. Die zijn óók vaak tendentieus.' Van der Meijden is, kortom, volgens Jos niet slechter dan andere journalisten. Zijn trouw wordt beloond. Van der Meijden adviseert Jos zijn verhalen te bundelen en in boekvorm uit te brengen. Hij bemiddelt voor hem bij de uitgeverij van *De Telegraaf*, Teleboek. In 1980 komt het eerste bundeltje van Jos uit: *Zitten op de grond*. Jos' prettig geschreven beschouwinkjes van alledag doen het goed in boekvorm. Omdat er meer dan 100.000 exemplaren van worden verkocht, wordt Jos onderscheiden met een Gouden Boek, dat wordt uitgereikt door Martine Bijl.

Bij Teleboek zullen nog tientallen bundeltjes volgen. In de jaren tachtig en negentig heeft Jos veel succes met titels als *Allemaal Poppenkast*, *Dag tante Annie!*, *De leukste thuis* en *Blij blijven*. Van deze honderden verhaaltjes maakte 'Vijf december', uit *Spaghetti met stokjes*, het meeste indruk op me. Het verhaal gaat over Sinterklaas, natuurlijk. Maar het gaat ook over zijn vader, want die was Sinterklaas: 'Het gekke was dat hij, geheel vermomd tot de goede bisschop, toch mijn vader bleef. Ik heb daar als kind nooit een punt van gemaakt. Sint en pappa waren een ondeelbare twee-eenheid, zo eenvoudig was dat. Ik ben ook altijd in Sinterklaas blijven geloven, omdat ik in mijn vader geloofde. Daar ben ik nu pas achter.' Op 5 december 1987, toeval of niet, overlijdt Jo Brink: 'In die met verdriet behangen kamer stapte een klein buurmeisje binnen, met rode wangetjes van het net genoten feest. Ze kwam een bloem brengen voor "opa". En tjilpte honderd uit over Pinkeltje die iets heel doms had gedaan ten aanzien van Ollie, de Olifant. En al die grote mensen luisterden. Naar de klank van dat stemmetje, naar het leven dat altijd maar doorgaat. "Vijf december, vijf december is voor ons een blijde dag!" zongen we, toen we nog het formaatje hadden van dat kleine buurmeisje. Dat lied is voor ons even niet meer waar. Ik kan mijn vader nu alleen nog maar afstoffen, op mijn bureau. Maar ik stof tegelijkertijd zijn ziekte en zijn lijden af, tot er overblijft wat hij was: een vader. Een in- en ingoed mens. Een Sinterklaas pur sang. Met recht doodgoed.'

Ook al zag hij ze door zijn overvolle agenda weinig, Jos had een innige band met zijn ouders. Ze woonden in Welten, een dorp bij Heerlen. Altijd als ze daar speelden, bleef hij met Frank bij ze slapen. 'Lekker in mijn eigen bedje. Ik hoef niks te doen. M'n moeder kookt voor me en ik ga nog redelijk op tijd naar bed. Wat wil je nog meer?' De journalisten die op bezoek komen, tekenen verhalen op van heel trotse ouders. Waarbij moeder wel altijd opmerkt dat ze nóg vier zoons heeft.

Jos leidde zelf, bijgestaan door een priester, de uitvaartdienst voor zijn vader. Goede vriend Evert Santegoeds was ook in de kerk en tekende zijn woorden op in *Privé*: 'Ik weet nu wat het is om je vader te verliezen. Het is alsof ik een been mis. Het is verschrikkelijk...' Jos had de hele week gewoon zijn voorstellingen gespeeld: 'Hij zou ook gewild hebben dat ik vanavond gewoon opgetreden had. Maar dat kan ik niet opbrengen. Ik wil bij mijn familie zijn, daar hoor ik. Morgen gaat het doek op in Kampen. Dan zal ik er weer zijn. En speel ik een prima voorstelling, speciaal voor mijn vader!'

Op deze verdrietige dagen na draait bij Jos alles om theater. Frank zegt het terloops, maar plechtig: theater is je anker. Het is een uitspraak die Jos ook vaak heeft gedaan om duidelijk te maken wat bij hem altijd op één stond. Bij Tekstpierement is Guuske Kotte na haar vertrek in 1977 niet meer vervangen; Jos en Frank gaan alleen met Lucie de Lange verder. Het maakt allemaal niet uit. De groep heeft een vast publiek opgebouwd, dat wat er ook gebeurt toch wel komt kijken. En dat komt goed uit, want het programma *Deusjevoo* heeft een afwijkende opzet. Voor de pauze ziet het publiek het bekende cabaret. Het deel erna zou je een minimusical kunnen noemen. Tekstpierement speelt hun versie van het scheppingsverhaal. Frank is God, Lucie een engel en Jos speelt als dronkenman de verbindende factor. Het is geen vrolijk stuk: aan het einde vergaat de wereld. De pers is er niet kapot van. *De Telegraaf* noemt het zelfs 'een huiveringwekkende ervaring', en dat is niet positief bedoeld.

Om de negatieve sentimenten om te buigen verzint Jos een list, en Henk van der Meijden helpt mee. De dag na de zeer negatieve recensie staat een foto van Jos prominent op de voorpagina van *De Telegraaf* onder de kop 'Medaille voor Jos'. Op de avond van de première had Jos uit handen van Huub Janssen, weduwnaar van Wim Sonneveld, de Genesiuspenning gekregen. Genesius is de beschermheilige van toneelspelers. Toen hij in Hollywood werkte, had Sonneveld de penning gekregen van Fred Astaire. Janssen had beloofd hem door te geven aan een artiest die hij als waardig opvolger van Sonneveld zag. 'En, Jos, dat ben jij, zonder twijfel,' zegt hij tegen hem. 'Dit had meer effect dan een kritiekje op de kunstpagina,' zegt Frank. Het positieve nieuws van Jos als opvolger van Sonneveld walst over de negatieve publiciteit heen, en ook voor deze voorstelling van Tekstpierement stroomt het publiek massaal toe. Jos zal de Genesiuspenning zijn leven lang dragen: 'Alleen 's nachts gaat ie af – ik ben een *woelertje*. Het is één van mijn dierbaarste bezittingen. Ik denk erdoor aan Wim. Zo leef ik met mijn doden.'

Voor de voorstelling die Jos en Frank na *Deusjevoo* spelen, komt de inspiratie uit het walhalla voor theatermakers: Londen. In de zomer van 1977 gingen ze daar voor het eerst samen shows kijken. Ze zien *Side by Side by Sondheim*, een hommage aan een van Broadways grootste componisten en tekstdichters: Stephen Sondheim. Ze vinden het fantastisch en vragen zich af: voor wie zouden we dat in Nederland kunnen doen? Annie M.G. Schmidt! Probleem is dat John de Crane, de producent van de musicals van Schmidt, die voorstelling ook heeft gezien en precies hetzelfde denkt. 'Maar wij waren eerder,' zegt Frank. 'Want we hadden een lijst met liedjes die we wilden uitvoeren naar hen opgestuurd en die was goedgekeurd. Pas daarna zijn zij met hun programma gekomen. En toen kregen we gezeik.' Vlak voor de première van *Van wie zou dat nou zijn* komt er een kort geding. Met een paar aanpassingen kon de voorstelling doorgaan. Het is zo'n succes, dat er met gemak een tweede seizoen aan vastgeknoopt kan worden. Maar dat willen Jos en Frank niet. Na zeven cabaretprogramma's willen ze iets anders.

Zwemmend in de Middellandse Zee bespreken Jos en Frank wat ze zullen gaan doen. 'We waren er klaar mee dat we als cabaretier telkens op persoonlijke titel werden beoordeeld. Als je een rol speelt, heb je een buffer. Toen bedachten we dat we een musical wilden doen.' Ik vind het best droog klinken. Als ik denk aan het moment waarop twee geliefden bedenken dat ze samen een musical gaan maken, heb ik daar een heel romantisch beeld bij. Frank snapt me wel: 'Als ik nu dingen terug zie, vind ik het ook heel romantisch. Maar ik weet zeker dat dit ook voor Jos geldt: we hebben het nooit zo ervaren. We hadden altijd zorg om de voorstelling, de zorg om het te verkopen, de zorg voor ons talent. Wij dachten: wat kunnen we en wat willen we doen? We waren gewoon aan het werk.' Jos en Frank zijn, op het moment dat ze samen een musical gaan maken, zeven jaar samen. Als dat niet romantisch is, wat dan wel? 'Dat we geld hadden om op vakantie te gaan. Ik het begin reed ik het busje. Vanaf *Wacht u voor de hond* (de vijfde voorstelling, in 1976) kregen we een eigen auto en ging Hans Mulder, onze technicus, met het busje vooruit om te belichten en de decorstukken op te bouwen. En dat er bij onze eerste musical een bus was voor het gezelschap, dat we niet zelf hoefden te rijden, was ook romantisch. We kwamen aan, liepen het toneel op en dan stond het decor daar. Er waren kleedkisten en een kleedster. Dat vonden we enorme verworvenheden.'

Die verworvenheden hebben wel een prijs. Naast zes spelers werken aan de musical ook vijf muzikanten, drie technici en dus een kleedster mee: vijftien man in totaal. Een heel andere onderneming dan een cabaretvoorstelling. In het begin was het echt wel spannend, weet Frank: 'Toen we gingen repeteren, waren er niet genoeg voorstellingen verkocht. Er waren er maar zestig geboekt en we hadden honderdtwintig voorstellingen nodig om quitte te spelen. Dus Jos had een hypotheek op ons huis genomen.' Peter Paul Tobi twijfelt aan dit verhaal. Hij is de zoon van Hans Tobi, die vanaf het begin de impresario is van Tekstpierement. Peter Paul, Pépé voor intimi, heeft een warme band met Jos en zal van begin jaren tachtig tot het einde zijn manager zijn. Hij twijfelt aan het verhaal, want hij kent de streken van zijn vriend: 'Jos had een ongelofelijke neus voor publiciteit. Hij had de deal met Henk van der Meijden dat die de primeur kreeg, dus dat moest een sappig verhaal zijn. Jos zei dan: "Laat mij m'n gang maar gaan, ik kan sappige verhalen maken. En iedereen gelooft toch altijd alles."' Als ik dit aan Frank vertel, wordt hij onzeker: 'Het verhaal gaat, de mythe gaat, dat Jos een hypotheek op het huis heeft genomen. Hij had het betaald, dus hij regelde dat soort dingen. Maar ik ben er nooit bij geweest dat hij naar de bank ging. Dus of dat van die hypotheek nou echt zo is geweest? Ik denk dat Pépé wel een beetje gelijk heeft, eerlijk gezegd.' Zelfs voor de man die 35 jaar het dichtst bij Jos stond, is het soms lastig te ontrafelen waar de waarheid ophoudt en de mythe begint.

Volgens Peter Paul was zijn vader vanaf het begin enthousiast over de musicalplannen: 'Moet je doen, heeft hij gezegd. Zo was mijn vader. Als die jongens zeggen dat ze een musical willen maken, moeten ze dat gewoon doen.' Volgens Tobi viel het met het financiële risico wel mee: 'In die tijd kon álles! Ik weet nog wel dat er mensen waren die zeiden: "Nou nou, moeten die jongens zo nodig een musical maken?" Maar ze hadden zoveel succes gehad met het cabaret.'

De titel van de musical wordt *Maskerade* en het verhaal komt, uiteraard, uit Londen. Daar hebben Jos en Frank *Something's Afoot* gezien: een musical die een parodie is op de detectives van Agatha Christie. Frank: 'Het basisidee is ook een detective: iemand die niet is wie hij is, en die komt een erfenis ophalen.' Het uiteindelijke verhaal gaat niet om een erfenis maar om de liefde. Jos speelt de werkloze acteur Bas de Geer die verliefd wordt op een freule, Mariëtte van Heusden Hurgonje, gespeeld door Lucie. Háár hart heeft hij zo veroverd, maar dat van haar moeder de barones niet. Om de barones ervan te overtuigen dat hij de beste partij is voor haar dochter voert hij een maskerade op. In een razend tempo speelt Jos naast Bas een douairière, Bas' grootvader en een butler.

De barones wordt gespeeld door de actrice die het zwaarst drukt op de loonkosten: Henny Orri. Peter Paul: 'Zij wist slim te onderhandelen. Ik denk dat ze vijfhonderd gulden per voorstelling vroeg, maar het kan ook duizend zijn geweest.' Van Orri wisten ze dat ze goed kon zingen, dat had ze al bewezen in de musical *Tehuis*. Toch is niet altijd de zuivere kwaliteit van de acteur de afweging of hij of zij een rol krijgt in een musical bij Jos, weet Peter Paul: 'Hij koos ook altijd mensen om zich heen die hij aardig vond en van wie hij wist dat hij ze kon vertrouwen.' Voorbeeld van zo'n keuze is Mary Michon: 'Zij speelde mee omdat Jos het leuk vond.' Mary en Jos leerden elkaar kennen bij de hoorspelen die hij voor de TROS maakte. Daarna is ze programma's gaan maken bij de IKON. Ze delen de interesse in theologische onderwerpen. Mary is Jos' beste vriendin. Ze is een van de weinige mensen van wie hij kritiek duldt: 'Ze maakte een opmerking maar één keer en deed dat heel rustig, heel open en heel positief. Om hem te helpen. Zo van: "Doe dat nou niet, jongen." En alle persoonlijke dingen die hij met haar besprak, hield ze voor zich. Zij was zijn klankbord.'

Frank speelt Bas' beste vriend, de couturier Sandor Petri. En tot slot is er de grootste ontdekking van de Brink-Sanders-musicals: Simone Kleinsma. Ze was een leerling van Frank op de Kleinkunstacademie. Voor haar was het spelen in *Maskerade* een droom die uitkwam: 'Ik was negentien jaar, kwam net van de opleiding en was begonnen in het cabaretprogramma van Gerard Cox. Maar ik wilde spelen in een musical, omdat daar alles in zit: dansen, zingen en spelen. Daar zit mijn passie. Dus ik had eigenlijk in mijn hoofd: wanneer er ook maar een musical komt, wil ik meedoen.' Zes jaar blijft Simone bij Jos en Frank: 'Dan mag je wel zeggen dat ik daar de eerste lessen heb gehad in musical maken. Maar het was voor ons allemaal nieuw. Dat gevoel gaven Jos en Frank ook heel sterk, dat we met z'n allen in het diepe zouden springen.' Het 'wij tegen de rest van de wereld'-gevoel zorgt ook voor een familiaire sfeer die Simone bij latere producties niet meer zo zou voelen: 'Ik kwam ook heel veel bij hen thuis. Ik nam bij wijze van spreken m'n breiwerk mee en ging daar heerlijk zitten met de pantoffels aan. Dat hoorde erbij in die tijd. Ze waren de leiders van de groep en dat werd privé doorgezet. Ik was de jongere zus, en die hoorde er natuurlijk ook bij.'

Van *Maskerade* is een tv-registratie gemaakt, dus daarom kan ik de voorstelling ruim veertig jaar later nog terugzien. Als groot liefhebber van musicals heb ik sinds de jaren negentig honderden voorstellingen gezien, ook in de musicalmekka's Londen en New York. Van *Maskerade* kan ik op momenten zeer genieten. Jos speelt met lef en overtuiging. Zijn razendsnelle verkleedpartijen maken ook veertig jaar later nog indruk. En er zitten een paar mooie liedjes in, zoals 'Kraaltjes rijgen', gezongen door Henny Orri, over het gevoel dat je hebt als je moeder wordt: 'Wat een sensatie! Eén hokje opschuiven, zoiets als kralen rijgen: nieuwe generatie.' Maar ook over wat er gebeurt als je kind zelfstandig wordt en kiest voor een eigen leven: 'Wat een concessie! Oh, dat doet zeer, mevrouw, al zal het overgaan, het blijft toch een depressie.' En dan, ten slotte, oma worden: 'De soep werd wat flauw, krijgt opeens weer aroma! Kom maar bij oma.' Hier betaalden de zang- en acteerkwaliteiten van Henny Orri zich inderdaad uit, want het is een hoogtepunt in de voorstelling. Maar de liedjes zijn lang niet altijd een verduidelijking of verdieping van het verhaal. Soms gaat het opeens over vrouwenemancipatie of Indië. De recensent van *Trouw* noemt het 'geëngageerde franje'. De kritieken zijn over het algemeen positief. De musical is vakkundig gebracht, maar soms rammelt de inhoud. Het mooiste compliment kwam misschien wel van Albert Mol. Hij had, nadat hij *Maskerade* had gezien, gedroomd dat hij weer in de voorstelling *Artiestenpension* speelde, met Wim Sonneveld. Hij schreef Jos: 'Maar wij waren dat niet, júllie waren dat met *Maskerade*. Maar ik onderging voor het eerst in jaren dat heerlijke gevoel van een groep die met vooral plezier acteert, zingt, danst en goddank schmiert. Kortom Jos, je hebt me ook weer eens Wim Sonneveld terug laten zien.' Voor het publiek was *Maskerade* vanaf de eerste voorstelling een groot succes. Door mond-tot-mondreclame, maar ook door de populariteit van Jos na de kus voor Juliana, kan impresario Tobi er makkelijk een tweede seizoen aan vastknopen. De voorstelling wordt uiteindelijk liefst 344 keer gespeeld: een groot commercieel succes.

Tussen het eerste en tweede seizoen van *Maskerade* in gaan Jos en Frank lang op vakantie: van 11 juni tot 9 augustus 1980. Eerste bestemming is Londen, voor een fris pak nieuwe shows, dan naar New York om te zien wat daar voor moois in de theaters staat en tot slot nog een maand lang genieten van zon, zee en strand op de Bahama's. De reis tussen Londen en New York duurt liefst vijf dagen, want die gaat niet per vliegtuig maar met de boot. En dat heeft alles te maken met de opvolger van *Maskerade*: *Amerika Amerika*. Die voorstelling gaat over een Joodse goochelaar die vlak voor de Tweede Wereldoorlog per passagiersschip vlucht naar Amerika. Jos schrijft over zijn reis een driedelig verslag in *Privé*. Het begint met de herinnering van een achtjarig jongetje uit Rotterdam, dat door zijn moeder wordt meegenomen naar de haven: 'We gaan naar de Wilhelminakade. Je mag het schip van pappa bekijken.' Dat jongetje is natuurlijk Jos zelf: 'Op die middag werd de jongen voorgoed geïnfecteerd door de betovering die uitgaat van grote passagiersschepen. Hoewel het nog 28 jaar zou duren voor hij er zelf op zou varen.' Jos' vader ging in die dagen als verificateur bij de douane regelmatig mee met schepen naar Southampton.

Dat Jos door zijn moeder een keer is meegenomen naar de haven is dus zeer aannemelijk. Jos en Frank bereiden hun nieuwe musical grondig voor. In de researchmap vind ik uitgebreide beschrijvingen van het leven op de Nieuw Amsterdam, documentatie over kunstenaars in crisistijd, Amerika in de jaren dertig en Duitse beroemdheden uit die tijd. Zelfs een advertentie voor teakhouten dekstoelen die toen werden gebruikt op cruiseschepen ontbreekt niet.

Omdat *Maskerade* zo'n succes was, is er voor *Amerika Amerika* een veel ruimer budget. Dus de cast wordt flink uitgebreid. Niet zes maar twaalf spelers staan nu op het toneel. Behalve Henny Orri blijven alle spelers van *Maskerade* aan boord, aangevuld met een flink ensemble en operazangeres Caroline Kaart. De uitbreiding maakt de productie complexer. Ondanks de grondige voorbereidingen verlopen de repetities verre van vlekkeloos. 'Het was verschrikkelijk,' zegt Lucie onomwonden: 'Er werd zóveel veranderd.' Na een paar weken worden de repetities zelfs stilgelegd omdat Jos moet herschrijven. Impresario Hans Tobi grijpt in. Peter Paul: 'Dit was de enige keer dat mijn vader luid zijn artistieke mening heeft gegeven.' In het oorspronkelijke verhaal zou de Joodse goochelaar, omdat hij een verstekeling onderdak had gegeven, worden teruggestuurd naar Nederland. 'Mijn vader zei: dat kun je niet doen. Want je stuurt hem de dood in.' Jos is niet het type dat zich zomaar gewonnen geeft. Er wordt flink over gediscussieerd. 'Maar mijn vader hield voet bij stuk. Hij had de oorlog meegemaakt en zei: dat moet je niet doen bij deze musical.'

De druk op Jos is gigantisch. Tijdens het repetitieproces trouwt Peter Paul met Remkoline. Jos en Frank zijn getuige. Maar op het diner 's avonds is Jos niet aanwezig. Remkoline: 'Hij móést herschrijven. Hij had gewoon geen tijd om een avond te gaan zitten dineren en kletsen.' Lucie: 'Het klopte niet, het zat niet goed in elkaar. Jos had een nummer bedacht waarbij we op het schip met maskers op een klompendans deden. Toen zag hij Caroline Kaart met die klompen van de trap af komen: het zag er niet uit. Dus húp, dat nummer ging er weer uit.' Als de voorstelling voor het eerst wordt gespeeld, duurt die tot half één 's nachts. 'De hele eerste rij zat al te pitten. Ik dacht: ik stop ermee! Ik was er helemaal klaar mee.' Na het eerste seizoen van *Amerika Amerika* wil Lucie ook echt stoppen. Maar als ze bij Jos komt met de mededeling dat ze het niet meer aankan, blijkt dat geen optie: 'Hij zei: "Je hebt een contract getekend, je moet."'

Uiteindelijk wordt *Amerika Amerika* een stuk spectaculairder dan voorganger *Maskerade*. De opening is ijzersterk. Jos maakt als hoofdrolspeler Benjamin Benjamins in hoog tempo duidelijk waarom hij uit Nederland vlucht, en ondertussen speelt hij de ene goocheltruc na de andere. Als hij zijn openingslied zingt, gaat het doek omhoog, zie je het indrukwekkende decor van het scheepsdek en komen alle acteurs op het toneel. Vooral Simone heeft als verstekeling Fanny, die een relatie krijgt met Benjamin, aan starpower gewonnen. Het duet 'Morgen' dat ze samen zingen, is een van de mooiste liedjes uit Jos' musicals. Maar het ontspoort voor mijn gevoel als Jos gaat schmieren, op effect gaat spelen. Hij geeft me de indruk dat hij zijn collega's aan het lachen probeert te maken. In de jaren die volgen zou hij er beroemd en berucht om worden. In deze musical zit een stuk waarin hij een dronkenmansscène speelt met achtereenvolgens Caroline Kaart, Frank, Simone en weer Caroline. Met allen speelt hij dat ze in de lach schieten, het gaat maar door. In ondergoed met pantermotief vervolgt hij zijn schmierscènes met Caroline, Annelies Balhan, Mary Michon, Barrie Stevens en Lucie. Met haar gaat hij het verst: de lachscène duurt wel zeven minuten. Uiteindelijk komen ze niet meer bij en staan ze krom van het lachen op het toneel. Recensenten maken er gehakt van. Volgens *de Volkskrant* is het 'Pure onderbroekenlol'. *Elseviers Magazine*: 'Bedenkelijk niveau.' *Algemeen Dagblad*: 'Weerzinwekkend is het, heus waar.'

Zelf maakte ik pas kennis met Jos' schmieren toen ik in 1996 zijn musical *Zzinderella* twee keer achter elkaar zag. De eerste avond lag ik dubbel om iets waarmee Jos Frank aan het lachen maakte. Maar de glans ging er toch wel een beetje vanaf toen ik zag dat het de avond erna op precies dezelfde manier weer gebeurde. Frank: 'Het is een gimmick die we uitgewerkt hebben. Het zat al in onze cabaretprogramma's.' In *Wacht u voor de hond* spelen Jos en Frank een ernstig stuk van Tsjechov en krijgen ze de slappe lach. Het is zo hilarisch, dat het vanaf dat moment in bijna iedere voorstelling terugkomt: 'Dan moet je dus elke avond spelen dat je zogenaamd in de lach schiet. Dat is heel hard werken. Je moet het heel goed timen.' Maar toch is het nooit bedácht, legt Frank uit: 'Want het ontstond spontaan. En als ik het nu terugzie, moet ik er weer om lachen. Er is altijd iets geweest buiten het geschreven stuk om waarover Jos een grapje maakte, waarom ik dan moest lachen. En dat bleef er dan in. Het werd ook niet besproken. Als het een harde lach uit de zaal oogstte, wist je: dat zit er morgen weer in. Het was een onuitgesproken afspraak.'

Simone Kleinsma is er in het begin kritisch over: 'Het was voor mij een sport om het lachen heel lang uit te stellen. Ik heb daar best wel woordenwisselingen over gehad met Jos, omdat ik het te makkelijk vond. Kijk, als het spontaan gebeurt, is het ontzettend leuk. Er is niets lekkerder dan de slappe lach hebben op het toneel. Maar Jos ging het reproduceren, daar was hij natuurlijk een grootmeester in. En dat vond ik in het begin verschrikkelijk. Ik dacht: dat zien de mensen, dat het nep is. Maar Jos zei: "Het wérkt, maak je niet zo druk." Op een gegeven moment kon ik daar een vorm voor vinden en ben ik erin meegegaan. Het publiek vond het leuk en daar gaat het om.' In *Amerika Amerika* heeft Jos Simone beet als hij rond kersttijd in een scène waarin hij naakt uit de douche stapt een hulsttakje met besjes aan zijn edele delen heeft hangen: 'Maar hij was wel vergeten dat hij al twintig minuten z'n kostuum aanhad,' weet Simone nog. 'En het was lekker gaan broeien daar in dat kruis. Toen dacht ik: Ooooh! Hij bloedt! Die besjes waren af gaan geven, dus hij zat ónder de rooie verf daarbeneden. Toen pas zag ik die hulsttak. Nou ja, daarna kon ik ook niet meer natuurlijk.'

De meeste recensenten kraken *Amerika Amerika* af, maar, geven ze ook toe: de zaal ligt dubbel. Het publiek stroomt massaal toe en de musical stopt pas na ruim vierhonderd voorstellingen. Zes weken in een uitverkocht Carré is het slotstuk. Van de winst kopen Jos en Frank een buitenhuisje in Harfsen, provincie Gelderland. Jos richt er een atelier in zodat hij daar in alle rust kan schilderen. Dat is, naast theater, altijd zijn grote liefde gebleven. In zijn atelier vindt hij ontspanning. Hij onderzoekt verschillende schildertechnieken en maakt een bonte verzameling aan doeken in verschillende stijlen. Daar zoekt hij bijna nooit de publiciteit mee. Schilderen blijft voor hem een uitlaatklep waar verder niemand iets mee te maken heeft. Pas na zijn overlijden verschijnt een boek met een overzicht van zijn werk: *Een droom in olieverf*. In de inleiding beschrijft samensteller Paul van Ewijk hoe Jos werkte in zijn atelier: 'Hij praatte over van alles en nog wat en was meestal totaal ontspannen. Palet, kwastje, sigaretje en een glas Johnny Walker rood binnen handbereik maakten hem vaak intens gelukkig. Alle dagelijkse problemen leken dan even niet meer van belang. Schilderend sloot hij zich af voor de boze buitenwereld.'

De manier waarop Jos tekeergaat in *Amerika Amerika* om het publiek te behagen, komt overeen met een tv-programma waarmee hij op dat moment razend populair is. Nadat hij in 1980 is gestopt met *Puzzeluur*, komen de bedenkers van dat spel, Jan Meulendijks en Bart Schuil, snel met een nieuw idee: *Babbelonië*. Tegenwoordig kennen we het spel als *Wie ben ik*, dat ervan is afgeleid. Drie bekende Nederlanders moeten voorwerpen of begrippen raden, en de omschrijvingen krijgen ze van een vast panel. Voor de leden van dat panel hebben Schuil en Meulendijks profielschetsen gemaakt. Eén ervan luidt: 'Een clown, die zich veel kan permitteren, die acceptabel buiten zijn boekje kan gaan, uiteraard zeer spitsvondig moet zijn, alert reagerend, een theaterpersoonlijkheid van de bovenste plank.' En daarop is voor de bedenkers maar één antwoord mogelijk: Jos Brink. 'Jos was natuurlijk degene voor wie je ging kijken,' zegt Meulendijks. En dat realiseert hij zich zelf maar al te goed, zie je als je een uitzending terugkijkt. Het programma wordt in een theater opgenomen: de plek waar Jos zich thuis voelt. Als presentator Pim Jacobs de drie panelleden aankondigt: Lous Haasdijk, Willem Duys en Jos, loopt hij naar voren toe, maakt een extra buiging naar de zaal en laat zo het applaus extra aanzwellen. Bij de omschrijvingen van de voorwerpen gaat hij het verst. Het begrip 'navelstaren' wordt door Jos duidelijk gemaakt doordat hij de knoopjes van zijn overhemd tot zijn navel losmaakt, daar een navelsinaasappel voor houdt en er gekke bekken trekkend naar gaat staren. De zaal komt niet meer bij en tv-kijkend Nederland vindt het schitterend. *Babbelonië* trekt gemiddeld zes miljoen kijkers. Op het hoogtepunt, op 26 januari 1982, kijken er 7,8 miljoen mensen. Er zijn op dat moment veertien miljoen Nederlanders, dus meer dan de helft heeft gekeken. Natuurlijk, er is geen Netflix, we zijn nog niet online en er zijn maar twee Nederlandse tv-netten. Maar toch. Voor een simpel tv-spelletje is het een geweldige score. Televisiecritici raken over het fenomeen niet uitgeschreven. De meeste zien in het succes 'de volstrekte ledigheid van onze natie' (Hans Auer in *Panorama*), een enkeling neemt het voor het programma op: 'Er zijn waarachtig geestdodender, stommere spelletjes op de televisie dan *Babbelonië*,' schrijft Nico Scheepmaker in *Vrij Nederland*.

Omdat Jos de kar trekt, is hij ook degene op wie de meeste tv-critici hun pijlen richten. Net als bij *Amerika Amerika* hebben zij moeite met de manier waarop hij de massa behaagt. Het verst in zijn kritiek gaat Ruud Verdonck in *Trouw*: 'Het is helemaal niet leuk wat die Brink doet. Het is voornamelijk goedkoop. Hij exploiteert zijn homofilie op een kwajongensachtige wijze. Hij schmiert. En buit sentimenten uit. Want hij weet dat hij alleen nog wordt gevraagd door omroepen waar niemand hem de waarheid durft te vertellen: verzin iets nieuws of flikker op, ouwe dinges.' Aanleiding voor zijn aanval is een interview dat Jos gaf aan Henk van der Meijden in *TV-Privé:* de talkshowvariant van zijn showpagina en tijdschrift. Jos had daarin gezegd dat critici amusement zoiets als lepra vinden, kortom iets dat krachtig bestreden moet worden. Verdonck: 'Zo erg is het niet dat charlatans van het kaliber Brink zichzelf op een voetstuk plaatsen en vervolgens beginnen te klagen dat andere mensen hem niet geniaal genoeg vinden. Het is treuriger dat de hersenverweking bij hem al zo snel heeft toegeslagen. Maar dat is ook een plezierig vooruitzicht. Erg lang kan het niet meer duren.' Een keiharde, persoonlijke aanval. Spelbedenker Meulendijks herinnert het zich goed: 'Dat was een verschrikkelijke man, die Verdonck. Wat hem bezielde, dat wist niemand. Maar hij schreef je regelrecht het graf in.' Jos vindt de column 'regelrechte smaad'. Hij stapt naar de rechter om excuses te eisen. Of die rechtszaak inderdaad heeft plaatsgevonden, kan ik niet nagaan. In geen enkele krant is een uitspraak van de rechter terug te vinden en van alle mensen die ik heb gesproken, kan niemand zich een gerechtelijke uitspraak herinneren.

Na twee seizoenen gaat *Babbelonië* Jos tegenstaan: 'Het is maar een klein stukje van wie ik ben, hè. Ik ben helemaal niet zo'n schaterbek,' zegt hij tegen de VARA-*gids*. Het succes ging met hem op de loop, vertelt Frank: 'Jos vond het toch wel moeilijk. De verantwoording en al die mensen die iets van hem willen. Tot diep in de nacht zat hij zijn fanmail te beantwoorden.' Jos' ambivalente houding ten aanzien van succes begon al in 1979, na de kus voor de koningin en de Televizier-Ring: 'Mensen waren lief en aardig voor me en ik dacht: wat moet ik ermee? Ik voelde me gemangeld door de algemene affectie die er opeens ontstond.'

In 1982 is Jos veertig geworden, en hij is klaar met die olijke, gekke man die hij op tv ziet in *Babbelonië*. Hij wil iets anders. 'Ik beschouw mezelf als ernstig, intelligent. Maar zoals ik daar tekeerging, leek het erop of ik thuis ook alle deurknoppen met jam zat in te smeren.' Jos krijgt een midlifecrisis. Hij wil verandering in zijn werk, maar ook in zijn privéleven.

Hoofdstuk 9 – Modern family

Dat Jos geen kinderen heeft, is een gemis in zijn leven. Broer Peter en echtgenote Hansje merken het als hun dochter Maaike wordt geboren. Jos komt op bezoek en reageert heel emotioneel: 'Hij was echt in tranen,' vertelt Hansje. 'Want hij werd met zijn neus op de feiten gedrukt. Hij zei: "Dat zal ik nooit hebben."' Frank herkent het verhaal, want Jos was dol op baby's: 'Hij dook in iedere kinderwagen. In de winkel, bij wildvreemde moeders. Bij kennissen met een baby vroeg hij of hij die vast mocht houden. Ik vond dat altijd een beetje klef.'

Ik heb met Jos één keer over mijn kinderwens gesproken. Niet heel uitgebreid, ik stond na een bezoek al buiten op de stoep toen ik het opmerkte. Jos suggereerde toen dat ik later misschien wel een pleegkind zou kunnen hebben. Ik vond dat een beetje magere oplossing. Maar realiseer me nu dat het op dat moment, in 1997, een van de meest reële scenario's was. Inmiddels zijn de mogelijkheden talrijk. Ik heb als donor met een omgangsregeling eenmaal per maand contact met mijn zoon. Vrienden hebben kinderen via een co-ouderschap. Er kan dus veel meer, maar toch denkt Frank niet dat Jos er, als hij toen de mogelijkheid had gehad, gebruik van zou hebben gemaakt: 'Hij was ervan overtuigd dat een kind twee verschillende energieën nodig heeft. Een vader geeft een andere liefde dan een moeder.' De constructie waarbij een homostel met een wensmoeder samen een kind krijgt, zou Jos volgens Frank nooit hebben gewild: 'Want Jos vond dat kinderen opgevoed moeten worden door een vader en een moeder. Ja, ontzettend conservatief. Voor Jos is het feit dat hij geen kinderen heeft het offer dat je moest brengen om homoseksueel te kunnen zijn.'

De leegte die veroorzaakt wordt door het gemis aan kinderen, wordt voor Frank deels opgelost via de lessen die hij geeft op de Kleinkunstacademie. Zo kan hij zijn kennis, ervaring en liefde voor theater doorgeven. Ook Jos neemt jongeren onder zijn hoede. Hij noemt die jongeren zijn kind. Ook ik kreeg een brief van hem waarin hij mij een van zijn kinderen noemde. Ik vond het een bevestiging van onze warme band en was maar wat graag een deeltje van zijn grote familie. Want ik was zeker niet de enige. Als het aan Frank ligt, mag je het hele 'kinderen'-verhaal wat relativeren: 'Wat Jos kinderen noemde, waren voor mij gewoon leerlingen. Mij ging het om educatie en begeleiding. Jos had meer de journalistieke kinderen. Mensen als Evert en jij, geïnteresseerd in theater. Daar had hij wat mee. Hij is natuurlijk zelf ook bij de radio begonnen.'

Toen ik Jos voor het eerst uitgebreid sprak, vertelde hij me trots over hoe hij Evert Santegoeds ontdekte en voorstelde aan Henk van der Meijden, toen hoofdredacteur van *Privé*. Een groots moment in het leven van de toen zeventienjarige aspirant-journalist. Als ik Evert erover spreek, noemt hij meteen de datum: '4 oktober 1979, het jaar waarin hij Juliana had gekust, kwam Jos met het gezelschap van *Maskerade* een try-out doen op de school waarop ik zat.' Het cultureel centrum van Harderwijk was de aula van zijn school. Evert interviewde iedere beroemde artiest die langskwam, voor de ziekenomroep. En op Jos Brink verheugde hij zich in het bijzonder: dat was zijn grote voorbeeld. De directeur van het cultureel centrum ging het vragen, maar Jos stond niet te springen, hoorde Evert die buiten de kleedkamer in spanning stond te wachten. Hij imiteert zijn stem: 'Nou nee, daar staat mijn hoofd nu niet naar. We hebben een try-out en daar moet ik me op concentreren.' Maar Evert laat zich niet wegsturen: 'Toen ik mijn blonde hoofd om de hoek stak, zei hij: "Nou, even dan." En dat even werd zo lang dat Frank vijf keer moest zeggen dat-ie zich om moest kleden: "Zeg, kom je in de pauze ook? En na afloop? Ben zo benieuwd wat je ervan vindt!" En een paar weken later zat ik in de Utrechtsedwarsstraat.'

Evert had indruk gemaakt op Jos, doordat hij zijn interview goed had voorbereid. En hij had zijn lp *Leven kan je leren* bij zich, om te laten signeren. Ik moest hard lachen toen hij dat vertelde, want dat was een kleine twintig jaar later, toen ik bij Jos' kleedkamer stond, ook mijn binnenkomer. Herkenbaar allemaal. En toen Evert bij Jos thuis op bezoek kwam, kreeg hij ook de vraag wat hij wilde worden: 'Ik wilde rechten gaan studeren, burgemeester worden of de journalistiek in.' Het werd, op Jos' advies, dat laatste. Bij de presentatie van Jos' eerste boekje, *Zitten op de grond*, stond Evert met Henk van der Meijden te praten. 'Jos kwam er als een speer bij staan en zei: "Hij wil bij je komen werken, Henk. En later je pagina overnemen!" Dat laatste heeft hij helaas niet meer mee mogen maken.' Maar Jos had het goed voorzien. Op zijn zeventiende schreef Evert al stukken voor *Privé*. Hij was nog niet uit de kast: 'Dat had te maken met de omgeving waar ik vandaan kwam en omdat ik enig kind was. Ik wilde mijn ouders niet vertellen dat ze geen opa en oma zouden worden. Maar Jos had het vrij snel voor elkaar: "Je moet het gewoon zeggen. En als ze je buitengooien, kom je maar hier wonen." Nou, dat gebeurde natuurlijk niet. Ik ben niet buitengegooid en heb er ook nooit gewoond.'

Er is nog een beroemde showjournalist die eind jaren zeventig van Jos een duwtje in de rug krijgt. Maar Albert Verlinde kende Jos niet van tv. In 1978 worstelt hij als zeventienjarige middelbare scholier met zijn homoseksualiteit. In de pauze op school vangt hij een opmerking op van een klasgenoot: 'Ja, Jos Brink is dan wel een homo, maar je kunt er wel mee lachen.' Verlinde kijkt niet naar programma's als *Puzzeluur*, maar hij is wel theaterliefhebber: 'Wacht eens even, dacht ik. Als hij homo is, dan wil ik daarmee in contact komen.' Hij gaat naar de cabaretvoorstelling *Van wie zou dat nou zijn*, klopt na afloop op de kleedkamerdeur en vertelt Jos dat hij het theatervak in wil: 'Op het programmaboek van de voorstelling schreef Jos het adres van de Kleinkunstacademie én zijn eigen adres, voor het geval ik ergens mee mocht zitten. Hij was niet achterlijk natuurlijk, hij had allang door hoe het zat.' Albert schrijft Jos meteen. 'Ik stelde mezelf voor. Dat ik er één van vier kinderen was en de enige jongen. De enige kleinzoon van mijn opa: "Als ik geen kinderen kan krijgen, bijvoorbeeld omdat ik homo ben, dan houdt de naam Verlinde op." Nou, hoe doorzichtig kan je schreeuw om aandacht zijn? Wie schrijft dat in godsnaam in een brief?' Jos is de eerste aan wie Albert vertelt dat hij homo is. 'Heel bijzonder eigenlijk, hè, dat je dat aan een wildvreemde als eerste vertelt. Ik was geen fan van Jos. Ik vond theater interessant en ik vond het fijn dat ik met hem kon praten.' Jos schrijft Albert dat hij zich niet moet laten hinderen door het feit dat hij geen kinderen kan krijgen, maar dat hij zijn hart moet volgen. En hij geeft hem zijn telefoonnummer. Vanaf dat moment belt Albert iedere zondagmiddag met Jos: 'Ik ging boven op de slaapkamer van mijn ouders zitten en vertelde hem hoe moeilijk ik het vond. Ik wilde niet in mijn middelbareschooltijd uit de kast komen. Maar ik kon steeds moeilijker leren, omdat ik er zo door geblokkeerd was. Toen zei Jos dat ik het mijn ouders moest vertellen.' Dat doet Albert dezelfde avond, en zij reageren gelukkig goed. Dat laat Albert Jos weten; daarna blijven ze corresponderen. Albert gaat naar de Kleinkunstacademie en krijgt daar les van Frank. Hij schrijft zijn eerste musical met hulp van Jos en Frank, en als hij zijn eigen cabaretgezelschap Boemerang opricht, doet Frank de regie en zorgt Jos ervoor dat hij bij hun impresariaat Tobi onderdak krijgt. 'En Jos gaf me duizend gulden om rekwisieten te kopen. Dus hij is ontzettend dicht bij me.'

Maar een vader-zoonband heeft Albert met Jos nooit gevoeld: 'Ik denk dat hij mij als een protegé zag. Want alles wat Jos deed: een cabaretgroep beginnen, musicals maken, tv presenteren, ben ik ook gaan doen.' Maar Albert hield afstand, en dat deed Evert ook. Hij werd 'dikke vrienden' met Jos, maar meer ook niet. Jos flirtte graag met het idee Evert zijn zoon te noemen, maar dat ging er bij hem niet in: 'Dat heb ik hem ook vaak verteld, dat vond ik allemaal zo'n onzin. Ik had een heel leuke vader. Die heeft Jos nog begraven, vlak voordat hij zelf doodging.' Maar Jos geeft niet makkelijk op: 'Als ik bij Henk van der Meijden de kamer binnenliep, had hij altijd wel een beroemdheid aan de lijn. Mijn sport was om er zo snel mogelijk achter te komen met wie hij sprak. Op een gegeven moment dacht ik: o, dat is Jos. En ik hoor Henk zeggen: "Wie? O. Nou, die komt net binnen." Hij geeft de hoorn over en zegt: "Je vader?!" Dus ik zei weer: "Ik ben geen zoon, ik heb een leuke vader." "Ja, ja. Weet ik wel. Is toch leuk?"' Nu kan Evert erom lachen, maar indertijd vond hij het niet grappig.

Terwijl Evert en Albert er heel duidelijk over zijn dat ze niets meer van Jos willen zijn dan protegés, zullen er uiteindelijk toch maar liefst drie 'zonen' in het leven van Jos en Frank komen. Tenminste, zo noemt Jos ze in meerdere publicaties in met name de roddelbladen eind jaren tachtig. Ik spreek ze alle drie om uit te vinden in hoeverre ze zich ook echt 'zoon van' voelen. De eerste is Paul van Ewijk. Hij ontmoet Jos voor het eerst op een plek die een grote rol zal krijgen in het leven van hen allebei. De Duif aan de Prinsengracht is een rooms-katholieke kerk die in 1974 werd gekraakt door kerkgangers, om het gebouw te behoeden voor de sloop. Voor het tienjarig jubileum nodigt de organisatie Jos uit als gastspreker. De kerk is bij hem om de hoek, dus hij komt er zijn buren tegen. Maar hij ontmoet ook gelijkgestemden die net als hij vrijzinnig denken over het geloof. 's Avonds als hij thuiskomt, zegt hij tegen Frank: 'Ik ga daar nooit meer weg.' Jos wordt er een van de tien vaste voorgangers. Wanneer hij een preekbeurt heeft, moet hij die op maandagavond in De Duif voorbereiden. Het zijn avonden waarop Jos nu eens niet als beroemdheid wordt behandeld, herinnert een van de andere voorgangers, Henk Kemper, zich: 'In De Duif is het niet zo dat je als bekende Nederlander op een voetstuk wordt geplaatst. En daar was Jos juist van gecharmeerd. Hij zei wel eens: "Henk, alleen hier kan ik mezelf zijn." Dit was, buiten zijn thuis, de enige plek waar het niet zo was dat alles wat meneer Brink zei automatisch goed was.'

Maar niet alleen Jos is op maandagavond in De Duif. Ook Frank is er aan het werk. Hij repeteert er met musicalwerkgroep de STAR: een groep enthousiaste jongeren die, onder zijn bezielende leiding, samen een musical maken. Die groep heeft sinds september 1984 een nieuw lid: Paul. Hij is gek op musicals, gaat eens kijken bij een repetitie en wordt meteen gegrepen door de harmonieuze sfeer die er hangt. Voor hij het weet, hoort hij erbij. Als musicalfan heeft Paul uiteraard *Maskerade* in het theater gezien. Dat Jos en Frank musicals maken in hun eigen traditie, geïnspireerd op shows uit Engeland en Amerika, vindt hij wel spannend: 'Dus als je de man die dat maakt echt leert kennen, is dat bijzonder.' Het moment staat op zijn netvlies. Als Jos klaar is met zijn vergadering, gaat hij wel eens bij de repetitie van de STAR kijken. En dat gaat niet onopgemerkt, weet Paul nog goed: 'Als Jos ergens binnenkwam, dan moest iedereen dat weten. Dus de deur ging open, hij kwam de kerk binnen en riep theatraal: "Dag kinderen!" Voor Frank heel irritant, want hij was geconcentreerd aan het werk en raakte de controle kwijt: alle ogen gingen naar Jos. Ik zat op de hoek van een kerkbank te kijken naar wat Frank aan het maken was, en hij kwam naast mij staan. Ik schoof op en sprak de historische woorden: "Wilt u hier zitten?"' Jos hoeft niet te zitten, Paul hoeft geen 'u' tegen hem te zeggen en Jos knoopt een praatje aan. 'Maar je moet me geloven: ik ben geen kleverig type. Het is niet zo dat ik vanaf dat moment voortdurend probeerde in zijn schaduw te bivakkeren.'

Ook Jos heeft in interviews verteld over zijn kennismaking met Paul, op die gedenkwaardige avond tijdens de repetitie in De Duif: 'Ik zag hem in de verte staan en ik wist: die is van mij! En hij moet hetzelfde gevoeld hebben.' Als ik Paul met deze uitspraak confronteer, moet hij eerst hard lachen. Jos vertelt verder: 'Uren hebben we daarna samen gepraat, en die vader-zoonband groeide organisch.' En dat klopt volgens Paul. Boven in De Duif zit een kroegje, Het Hemeltje. Een bruine kroeg, met een bar, krukken, een oude bank en zitjes. Een prettige en sfeervolle plek voor zowel de leden van de STAR als de deelnemers aan de liturgievergadering om na afloop wat te drinken. Daar raakt Paul met Jos aan de praat en beleven ze samen doorwaakte nachten: 'In de intimiteit van die locatie hoefde hij ook niet die beroemdheid te zijn.'

Paul woont bij zijn moeder, zijn ouders zijn gescheiden toen hij twaalf was. Maar met zijn vader heeft hij een prima contact. Hij ziet hem bijna ieder weekend en soms ook op een doordeweekse dag: 'Een beetje stugge, teruggetrokken man, maar een uitstekende vader. Niets ten nadele van hem. In weerwil van wat Jos soms beweerde: ik kon al met mes en vork eten en was keurig opgevoed. Er viel aan mij niet zoveel te verbeteren hoor, op dat moment. Maar Jos had behoefte aan kinderen. En ik hoef het jou niet te vertellen: nu, veertig jaar later, is dat stukken makkelijker. Maar toen was er geen sprake van.'

In 1984 is Jos 42 en staat hij op een kruispunt in zijn leven.

Na alle lol van *Babbelonië* en twee vrolijke musicals gaat hij op zoek naar verdieping. Samen met Frank schrijft en produceert hij een serieus toneelstuk voor Henny Orri: *Bessen*, over de bewoonster van een bejaardentehuis, gebaseerd op Jos' eigen ervaringen als bejaardenpastor in Den Haag, en hij sluit zich aan bij De Duif. Daarnaast gaat hij ook privé op zoek. Paul: 'Jos vroeg zich af: wat geef ik door aan de wereld? Wat laat ik achter? Frank heeft altijd lesgegeven. Eerst op de Kleinkunstacademie, later bij de STAR. Zo heeft Frank altijd contact gehad met de volgende generatie. Jos had dat niet, en ik denk dat ik op het goede moment binnenstapte. Jos zal dat gevoel van: "Die is van mij" daadwerkelijk zo hebben ervaren. Hij vond in mij iemand aan wie hij dingen kon doorgeven, tegenover wie hij zijn vadergevoelens kon uiten.'

Op 21 januari 1985 komt Paul voor het eerst bij Jos en Frank over de vloer. Het is een memorabele dag, want Jos zit in *In de hoofdrol* bij Mies Bouwman. In dat programma staat de levensloop van een bekende Nederlander centraal. Het begint met een overval: de BN'er in kwestie weet absoluut van niets. Maar toen Jos er met Frank een keer op de bank naar zat te kijken, voelde hij aan zijn water dat hij aan de beurt zou komen. 'Als ze je ooit bellen, wil ik dat je het me vertelt,' drukte hij Frank op het hart. En natuurlijk werd Frank gebeld. Midden jaren tachtig heeft Jos al genoeg meegemaakt om een mooi programma over te maken. Maar niet iedereen wil meewerken. Jos' broers willen niet in beeld. Het leverde ze een boos telefoontje op van Mies Bouwman: die heeft daar geen enkel begrip voor. Maar geen van hen wil als 'broer van' worden weggezet. Wel komen de ouders van Jos en Franks moeder bij Mies door de schuifdeur. Alsof het vanzelfsprekend is, spreken zij liefdevol over hun zoon en schoonzoon. En dat is het natuurlijk ook. Maar dan moet ik toch even schakelen. Want dit was een tijd waarin van een huwelijk voor homo's nog helemaal geen sprake is. Dat er in een relatie tussen twee mannen over geliefde schoonzoons werd gesproken, is opzienbarend. Slotstuk van het programma is een optreden van de STAR. Vanuit het publiek zingen 'de kinderen' op de melodie van *One* uit de musical *A Chorus Line* Jos toe:

Eén is er op de planken, want je kijkt naar hem alleen.
Ook al staan er om hem heen zoveel, nee:
Da's voor hem geen concurrentie.
Hij is toch weer de essentie.
Nummer één!

De camera laat tussen de shots van het koor door mooie close-ups zien van Jos, bij wie de tranen over zijn wangen biggelen. Het programma wordt hoog gewaardeerd. Als een paar jaar later kijkers mogen kiezen welke *In de hoofdrol* ze nog eens terug willen zien, kiezen ze deze aflevering. Honderden brieven krijgt Jos na afloop. In een interview blikt hij terug: 'En weet je waarop het wachten is? Het wachten is op die Kamerleden in Den Haag, of bankdirecteuren die zeggen dat ze homofiel zijn. Dat wilde ik even gezegd hebben.'

Terwijl Jos na afloop van de opname tijdens een receptie eindelijk weer eens kan bijpraten met Olaf J. de Landell en Nel Mus, gaat de bus met de STAR-leden terug naar Amsterdam voor een repetitie. Daarna komen ook Jos en Frank nog even langs, en in Het Hemeltje vraagt Jos of Paul ook zin heeft om mee naar huis te gaan, om daar samen naar de uitzending te kijken. In de maanden die volgen, wordt het contact intensiever. Als Paul, zoals altijd in de zomer, op zoek gaat naar een vakantiebaantje, stelt Jos voor dat hij zijn archief op orde brengt. Ieder stukje waarin zijn naam ook maar wordt vermeld, krijgt hij via de knipseldienst toegestuurd, en het belandt in een grote doos. Terwijl Paul orde brengt in de chaos gaan Jos en Frank op vakantie en krijgt hij de sleutel. En die mag hij ook na de vakantie houden. 'Op een keer werd het 's avonds laat en zei Jos: "Ik kan nu een taxi voor je bellen of je kunt de logeerkamer confisqueren." Ik heb de logeerkamer geconfisqueerd en ben nooit meer weggegaan.' Dat wil zeggen: tot 1995 woonde Paul bij Jos. Maar toen hij daarna met zijn partner ging samenwonen, kocht Jos voor hem een pand om de hoek, op de Reguliersgracht. Zodat hij Paul altijd in de buurt had.

De tweede 'zoon' die vanaf begin 1985 veel in de Utrechtsedwarsstraat over de vloer komt, is Bas Groenenberg. Jos en Frank zien hem in een amateuruitvoering van de komische opera *Pirates of Penzance* en zijn onder de indruk. Al in de pauze bezoeken ze Bas in de kleedkamer. Ze complimenteren hem en Jos vraagt Bas of hij niet méér zou willen doen met theater. Dat wil hij maar al te graag: hij had eigenlijk naar de toneelschool gewild, maar dat mocht niet van zijn ouders. Dus deed hij de lerarenopleiding en bleef theater een hobby. Tot Jos in zijn leven komt. Bas mag langskomen om over zijn theaterambities te praten. Hij ontdekt al snel dat Jos een plan met hem heeft. Hij krijgt de hoofdrol in de nieuwe productie van de STAR en wordt zo klaargestoomd voor het echte werk: een rol in de nieuwe musical van Jos en Frank.

In tegenstelling tot Paul is Bas niet zo op de hoogte van de producties van Tekstpierement: 'Ik had nog nooit wat van ze gezien. Ik kende hun voorstellingen van affiches die in de stad hingen en dacht dat het net zoiets was als John Lanting.' Zo raar is die associatie met de koning van de klucht op dat moment overigens niet. In hun eerste musical *Maskerade* wordt flink met deuren gesmeten en in *Amerika Amerika* zitten schmierscènes die niet onderdoen voor het Theater van de Lach. Dit is niet Bas' wereld. Hij is politiek geëngageerd, loopt in Amsterdam mee in de demonstratie tegen kruisraketten.

In zijn omgeving wordt meewarig gereageerd op het nieuws dat hij bij die lolbroek Jos Brink gaat werken. Maar laat die lolbroek nou juist toe zijn aan meer maatschappelijk engagement. Met zijn laatste musical *Evenaar* had hij al een eigentijds verhaal verteld over een echtpaar dat gaat scheiden. Maar nu wordt het echt ernst. *Madame Arthur* speelt zich af in de crisisjaren dertig, met het opkomende fascisme. Jos berijdt al zijn stokpaardjes. Hij speelt een werkloze boekhouder die aan de slag gaat in een nachtclub. Voor hij het weet, staat hij als travestiet op het toneel. Hij wordt omgeven door homoseksuele collega's, terwijl zijn eigen zoon bevriend raakt met een NSB'er. Wie is er nu van de verkeerde kant? Jos zingt er een lied over:

En dan roepen ze van 'oh...' En dan wijzen ze je na.
Voor jezelf ben je gewoon, voor de rest een paria.
Voor jou binnen de wet, voor de ander illegaal.
Voor de één een buitenbeentje, voor de ander weer normaal.
Je zit altijd op de rand.
Met je benen bungelend aan
De foute kant.

Natuurlijk wordt er ook gelachen. Maar de voorstelling heeft nul schmierscènes. Het spreekt Bas wel aan. Terwijl hij voor zijn gereformeerde ouders nog in de kast zit, hijst hij zich in grote jurken en werkt zich een slag in de rondte om de ingewikkelde taproutines te leren. Jos stuurt hem voor spraakles naar zijn vroegere lerares Georgette Rejevski, koopt een smoking voor hem, 'want dat had ik nodig voor premières', en hij leent hem geld voor de tandartsrekening: 'Ik had een tandartsfobie, dus veel achterstallig onderhoud. En gebitten moesten netjes zijn, zei Jos.'

Tussendoor komt Bas veel bij hen thuis: 'Jos stimuleerde me en Frank heeft me in opleiding genomen,' vat Bas het samen.

Met Frank kijkt hij naar videobanden van voorstellingen. En hij geeft hem lp's mee: 'Chita Rivera? Weet jij niet wie Chita Rivera is?! Luisteren! En kijken!' Zo'n zelfde ervaring heeft de derde 'zoon' die in die dagen veel bij Jos en Frank komt: Koen van Dijk. Ook Koen zit bij de STAR en wil maar wat graag het vak in: 'Ik hoorde daar wat er allemaal te zien was op musicalgebied. Het ging om smaak en ik hoorde vaktermen. Ik werd er helemaal in ondergedompeld en vond het geweldig.' Frank leert hem hoe een musical technisch in elkaar zit. En Jos helpt hem met het vertalen van liedjes. Maar er is méér: 'Dat ik als jonge homoseksueel zag dat dat dus gewoon kán. Dat het kan bestaan dat twee mannen openlijk homoseksueel zijn en samenwonen en dat dat geen probleem is.' Koen zit op dat moment nog in de kast. Hij worstelt met zijn gevoelens. Jos en Frank laten hem begaan. Hoewel: 'Ik werd er op een gegeven moment op gewezen dat ik het wel heel erg veel over een vriend van mij had. Toen vroegen ze of het misschien méér dan een vriend was.'

Met de kwalificatie 'zoon van' is Koen nooit blij geweest: 'Ik heb me daar indertijd best tegen verzet. Ik heb mijn eigen ouders.' En ook Bas voelt zich geen zoon van Jos: 'Nee, niet echt. Mijn ouders vonden dat ook niet leuk. Mijn moeder zei dan: "Je bent de zoon van je vader." Ik liet het over me heen komen.' Bas vindt wel dat Jos en Frank een deel van zijn opvoeding hebben afgemaakt: 'Zij hebben mij geleerd hoe ik me in een theatergezelschap moet handhaven.' Maar één keer werken ze alle drie mee aan een artikel over 'De zonen van Jos en Frank' in de *Gay Krant*. Koen: 'Ik was net zelf uit de kast gekomen en ik vond het wel mooi om dat voor de doelgroep te doen. Ik wilde zo niet in een ander blad of een krant, maar dacht dat mensen die de *Gay Krant* lezen hier net iets meer van begrijpen dan de doorsnee-Nederlander.' Bij het artikel staat een familieportret, waar ze alle vijf op staan: 'Nu zouden we dat een *modern family* noemen. Dus een groep mensen die ervoor kiest om in een bepaalde periode van hun leven een familie te vormen. Ik bewaar daar heel dierbare herinneringen aan.'

Met zijn modern family creëert Jos zijn eigen gezin. En het theatergezelschap waarmee hij op dat moment reist, noemt hij zijn kinderen. Binnen dat gezelschap is Jos de onbetwiste pater familias. Eentje met wie je volop kunt lachen, maar die ook streng is. Zo mag er in de bus geen muziek aan op de heenreis. Zelfs oordopjes zijn uit den boze. Want iedereen moet zich kunnen concentreren. 'Hij creëerde zijn eigen familie, denk ik,' concludeert Bas. 'Ook omdat hij niets met zijn "echte" familie had. Dat vond hij gedoe.' Ik herinner me mijn gesprek met Hans Brink, Jos' oudste broer. Die vond dat Jos voor zijn eigen wereld had gekozen. Bij hem voelde ik pijn over de manier waarop Jos afstand heeft genomen van zijn familie: 'Ik wist op het eind niet eens dat hij ziek was. Dat heb ik van anderen gehoord. Ik wist ook niet dat hij in het ziekenhuis lag. Dan zou ik hem wel hebben opgezocht. En de begrafenis zelf: we waren erbij, maar we deden niet mee. Ik vond dat vreemd. Doodgaan is een familieaangelegenheid.'

Frank vindt dat Jos' jongste broers Harry en Jim het liefst voor hem waren: 'Ze hadden ook een relativerende humor, waarmee ze je op je plek zetten. Ze konden Jos enorm in de maling nemen, maar deden dat met gepaste ironie.' Maar de oudste broers Peter en Hans, 'de militairen', vond Frank onaardig: 'Ze deden cynisch over zijn succes en zijn manier van doen.' Frank geeft me een 8mm-filmpje mee dat ik laat digitaliseren. Ik zie Jos eind jaren zestig in familiekring, stoeiend met een vrolijk peutertje: zijn nichtje Maaike. Volgens Frank was hij dol op zijn neefjes en nichtjes. Dus hoe zat het nu met Jos en zijn familiebanden? Ik besluit Maaike te bellen. Het meisje van toen is inmiddels een vroege vijftiger. Weinig verrassend: door zijn drukke werkschema zag ze haar oom Jos niet vaak.

1943 1 jaar

1953 Met zijn broers, v.l.n.r.: Hans, Jos, Peter, Jim en Harry

1957 15 jaar

1960 Cabaret-showgezelschap
Jos Brink, met Nel Mus

1961 In militaire dienst

1963 Met Skip Voogd in de radiostudio

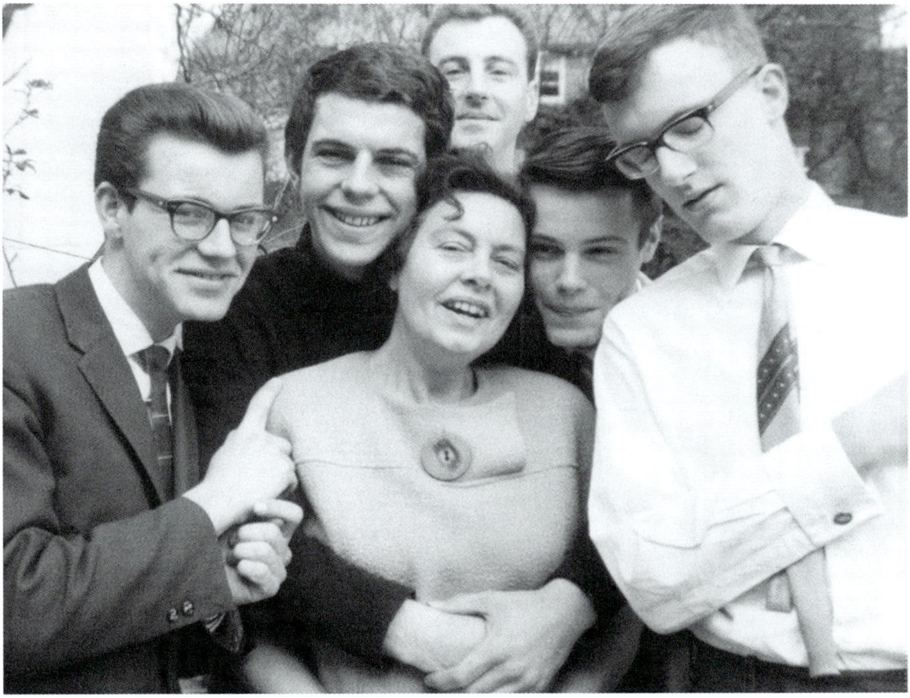

1963 Jopie Brink
met haar zonen

1963 Fanfoto

1964 Met
John Lennon

1964 Met
Françoise Hardy

1964 Met Skip op vakantie in Torremolinos

1965 Met Cliff Richard

1965 Presentatiedebuut in het muziekprogramma *Combo*

1965 Met Rudi Reen tijdens de T3-talentenjacht

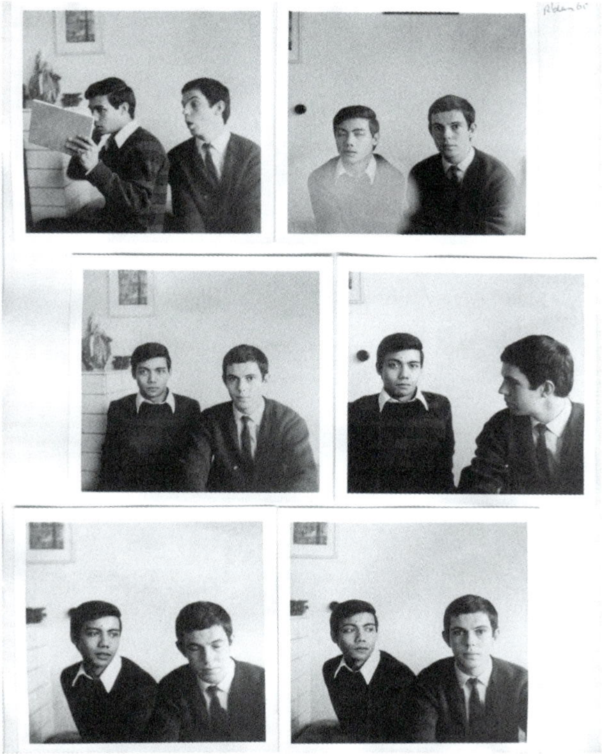

1965 Met Andrew Fuchs

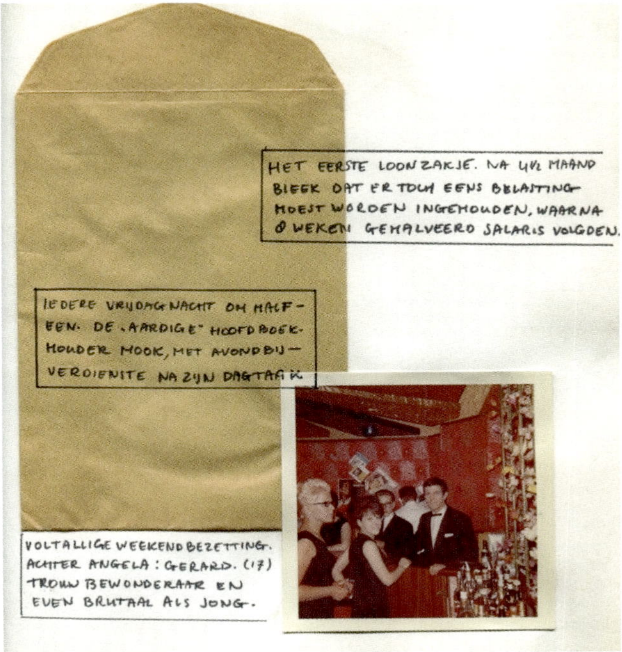

1965 Uit het Romantica-fotoalbum van Jos

1966 Jos zingt zijn ode aan het theater tijdens *Grote, grote wallevis*

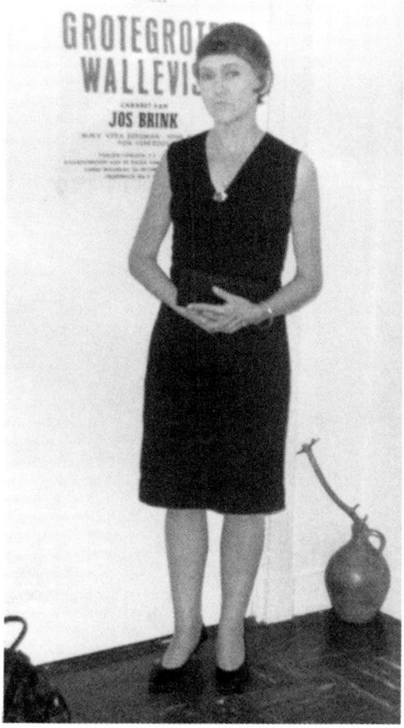

1966 Hetty van Kempen

1972 Met Frank

1972
In de zesde hemel met Jos, Frank, Guuske Kotte en Lia Karon

1974
Wit op zwart

1979
Met zijn ouders

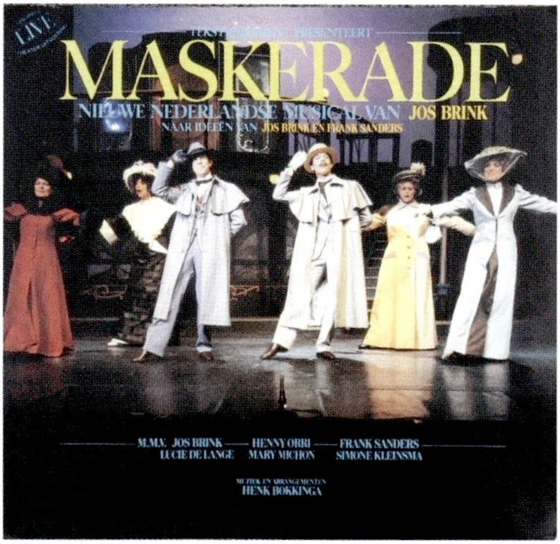

1980 Lp van *Maskerade*

1981 Signeersessie *Allemaal poppenkast*

1983 Met André van Duin en Robert Long

1985 *In de hoofdrol* met o.a. Mies Bouwman, (schoon)ouders, Frank, Robert Paul, Georgette Hagedoorn, Simone Kleinsma, Lucie de Lange, Mary Michon en leden van de cast van *Evenaar*

1985 *Madame Arthur*

1986
Met Elton John

1986
Het team van *Wedden dat...?* met o.a. Guus Verstraete, Joop van den Ende, Janna Rijpma, Sandra Reemer en Frank

1986 Zaalweddenschap met koeien bij *Wedden dat...?*

1986 Met Dennis van Bommel

1988 Met Sandra Reemer

1987 De cast van *Max Havelaar*

1987
Familieportret met Paul van Ewijk, Bas Groenenberg en Koen van Dijk

CA. 1987
Portret van Paul van Ewijk door Jos

1996 Zzinderella

2007

'Met de kerst zagen we elkaar bij opa en oma in Heerlen. Dan sliep iedereen op stretchers en bedjes door het hele huis, dat was supergezellig. Maar oom Jos was daar niet altijd bij. We vierden oud en nieuw samen, bij mijn ouders thuis in Rijen. En eens in de zoveel jaar zagen we elkaar op de familiereünie.' Daarnaast nodigde Jos de hele familie uit op de premières van zijn musicals: 'Dat vond ik heel leuk, want dan zagen we elkaar allemaal weer. Dan ging ik met mijn neven en nichten bekende Nederlanders spotten.' Natuurlijk is Maaike trots op haar beroemde oom. Maar er was in haar kinderjaren, eind jaren zeventig en begin jaren tachtig, ook een keerzijde: 'Ik werd wel met hem gepest. Oom Jos is homofiel. Dat kwam in die jaren natuurlijk net zoveel voor als nu, alleen werd er minder voor uitgekomen. Toen hij bijvoorbeeld Juliana kuste of als hij om iets moest huilen op tv, dan wisten ze mij op het schoolplein de dag erna wel te vinden.'

In zijn relatie met zijn broers was Jos rustig, herinnert Maaike zich: 'Een contrast met hoe grappig en druk hij was op tv.' Als ik haar vertel hoe Frank tegen haar vader Peter en haar ooms aankijkt, begrijpt ze dat wel: 'Oom Jim viel natuurlijk ook op mannen en woonde ook in Amsterdam. Dus hoewel ze de deur niet bij elkaar platliepen, waren ze partners in crime: zij waren wel lief voor elkaar. Daarnaast was oom Harry de jongste, de benjamin, met ook een lief karakter. Maar mijn vader en ook oom Hans waren het type van niet lullen maar poetsen. Zij praatten niet echt over gevoelens. Zij vonden oom Jos vroeger een jankerd. Ze zijn niet zo gevoelig en snappen dat niet helemaal.' Als ik Maaike dan vertel over het theatergezelschap waar Jos en Frank altijd mee optrokken, zegt ze uit zichzelf: 'Ja, dat is hun familie. Ze waren natuurlijk altijd aan het werk en leefden een heel ander leven dan mijn ouders. Als mijn vader om zes uur 's ochtends aan het werk ging, gingen zij naar bed. Als twee broers zonder kinderen zo'n ander leven leiden, hebben ze automatisch minder raakvlakken met de rest. Daarom zochten ze elkaar denk ik op het laatst veel minder op. Ome Jos en Frank voelden zich meer verbonden met hun theaterfamilie.'

Ook een grote en onvoorwaardelijke liefde voor Jos en Frank zijn poezen. 'Alles wat je leuk kunt doen met kinderen, deed Jos met de poezen,' zegt Frank. Toen hij Jos leerde kennen, had Frank twee poezen: Noesse en Smurf. Het was voor Jos liefde op het eerste gezicht en ze verhuisden allebei mee naar de Utrechtsedwarsstraat. Toch bleef de verzorging van de beestjes voor het overgrote deel Franks verantwoordelijkheid: 'Korrels en blikjes kopen en de bak verschonen, dat deed ik. En ik ging met ze naar de dierendokter.' Wat Jos wel deed: verhalen schrijven over zijn belevenissen met de poezen. Vijf boekjes schreef hij vol. Hij bundelde ze in *De Grote Kattelogus*. Hoewel ik zelf niet zo'n dierenvriend ben, zijn dit ook voor mij leuke stukjes om te lezen. Want Jos schrijft het met humor en heel veel genegenheid. De lezer beleeft alle hoogtepunten, maar ook dieptepunten, zoals wanneer Noesse overlijdt: 'Daar waren we heel, heel verdrietig van,' herinnert Frank zich. Jos verwoordt zijn verdriet in een verhaal dat simpelweg 'Dood' heet:

> Noesse is gestorven. Onze poes van bijna vijftien, die cadeautjes kreeg van wildvreemden en wel elke dag een brief, die ettelijke voorpagina's sierde, mijn ouwe vriendin waarover ik tientallen verhaaltjes schreef, die duizenden uren op mijn schoot en schouders doorbracht, is dood. Ze wou niet meer. Ze vond het wel welletjes. Ze is opgehouden met eten en wees wijs glimlachend alle medische pep af. Ze verzwakte zó in een paar dagen tijd, dat we op een zonnige zondag de dokter hebben gevraagd haar de drempel over te helpen.
>
> Op zo'n moment sterft er iets wezenlijks in je mee. Koes-

tering, vriendschap, vertrouwen, aanhankelijkheid, dat alles in een zacht warm lief lijfje. Je draagt je poes voor het allerlaatst de deur uit en je hart wil niet mee met je verstand. Vijftien jaar, natuurlijk. Altijd gezond geweest, prachtig leven gehad, zelfs een schitterende carrière gemaakt en niemand heeft het eeuwige leven. Je weet dat je eens afscheid moet nemen van wat je dierbaar is, maar als je verdriet hebt, worden onweerstreefbare waarheden tot ellendige nonsens. Dood. En in vijf minuten wordt het vraagteken een uitroepteken. We hebben haar vastgehouden, als ontelbare malen ervoor. Haar prachtige ontworpen bontje strelend, net zoals die eerste keer toen ze krassend uit de doos klom, als een bolletje beestje, en zich meteen veilig voelde in grote warme bazenhanden.

Frank: 'Voor twee homo's die samenleven zijn poezen geen substituut voor kinderen. Maar we hadden wel een onvoorwaardelijke liefde voor beesten waar we voor moesten zorgen. Het is goed om iets te hebben waar je voor moet zorgen. Waarvoor je thuis moet komen, waar je rekening mee moet houden. Het was voor Jos en mij toch wel goed om meer zorgen te hebben dan alleen maar de ego's in ons musicalgezelschap.'

Het gezin aan de Utrechtsedwarsstraat bestond vanaf eind jaren tachtig naast Frank, Jos en de poezen ook nog uit Paul. 'Het is met een wonderlijke weg der geleidelijkheid gegaan,' zegt hij, als hij terugdenkt aan hoe zijn band met Jos is gegroeid. Maar ik zoek een officieel moment. Er moet toch een moment zijn geweest waarop Paul zei: 'Het is net of je m'n vader bent.' Of waarop Jos heeft gezegd: 'Jij bent mijn zoon'? 'Ik denk dat dat vooral, zonder daar iets lelijks over te zeggen, de projectie van Jos was: zijn behoefte er een etiket op te plakken. Een oudere man met een jonge jongen is toch altijd enigszins verdacht, zeker vandaag de dag. Het moest een legitimatie krijgen.' En hoe kan dat beter dan via een paginagroot interview met Henk van der Meijden? 'Jos Brink: Dit is mijn zoon!' is de kop in *De Telegraaf* van 30 januari 1988. Daarbij staat een grote foto van Jos zittend in een fauteuil in de woonkamer. Paul zit op de leuning en heeft zijn arm om Jos geslagen. 'Hij zegt ook papa tegen me,' staat onder de foto. 'Neem van mij aan, Tom: ik heb nooit papa tegen Jos gezegd,' zegt Paul beslist. In het verhaal vertelt Jos hoe ze elkaar hebben leren kennen en dat het contact met Pauls moeder uitstekend is: 'Zijn moeder en ik bellen elkaar ook als er voor hem belangrijke beslissingen genomen moeten worden. Je hebt toch de verantwoording voor zo'n jongen.' In heel het artikel is Pauls echte vader nergens te bekennen. 'Daar is mijn vader enorm van geschrokken, toen hij dat op zaterdagochtend bij het ontbijt las. Hij heeft me gebeld en dat is de enige keer geweest dat ik mijn vader heb horen huilen. Hij was echt boos en teleurgesteld.' Pauls vader schrijft Jos een brief. Of Jos die ook heeft beantwoord, weet Paul niet. Hij vermoedt dat ze het hebben uitgesproken bij een volgende gelegenheid waarop ze elkaar troffen. 'En er is – hulde aan mijn vader – geen rancune. Toen ik afstudeerde, waren ze samen bij mijn buluitreiking. En twee dagen later hebben we met heel mijn familie: ouders, schoonouders en Jos en Frank, samen gegeten.'

Ondanks de pijn die het Pauls vader deed, mist Jos' actie haar effect niet. Het is nu voor iedereen duidelijk waarom Paul bij hem in huis is: 'Vanaf dat moment was het logisch als we ergens samen werden gezien. Niemand vroeg zich af of er een jonge minnaar in het spel zou zijn. We waren vader en zoon, en niemand dacht er kwaad over.' Ondertussen stort Jos zich groots in zijn vaderrol. 'Dat leidde ook wel tot frictie, want ik zat daar helemaal niet op te wachten natuurlijk. Zoals zoveel mensen van negentien vond ik dat ik prima wist hoe de wereld in elkaar stak. En als ik 's nachts om vier uur thuiskwam, zat ik niet te wachten op Jos die in de keuken alle duivels uit de hel vloekte omdat ik zo laat was. En dat ik aan m'n studie moest denken. Lazer toch op!'

Als ik Paul vraag naar de betekenis van Jos in zijn leven, noemt hij allereerst de rol die Jos had in zijn theateropvoeding. Hij heeft warme herinneringen aan de eerste keer dat ze samen naar Londen gingen, in augustus 1985. Moeiteloos somt Paul de voorstellingen op: 'Maandagavond waren we bij *Me and My Girl*, dinsdagmiddag ging ik naar *Starlight Express* en Jos bezocht een andere voorstelling omdat-ie daar niks aan vond. Dinsdagavond waren we bij *Mutiny!* met David Essex, woensdagmiddag *Seven Brides for Seven Brothers*, woensdagavond *Barnum* met Michael Crawford in het Victoria Palace Theatre, donderdagmiddag *Guys and Dolls* en donderdagavond *42nd Street* in Drury Lane.' Zo'n schema vult mijn hart met warmte omdat het voor mij zo herkenbaar is. Zelf maak ik ook regelmatig zulke tripjes. Ik vind het heerlijk me helemaal onder te dompelen in musicals. Maar in mijn geheugen zijn ze inmiddels verworden tot één grote musicalbrij. Dat Paul de dagen en voorstellingen van die eerste trip nog moeiteloos kan opsommen, geeft wel aan dat het indruk op hem heeft gemaakt. En op hem niet alleen. Ik herinner me een schilderij dat Jos van hem gemaakt heeft. Daarop heeft Paul de souvenirbrochure in de hand van de eerste voorstelling die ze samen bezochten: *Me and My Girl*. En hij staat in Shaftesbury Avenue, dé theaterstraat van Londen. Maar als ik hem op de man af vraag of Jos als een vader voor hem was, ontkent ook hij dat meteen stellig. Paul had al een prima opvoeding bij zijn echte ouders achter de rug. En dat geldt voor alle drie de 'zonen': Jos een vader noemen, gaat te ver. Voor dit boek sprak ik ook dierbaren voor wie Jos als een broer was: Henk Kemper van De Duif en zijn zus Lucie de Lange. Zij zijn daar allebei trots op. Maar met een extra broer erbij verloochen je niemand.

Met een vader is dat anders. Geen van de 'kinderen' wilde zijn echte vader tekortdoen, hoe Jos zijn best ook deed. Daarvoor is de loyaliteit naar de echte vader te sterk. Het gevoel van een vader-zoonrelatie is bij Jos anders dan bij de jongens die hij als zijn zoons beschouwde.

Ik opper dat Jos voor Paul dan misschien een mentor was. Hoewel het woord ook iets afstandelijks in zich heeft, kan hij zich daar wel in vinden: 'Ja, mentor is wat dat betreft wel een goed woord. Wie ik als mens ben, hebben mijn ouders goed voor elkaar gekregen. Maar mijn hele theateropvoeding heb ik aan de Utrechtsedwarsstraat te danken, en daar heb ik tot op de dag van vandaag profijt van. En dat iemand je daarnaast ook als mens vormt, dat is inherent aan het feit dat je zo intensief met elkaar omgaat. Of dat opvoeden is, weet ik niet. Maar ik heb wel godsgruwelijk veel van Jos en Frank geleerd.'

Een van de dingen die de modern family met Jos, Frank, Paul, Bas en Koen altijd deed, 's nachts als ze thuiskwamen van de voorstelling, was de video aanzetten en samen het populairste showprogramma van dat moment terugkijken. Het programma dat van Jos midden jaren tachtig de meest geliefde man van Nederland maakte.

Hoofdstuk 10 – Eén grote *Wedden dat...?*-familie

Als kind dat dol was op glitter en glamour, had ik in geen betere tijd kunnen opgroeien dan de jaren tachtig. Iedere avond zat ik, net uit bad dus haartjes nog nat, op de bank klaar met een tupperwarebakje met chips en onderin een paar borrelnootjes, om te genieten van een show. Groots opgezette televisieshows zijn op dat moment de vlaggenschepen van de publieke omroepen. De TROS heeft Ron Brandsteder met de *Showbizzquiz*. Voor de VARA maakt Willem Ruis indruk met zijn rondreizende spektakel de *Sterrenshow*, live vanuit een circustent. KRO's *1-2-3-show* van Rudi Carrell en later Ted de Braak krijgt iedere aflevering een nieuw thema met een bijbehorend geldverslindend splinternieuw decor. De KRO heeft zelfs twéé populaire shows, want ook Henny Huisman doet het goed met zijn *Soundmix-playbackshow*. De programma's trekken met gemak zes tot soms zelfs acht miljoen kijkers. Ze zijn voor de omroepen dé manier om kijkers en dus leden aan zich te binden. Grote afwezige in dit rijtje is de AVRO. Die omroep scoorde in het verleden goed met Fred Osters *Wie-kent-kwis* en natuurlijk *Puzzeluur* met Jos. Maar dat was toen; de AVRO kan wel weer een succesje gebruiken.

De man die daarvoor kan zorgen, is producent Joop van den Ende. Hij begon in 1983 in een grote hal van de bloemenveiling in Aalsmeer met de *1-2-3-show* en scoort sindsdien het ene succes na het andere. Want ook de *Showbizzquiz* en de *Soundmix-playbackshow* komen uit zijn studio. Van den Ende heeft ook een goede formule. Zijn sterregisseur Guus Verstraete had op de Duitse tv twee jongens gezien die aan het geluid van een dichtslaand portier kunnen horen om welk merk auto het gaat. Het programma heet *Wetten Dass* en draait om mensen die beweren dat ze iets ongelofelijks kunnen. De vraag is: kunnen ze het ook echt? Het is in Duitsland sinds 1981 te zien en het is een enorm succes. Van den Ende zou het dolgraag willen maken, maar hij heeft de Nederlandse rechten niet: die liggen bij de TROS. De omroep heeft er een optie op voor Ron Brandsteder. Maar gelukkig voor Van den Ende: Brandsteder ziet er niks in.

Van den Ende neemt de rechten over en kan ermee naar de AVRO. Laat die omroep nou ook wat hem betreft in Jos de geknipte presentator in huis hebben, legt hij me uit: 'Het is een specifiek programma. Het heeft spanning, sportiviteit en een talkshowgedeelte. Maar ik vond het in Duitsland te serieus. Ik dacht, het moet wat extra's hebben: humor. En dat kon Jos geven.' Maar er is een probleem: Jos is gebrouilleerd met de AVRO. Hij zou een talkshow gaan presenteren en deze is zonder verdere opgaaf van reden met een kort briefje gecanceld. Als daarbovenop de omroep de tv-registratie van zijn musical *Evenaar* inkort, is Jos helemaal woest. 'Hoe durft de AVRO, zonder dit met mij te overleggen, dingen weg te monteren uit een show die niet zómaar op een bepaalde manier is opgebouwd,' schrijft hij aan directeur Wibo van de Linde. 'Het niveau waarop bij de Algemene Vereniging Radio Omroep wordt gedacht en gewerkt is van dien aard dat ik niet meer wens te praten over welk programma dan ook en mijn werkverband derhalve niet continueer. Met andere woorden: de AVRO zoekt maar een ander. Ik ben het meer dan zat.'

Joop van den Ende gaat praten met Jos en Frank. De drie

kennen elkaar, maar niet heel goed. Van den Ende heeft bewondering voor ze, vertelt hij. Dat heeft natuurlijk te maken met hun gezamenlijke passie voor musicals: 'Zij zijn een voorloper geweest van de musicalontwikkeling die er nu is in Nederland. Ze hebben dat met veel passie, smaak en plezier vormgegeven. Daar ben ik ze eeuwig erkentelijk voor.' En dat zegt de man die een wereldwijd musicalbedrijf opzette waar vierduizend mensen voor werken. Het is mooi om zijn oprechte bewondering te horen voor het werk van Jos en Frank. De gedeelde liefde voor theater schept een stevige band: 'Toen ik Jos vertelde over *Wedden dat...?*, voelde ik dat hij het zag zitten. Hij zag dat hij ermee kon scoren, er een hit van kon maken. Hij zei: "Ik doe het voor jou. En dan heb ik niks met de AVRO te maken"; zo'n excuus maakte hij voor zichzelf.' In *De Telegraaf* verschijnt een paginagroot artikel, uiteraard van de hand van Henk van der Meijden, dat voor de helft bestaat uit een foto van Wibo van de Linde die Jos letterlijk op handen draagt. De twee heren staan er stralend op onder de kop 'De showbusiness-verzoening van het jaar'. Van der Meijden eindigt zijn verhaal met de woorden: 'Voor Jos Brink, die men tot nu toe op televisie toch vooral in intieme programma's zag, als *Babbelonië* en *Puzzeluur*, is dit een unieke gelegenheid het image van de "verplichte grappenmaker" die hij op tv was te doorbreken en als een allround tv-ster in een groots spektakelprogramma te schitteren.'

Dat heeft Van der Meijden goed gezien. Op een groot bord in het productiekantoor in Aalsmeer hebben alle medewerkers opgeschreven hoeveel kijkers ze dachten dat de eerste aflevering zou trekken. Jos en regisseur Verstraete waren het meest optimistisch: 5,4 miljoen. Het zijn er 6,2 miljoen. Het publiek staat vanaf het begin versteld van spectaculaire weddenschappen: producten herkennen aan alleen de streepjescode, met een sleepboot een briefkaart afstempelen en met een helikopter een fles wijn inschenken. Het panel met nationale en internationale sterren (Charles Aznavour, Joan Collins) baart opzien, net als hun tegenprestaties als de weddenschap mislukt. Zo kan het gebeuren dat de Zangeres Zonder Naam als tegenprestatie 'Rock Around the Clock' moet zingen met boerenrockgroep Normaal. Het wordt een instant hit. Jos presenteert alles met zijn 'Kroepoekje', assistente Sandra Reemer, aan zijn zijde met verve. Daarnaast zorgt hij voor zijn familie, want het showblok in *Wedden dat...?* wordt mede samengesteld door Frank en de sterren uit hun musicals, Lucie de Lange, Fred Butter en Simone Kleinsma, spelen mee.

De laatste weddenschap is altijd een opdracht die Jos moet uitvoeren. Het publiek in de zaal mag de opdrachten bedenken, het productieteam selecteert er drie en door te applaudisseren bepaalt het publiek welke het wordt. In de derde show luidt een van de opdrachten: 'Ik wed dat het Jos Brink niet lukt om een boer in de studio te krijgen die zijn eigen vijf koeien kan herkennen tussen een groot aantal andere koeien.' Nadat Jos deze uitdaging heeft voorgelezen, moet hij hard lachen en de zaal applaudisseert enthousiast: deze wordt het. Anderhalf uur later komen de koeien via de zijpanelen de grote studio in. 'Aaaah, kijk nou!' roept Jos opgetogen. De grote studiovloer stroomt vol met koeien. 'Hoeveel hebben jullie er in vredesnaam?! Ik vind 't wel mooi zo!' Terwijl Jos probeert te tellen hoeveel het er zijn, begint de eerste koe, duidelijk in het zicht van camera en publiek, te plassen. Jos slaat de handen voor de ogen en stampt met zijn voeten. Een andere koe legt een verse vlaai. De studiovloer stroomt onder en Jos dartelt er met theatraal zelfbeklag op zijn dure lakschoenen tussendoor: 'Dat heb ik weer.' Panelleden Rudi Carrell en Nana Mouskouri lachen, de zaal ligt dubbel en in Uden rolt een jongetje van tien van pret van de bank. 'De boer van de koeien, Van Beijeren, was een bekende van me,' legt Van den Ende uit. 'Hij leverde altijd dieren voor mijn dramaseries en shows. Ik zei tegen hem: "Wat zou het aardig zijn als die koeien een plasje zouden doen. Dat kan hilarisch zijn." Daarom gaf Van Beijeren ze vooraf veel te drinken. En dat heeft hij grondig gedaan, want het werd één waterballet.' Heel het land spreekt over Jos Brink en de koeien. Van den Ende is nog altijd vol bewondering: 'Dat zijn gelukmakende momenten als je televisie maakt. Het is niet makkelijk om van iets plats iets unieks te maken. Maar Jos genoot ook van dat moment. Hij ging er voor honderd procent in en bleef toch Jos Brink. Dat is niet aan velen gegeven.'

Jos is trots op het succes. Om de saamhorigheid kracht bij te zetten, heeft hij het in zijn aankondiging af en toe over 'Eén grote *Wedden dat...?*-familie'. Toen ik de beelden terugzag, voelde ik weer de impact die het had in Nederland. Toen drie Duitse jongens lieten zien dat ze met hun jojo een meterslang parcours van lucifers konden aansteken, werd de jojo op het schoolplein een rage. Iedereen, ook ik, moest een jojo hebben. Om een beeld te krijgen van hoe een van de succesvolste showprogramma's in de Nederlandse geschiedenis werd gemaakt, zoek ik Janna Rijpma op. Als uitvoerend producent, door Jos liefkozend 'koperdraadje' genoemd, kent ze alle ins en outs. Ze vertelt me hoe *Wedden dat...?* werd opgebouwd en maakt weidse gebaren: 'Ik had zó'n groot whiteboard. Een hele muur vol. Daar stonden alle weddenschappen op. En ik had voor iedereen van de productie opgeschreven waaraan een weddenschap moest voldoen. Ze hadden een kleurcode: sensatie, klein, het *whóóów*-effect, dicht-bij-het-volk, afstand-van-het-volk. Weddenschappen werden niet zomaar ingepland, daar zat een psychologische volgorde in.' Een team van acht man werkt drie maanden lang dag en nacht aan de spektakelshows. Pas als de uitzending helemaal rond is, gaat Janna naar Jos om het programma door te spreken. Dat duurt de hele dag: 'Ik had de weddenschappen vanaf het begin mee voorbereid, dus ik wist alles. Of een kandidaat stotterde. Of dat hij heel fanatiek met oma heeft geoefend. Ik voedde Jos met allerlei kleine, gekke dingen.' Frank zat erbij en keek ernaar: 'Eindeloos lang duurde dat. Wat Jos moest doen, waar-ie moest lopen. Mensen aankondigen, de weddenschappen, decorwisselingen, gesprekken met panelleden. Jos had heel die show in zijn hoofd. Daar buig ik diep voor. Er is niemand die dat kan.' Niet alleen Frank zit vol bewondering, het publiek ook. In september 1986 mag Jos voor *Wedden dat...?* zijn tweede Televizier-Ring ophalen.

Het programma wordt uiteraard vervolgd. In het tweede seizoen, in de tweede show, kondigt Robert Long een jongetje van elf aan dat alle sterrennevels kan herkennen: 'Dat zijn die vlekken die overal in Gods grote heelal zijn,' verduidelijkt Jos. 'Ik herken alleen mijn eigen nevel als ik een avond ben doorgezakt.' Maar Dennis van Bommel weet ze allemaal feilloos op te noemen. Een jongen van mijn leeftijd die dat kon: ik vond het hartstikke knap. Twee dagen na de uitzending fietst hij naar zijn oma. Hij draagt de trui met alle planeten uit ons zonnestelsel die hij tijdens de uitzending aanhad, met daarop nog de naambadge van *Wedden dat...?* Hij wordt geschept door een auto en is op slag dood. Ik was geschokt. Ik stelde me voor hoe hij trots met zijn *Wedden dat...?*-trofee op de bagagedrager naar oma fietste om die aan haar te laten zien. En nu was hij dood. We kochten *Privé*. Daarop stond een mooie foto van Jos die Dennis omhelst. In een column, 'Dag lieve Dennis', neemt Jos afscheid: 'Zijn ouders en oma zijn blij dat hun kind *Wedden dat...?* nog heeft meegemaakt. Als zij daar troost uit kunnen putten, ben ik daar ook blij om. Ik denk dat de kleine wijsneus de Schepper van het heelal zal overhoren. En Hij zal glimlachen, zoals tien miljoen kijkers dat deden op die gedenkwaardige dinsdagavond. Dag lieve Dennis, ik kan je nooit meer een zoen geven. Maar ik kan wel warm aan je blijven denken.'

Het team van *Wedden dat...?* is enorm verdrietig door Dennis' plotselinge dood. Joop van den Ende: 'Onze eerste reactie was: we slaan een week of twee over. We kunnen nu geen show maken.' Maar als hij zijn emoties eenmaal beheerst, komt hij tot een ander inzicht: 'Ik heb toen uitgelegd dat je niemand dient door niks te doen. Niet werken en thuis gaan zitten, helpt helemaal niet. Je moet wel je tijd nemen, maar je moet ook doorgaan met je leven. Deel de emotie met je kijker. En dat was bij Jos niet aan dovemansoren gezegd.' Janna gaat naar de begrafenis. De familie van Dennis vertelt haar dat ze graag wil dat *Wedden dat...?* doorgaat. Met Janna's verslag van de begrafenis in zijn achterhoofd neemt Jos geëmotioneerd een kort in memoriam op: 'Dennis is nu bij de sterren waar hij zoveel van hield.' Het wordt los van de show vóór het achtuurjournaal uitgezonden.

Naast de gevoeligheid rond het overlijden van Dennis speelt er achter de schermen een strijd tussen Jos en Frank. Als zaalweddenschap heeft Jos de uitdaging om onder een olifant te gaan liggen. 'Ik heb hem van tevoren gezegd: "Als je dat doet, ben ik bij je weg,"' vertelt Frank. 'Je gaat toch niet met je hoofd onder een olifant liggen? Die beesten zijn volstrekt onbetrouwbaar. Maar Joop, Guus en hij vonden het heel leuk.' Na veel talmen en twijfelen ('Er kómt toch een airconditioning uit die slurf, daar heb je geen idee van!') en een ernstig advies van de olifantenbegeleider, doet Jos het toch maar niet. Daarna richt hij zich tot de kijker: 'Weet u waarom ik het ook niet deed? Het was een ingewikkelde uitzending vandaag. U hebt het allemaal gelezen in de kranten over Dennis. Je moet niet spelen met je leven.' Dan dankt hij de kijkers voor alle steunbetuigingen: 'The show must go on, maar het was niet makkelijk.' Als de eindtune start, slaakt hij een diepe zucht van verlichting en geeft hij Sandra een knuffel.

Televisierecensenten, die het fenomeen Jos Brink tot dan toe voornamelijk negatief benaderden, zijn nu lovend: 'Jos Brink is een begenadigd presentator. Hij is iemand die zeldzaam zichzelf is en het unieke talent heeft tegelijkertijd zowel presentator als kijker te zijn. Hautaine presentatie is hem nagenoeg vreemd en zijn vlugheid doet het wonderlijk goed op de buis,' oordeelt Boudewijn Büch. En Nico Scheepmaker: 'Hij moge dan in de ogen van kardinaal Simonis een bedreiging vormen voor onze cultuur, de overgrote meerderheid van het Nederlandse volk is het daar kennelijk niet mee eens. En los van zijn technische vermogen zo'n monstrueuze show op de rails te houden, is er zijn persoonlijke charisma oftewel uitstraling. Hij is vrolijk. Hij heeft gevoel voor humor. Hij is ad rem.' Mooi voorbeeld daarvan vind ik als Jos na een weddenschap door een pedicure die haar cliënten herkent aan alleen de voeten zegt: 'Volgende week hebben we een gynaecoloog!'

Zelf vind ik Jos' kracht in de weddenschappen die mislukken nog sterker dan bij geslaagde. Een groep van negentig kinderen moet tegelijkertijd vijftig keer touwtjespringen met één lang touw. Ze krijgen drie pogingen. Bij de eerste lukt het bijna: 45 keer. De tweede poging strandt snel. Maar ook de derde keer gaat het mis. Jos ziet het verdriet op de gezichten van de kinderen, onderbreekt de opname en maakt een afspraak met het publiek: we gaan dit overdoen en jullie houden allemaal je mond dicht. De definitief laatste poging lukt bijna. Na 48 keer springen blijft het touw toch steken. Het melodietje dat aangeeft dat de weddenschap is mislukt klinkt en de ontgoocheling bij de kinderen is gigantisch. De camera's brengen het met prachtige close-ups in beeld. Het publiek geeft een staande ovatie. Jos loopt tussen de kinderen door en drukt met vochtige ogen een huilend meisje tegen zijn borst. En hij spreekt troostende woorden: 'Jullie hebben er ontzettend hard aan gewerkt en iedereen in Nederland,

België en Duitsland heeft gezien dat jullie het konden.'

De kijkcijfers van *Wedden dat...?* zijn inmiddels opgelopen tot veertien miljoen. Ruim acht miljoen in Nederland en twee miljoen in België, want in Vlaanderen is het ook populair. En omdat in Duitsland *Wetten Dass* nog steeds het populairste programma is, kijken vier miljoen Duitsers ook naar de Nederlandse variant. In de jaren tachtig wordt ook de waardering voor een tv-programma gemeten, en die is bij *Wedden dat...?* ook bijzonder hoog: een 7,5. Maar het programma loopt ook tegen grenzen aan. Voor een zaalweddenschap roept Jos het publiek op zegeltjes, bonnen en koffiepunten op te sturen, zodat Unicef voor de waarde van die zegels schoenen kan kopen voor kinderen in Libanon. Het publiek keert massaal de keukenla om. Maar de fabrikanten vinden dat ze voor het blok worden gezet. Douwe Egberts waarschuwt: 'Het is natuurlijk niet zo dat zoiets herhaald kan worden.' En er ontstaat twijfel over de eerlijkheid van de weddenschappen. Leo Derksen beschrijft in *De Telegraaf* zijn gevoel in de column 'Beduveld'. Een meisje van zestien zegt dat ze vijfhonderd boeken kan herkennen als Jos een paar willekeurige regels uit het boek voorleest. In de studio staan honderdvijftig boeken klaar en daaruit worden er vijf geselecteerd waaruit Jos een stukje voorleest. Goede gewoonte is altijd dat vóór de selectie van in dit geval de boeken een willekeurig iemand uit het publiek wordt gehaald. Het valt Derksen op dat Jos dat nu niet doet: hij selecteert de boeken zelf. En Derksen ziet ook dat de bladzijde die Jos moet lezen met plakband is gemarkeerd. Hij gelooft het niet meer. Ik was als kind nogal naïef, dus het was geen moment bij me opgekomen dat er wel eens manipulatie in het spel kon zijn. Maar als ik het fragment terugkijk, vind ik het ook wel frappant. Dus ik vraag aan Janna Rijpma hoe dit zit. Ze herinnert zich het meisje met de boeken: 'Ze kende echt wel hele passages uit haar hoofd. Maar we moesten ook passages hebben die ertoe deden. Als je een algemene zin had gehad als: "Ze leefden nog lang en gelukkig", dan was het nooit gelukt.' Vandaar dus de markeringen met plakband. Maar Janna weet niet alles meer. Op de vraag waarom Jos nu niet iemand uit de zaal vroeg, moet ze het antwoord schuldig blijven. Maar ze bezweert dat het geen doorgestoken kaart was: 'De producties die we hebben gedaan, zijn eerlijk. Het succes van *Wedden dat...?* was in die tijd zó groot, dat journalisten gingen zoeken. Dat is typisch Nederlands. Ze vragen zich af hoe het toch kan dat dat programma zo'n succes is en ze vergeten dat je naar een amusementsprogramma zit te kijken. We moesten het zo produceren en organiseren dat het vermaak voor de kijker optimaal was. Daarom moesten we sommige dingen in eigen hand houden. Dan roept een buitenstaander: doorgestoken kaart. We hebben het laten gaan en er niet op gereageerd.'

Naarmate *Wedden dat...?* langer op de buis is, worden de zaalweddenschappen voor Jos ook extremer. Jos moet in een bak met haaien. Maar dat mag niet van Frank. Om zijn goede wil te tonen, steekt hij even zijn twee benen in het bassin. Als er een haai tegenaan schampt, trekt hij ze er snel weer uit. 'Ik geloof dat je op sommige momenten meer wint door te durven verliezen,' zegt hij tegen de kijkers. Daarna roept hij opgelucht in de afkondiging: 'Frank ik ben er nog! Kijk, kijk alles zit er nog an.' Frank ziet het hoofdschuddend aan: 'Jos deed alles voor het publiek. Alles voor het succes. Hij was mateloos en grenzeloos. Kijkcijfers, succes en spanning: daar ging het om.' In de eerste twee seizoenen vallen de opnames voor *Wedden dat...?* samen met het spelen van de musical *Madame Arthur*. Dan zijn er overdag tussen twee en vijf uur repetities of opnames in Aalsmeer, en daarna moeten Jos en Frank met een noodgang door naar het theater. Van den Ende heeft er grote bewondering voor: 'Een ongekende energie en wil om de mensen te amuseren. Dat is echt uniek. Daar moet je als producer dankbaar voor zijn, dat je zo'n talent hebt die dat wil en die bereid is dat te doen.' Als ik dit slopende werkritme aan Frank voorhoud, is hij eerst relativerend: 'We waren hartstikke jong. In de veertig. Dan heb je bakken energie. Daar draai je je hand niet voor om.' Toch noemt Jos de combinatie van *Wedden dat...?* en het spelen in *Madame Arthur* in een interview met Henk van der Meijden het zwaarste wat hij ooit heeft gedaan: 'Na afloop van zo'n opname ben je gebroken. Maar je stapt in de auto en laat je naar de voorstelling rijden. Om kwart voor acht kom je in het theater. Gauw schminken en het toneel op. Dat is uitputtend. Als je 's nachts om twee uur thuiskomt, kijk je nog naar de video van de *Wedden dat...?*-show van die avond. Om vier uur, halfvijf val je eindelijk in slaap.' Dat in slaap vallen ging nog niet automatisch, vertelt Frank me: 'Jos had slaappillen. Heel zware pillen. Maar die had hij al toen ik hem leerde kennen.'

Wat Jos in het gesprek met Van der Meijden nog niet eens vermeldt, is dat hij ook nog iedere week een column schrijft in *Privé*. In hetzelfde blad verschijnt ook iedere week een column van Georgette Hagedoorn, Jos' collega in het theater. Maar die is ook van zijn hand, om haar aan een extra zakcentje te helpen. Om nog maar te zwijgen van de bergen fanmail die hij allemaal beantwoordt: Jos is altijd aan het werk. Bas Groenenberg verbaast zich nog over wat Jos Brink zichzelf allemaal oplegde: 'Het beeld dat ik heb van de Utrechtsedwarsstraat is dat ik met Frank aan de keukentafel zit of voor de televisie, en Jos die heen en weer liep en met een cognacje weer naar boven ging.' Bas gaat 's nachts bij thuiskomst na de voorstelling met Frank dan maar een videootje kijken, want Jos heeft geen tijd: 'Voor ze op vakantie gingen, moest alle post weggewerkt zijn. Die dwangmatigheid. Was het bewijsdrang? Ik weet het niet.' Manager Peter Paul Tobi maakt zich zorgen: 'Hij was eigenlijk alleen maar aan het werk. Hij werkte denk ik toch wel achttien uur per dag. Voor mijn gevoel voor een heel groot deel uit plichtsbesef tegenover zichzelf, maar toch ook voor anderen.' Tobi stelde hem wel eens voor om drie maanden naar New York te gaan, lekker niksdoen: 'Maar dat was geen optie. "Waar moet jij dan van leven?" zei hij dan. En ik denk ook niet dat hij ervan had kunnen genieten.'

En ook alleen maar wandelen, schilderen en genieten op de jaarlijkse strandvakantie wilde hij niet: 'Ook dan moest er gearbeid worden: plannen maken voor het nieuwe seizoen.' Frank maakt het ieder jaar mee. In de eerste week van de vakantie kan Jos sowieso niets: 'Dan was hij ziek. Zijn maag was van streek en hij moest heel veel overgeven.' In 1986 overlijdt showmaster Willem Ruis op 41-jarige leeftijd tijdens zijn vakantie volkomen onverwacht aan een hartaanval. Sindsdien krijgt Jos van journalisten regelmatig vragen over zijn verontrustende werkritme. Als hij in 1988 bij Sonja Barend te gast is omdat hij óók nog een theologisch boek heeft geschreven, houdt ze Jos aan het eind van het gesprek de plotselinge dood van haar te vroeg gestorven VARA-collega voor. Terwijl de muziek al klinkt, als teken dat het programma is afgelopen, zegt Jos: 'Lieve Sonja, luister naar mij. De muziek komt er nu in. En dat betekent dat je eruit gaat wanneer je eruit moet.' Dan slaat hij met een triomfantelijke lach een kruis. Het publiek lacht, applaudisseert en Sonja lacht naar hem. Jos komt er met zijn verbale kracht weer mooi mee weg. Als ik bij Frank informeer of Jos zich wel eens heeft afgevraagd of iets rustiger aandoen niet slim zou zijn, is hij meteen heel stellig: 'Nee. Dat was geen enkele optie.'

'Maar dan ben je niet echt een goede rentmeester over je lichaam?'

'Nee, helemaal niet.'

'Maar is er dan nooit een besef geweest van: ik pleeg...'

'Roofbouw? Hij koos daar heel bewust voor. Er was wel altijd een klacht. Hij zat hier 's morgens als een wrak aan tafel. Hij had altijd pijn. Ik ben ook wel eens boos geworden. Dan zei ik godverdegodverdegodver, je zorgt voor iedereen. Je gaat naar al die zieke mensen, je schrijft voor iedereen een column en je doet je post. Maar ik zit sneu in de keuken en jij bent niet lekker, je hebt hoofdpijn en je bent ziek. Denk ook eens aan mij, doe het dan voor mij. Maar nee hoor. "We eten er toch van? Het is ons werk." Dat werk deed hij ook voor mij, zei hij dan.'

'Maar jij zei: ik wil het niet?'

'Nee. Maar het moest toch. Het moet, het moet. Van huis uit meegekregen, denk ik.'

En dan denk ik weer terug aan de brief die zijn vader hem schreef in 1965: 'Nu beteken je voor een paar mensen iets. Breid dat uit tot duizenden, dan kun je na afloop van je leven zeggen: "Ik heb het moeilijk gehad, maar het was niet voor niks. Ik heb voor anderen veel betekend."'

Voor zijn publiek en zijn fans betekende Jos inderdaad veel. Maar het vroeg wel een groot offer van hemzelf en de mensen die het dichtst bij hem stonden. En hoe overweldigend het succes van *Wedden dat...?* ook mag zijn, in het theater, uitgerekend de plek waar hij het liefst is, beleeft Jos in die succesvolle jaren bepaald niet zijn gelukkigste tijd.

Hoofdstuk 11 – Beminde bezittingen

Toen ik Jos en Frank nog maar net kende, gaf ik ze als begroeting en bij het afscheid een hand. Maar het was Frank die dat verving door een intiemer, warmer gebaar: drie zoenen. Nu was me dat niet vreemd, met vrienden zoende ik ook al. En dat vond ik niet alleen fijn door de genegenheid die eruit spreekt. Het schiep voor mijn gevoel ook een band. Zo van: wij horen bij elkaar. Waar mannen elkaar midden jaren negentig toch vooral een hand gaven, soms vergezeld van een vriendschappelijke klap op de schouder, gaven wij elkaar drie zoenen. Dat het voortaan met Jos en Frank ook zo ging, was voor mij een teken van onze onderlinge genegenheid. Heel af en toe, bij het weggaan, sloeg Jos ook nog wel eens een kruisje op mijn voorhoofd. Het ging vergezeld van een warme blik die ik zo weer voor me zie. Geen twijfel mogelijk: deze lieve man wenst mij het allerbeste.

Nu ik dit beeld weer oproep, is het voor mij des te lastiger me voor te stellen dat diezelfde Jos je ook, als het even niet goed zat onderling, straal kon negeren. Geen warme begroeting met drie zoenen, nee, je koud voorbijlopen als teken dat je uit de gratie bent. Het overkomt Bas Groenenberg tijdens de tournee van de tweede musical waarin hij meespeelt. Na *Madame Arthur* is hij, vanzelfsprekend, bij Jos en Frank gebleven. De opvolger is ook weer een voorstelling met een stevig maatschappelijk thema: *Max Havelaar*. Een ambitieus project. Want maak maar eens een musical over onderdrukking en uitbuiting van de oorspronkelijke bewoners van Nederlands-Indië. Jos neemt het bloedserieus. Hij is een groot fan van Multatuli en vindt dat het met respect gedaan moet worden.

Omdat de voorstelling wordt gespeeld in het Multatuli-jaar, krijgt Tekstpierement voor het eerst in de geschiedenis van het bedrijf subsidie: 200.000 gulden. Kosten noch moeite worden gespaard. Kostuumontwerper Jan Aarntzen gaat een paar weken naar Indonesië om daar stoffen te kopen voor zijn creaties. Inclusief orkest zijn er dertig medewerkers, tien meer dan bij *Madame Arthur*. In de cast veel bekende gezichten: Paul van Gorcum is er weer bij, en Lucie natuurlijk. En bijna alle jonge spelers zijn net als Bas gebleven. Daarnaast is er jong talent met een Indische achtergrond nodig. Een van hen is Ernst Halatoe. In 1987 is hij 24 jaar. Hij heeft twee redenen om aan de voorstelling mee te willen doen: 'Ik ben danser en in die tijd waren er nauwelijks voorstellingen. En *Max Havelaar* is onderdeel van mijn roots. Dat daar een musical van gemaakt werd, vond ik heel interessant.' Dat Jos erin slaagt het zware verhaal van Multatuli met een musical op een groot publiek over te brengen, vindt Ernst heel knap. Hij heeft met Jos ook wel een band. Jos' zwak voor jongens met een Indisch uiterlijk kennende, snap ik dat best als ik Ernsts foto zie in het programmaboek van *Max Havelaar*. 'Hij was altijd heel voorkomend. Als ik wat vroeg, ging hij het meteen voor me regelen. Ik moest in die periode in militaire dienst, maar Jos stapte naar een hoge officier en zorgde ervoor dat dat werd uitgesteld. Hij had ook een koosnaampje voor me. Nu misschien politiek heel incorrect, maar hij noemde me "Liflafje".'

Maar er zijn ook gevoeligheden: 'Als je een Indische achtergrond hebt, ben je toch anders,' legt Ernst uit. 'Door racisme en discriminatie hebben we snel het gevoel dat we er niet bij horen. Zeker in die tijd, de jaren tachtig. Als je tegenwoordig de bladen openslaat of tv-kijkt, is het diverser. Maar toen was er een duidelijke scheiding tussen mensen die wit en mensen die gekleurd zijn. Je werd niet altijd op waarde geschat. Toen mijn familie een keer kwam kijken, zat er een groepje voor ons. Mijn broer hoorde een van de dames zeggen: "Toch wel leuk dat Jos die jongens bij de Febo vandaan heeft gehaald en een rolletje heeft aangeboden."'

De relatie tussen de jongens van Indische afkomst en Jos en Frank wordt ingewikkeld. Frank: 'Zij speelden slaven die onderdrukt werden. Maar dat kreeg z'n weerslag in de werkelijkheid. Die jongens konden spel en realiteit niet meer los zien van elkaar. Ze voelden zich ineens door Jos en mij onderdrukt.' De spelers doen een dansnummer op blote voeten: 'Daarvoor eisten ze dat we slofjes voor ze kochten. Dan hoefden ze niet op blote voeten te lopen van de kleedkamer naar het toneel.' Jos en Frank kopen de slofjes, maar het gaat met gemor en gedoe. Dat merkt Guuske Kotte ook. Zij speelde al met Jos en Frank in de cabaretvoorstellingen van Tekstpierement en ze is teruggekomen als *company manager*. Nu de groep zo groot is geworden, moet er iemand zijn die het gezelschap leidt, en dat doet zij. 'Er zaten wel eigenwijze jongens bij, hoor, die het nooit ergens mee eens waren. Dat was ook vervelend.' Maar wat Guuske jaren eerder in de cabarettijd al had gemerkt, dat Jos en Frank soms moeilijke bazen waren voor het gezelschap, kwam ook hier weer naar voren.

Door zijn band met Jos krijgt Ernst het gevoel tussen twee vuren te zitten: 'Ik had het gevoel dat als ik voor het andere kamp koos, Jos zich verraden voelde. Hij was naar mij voorkomender dan naar de andere Indische jongens. Ik wilde geen keuze maken. Jos kon heel bezitterig zijn. Als hij het niet met me eens was, praatte hij niet met me. Daar had ik het best moeilijk mee. Maar ik was niet de enige. Bas had er ook last van. Nou had Jos wel een andere genegenheid naar mij dan naar Bas. Want die is homoseksueel en dat ben ik niet.'

Bas was verliefd geworden op een van de indo's uit de cast. En daar was Jos het niet mee eens: 'Jos kon heel bepalend zijn over hoe je zaken in je privéleven moet aanpakken. Dus toen ik een vriendje had dat hem niet aanstond, omdat hij vond dat die een verkeerde invloed op me had, liet hij dat heel duidelijk merken. Dan was hij niet aardig.' Frank nam hem in de bus apart. Bas: 'Hij kreeg heel donkerbruine ogen en zei: "Jos heeft er last van, dus ik heb er last van", intimiderend bijna. Bij Frank was het: alles voor de zaak. Dus als ik iets veroorzaakte waar Jos last van had, dan moest dat gecorrigeerd worden.' Maar Bas maakte zijn relatie niet uit, natuurlijk niet: 'Ik was helemaal verliefd, ik dacht: dit is hem!' Iedereen wist al dat Bas homo was, behalve zijn ouders. Maar deze verliefdheid hielp hem over de drempel: eindelijk vertelde hij thuis hoe het met hem zat. De spelersploeg van *Max Havelaar* was inmiddels verdeeld in twee kampen. En Bas belandde in het kamp van de Indische jongens. Bij alle besprekingen met het complete musicalteam zat hij dus voor Jos aan de verkeerde kant. Die vond dat verschrikkelijk, en het leverde Bas grote problemen op. Hij moest zijn sleutels van de Utrechtsedwarsstraat inleveren. Te pas en te onpas kreeg hij te horen dat zijn nieuwe vriendje slecht voor hem was en dat het niks kon worden. Met buikpijn liep hij naar de bus. Als Jos en Frank er niet waren, was dat een opluchting. Als ze er wel waren en iedereen werd bij wijze van vast ritueel met zoenen begroet, werd hij ostentatief overgeslagen: 'Dat zoenen werd ook ingezet als machtsmiddel. Want de hele bus zag dat er bonje was, omdat hij mij niet begroette.' Backstage waren er tijdens de voorstelling altijd kleine rituelen, zoals vaste momenten waarop Jos en hij elkaar begroetten: 'Van die bijgeloofdingetjes. Dat deed hij niet meer, en dat vond ik heel erg.'

Ook Paul kreeg te maken met Jos' bezitterigheid. En ook bij hem is een vriendje de steen des aanstoots: 'Zolang ik alleen maar verliefd was, was alles prima. Maar toen het serieus werd, was Jos monsterlijk. Hij voelde zich bedreigd omdat hij bang was dat ik bij hem wegging. Je vangt meer vliegen met honing dan met azijn, maar hij had echt bedacht dit aan te pakken met een pot azijn waar je u tegen zegt.' Jos speelde het spel subtiel. Als Pauls vriend over de vloer was, deed hij aardig tegen hem. 'Maar als we repeteerden voor een voorstelling, mocht ik mijn vriendje niet bellen. Want dat leidde Jos af. Ik moest met mijn hoofd bij de voorstelling blijven.' In een tijd nog zonder mobiele telefoons, is contact zoeken dan niet makkelijk. Het gezelschap repeteerde in 't Zonnehuis in Amsterdam. Op het plein voor het gemeenschapshuis stond een telefooncel: 'Als ik belde, ging ik op mijn knieën zitten, onder de telefoonboeken. Zodat Jos, als hij naar buiten zou lopen, me niet zou zien.'

Waarom deed Jos zo lelijk? Frank probeert het me uit te leggen: 'Jos voelde zich verraden als iemand die dicht bij hem stond zijn creatieve energie aan iemand anders gaf. Ik heb dat zelf ook meegemaakt: zodra mijn creatieve energie naar iemand anders ging dan naar Jos, dan hadden we een probleem.' Dat merkte ook Simone Kleinsma: 'Jos was jaloers op de band die Frank en ik hadden,' herinnert ze zich. 'Dat vond-ie af en toe moeilijk, omdat hij daar niet tussen kwam. We kenden elkaar al langer en we konden zó lachen samen. Dan werd-ie een beetje narrig. Zo van: "O, daar zitten die twee weer."' Als ik haar vraag of dat Jos' bezitterigheid was, beaamt ze dat: 'Dat was wel een trekje van hem ja. Dat zul je misschien van meer mensen hebben gehoord?'

Frank vervolgt: 'In dit geval had Jos iets geschreven, *Max Havelaar*, waar hij zijn ziel en zaligheid in had gelegd. Dus hij vond dat Bas zijn energie in eerste instantie aan hem moest geven. Al het andere was een stoorzender. Dus als je iemand anders leuker vond dan Jos, dan waren de rapen gaar.' Dat gold dus voor Bas, Paul en Frank, maar ook voor Lucie. Toen zij tijdens *Maskerade* een verhouding had met de gitarist, moest dat afgelopen zijn. Want dat kostte te veel energie en aandacht die nodig waren voor de voorstelling. 'En dat moest ik dan altijd opknappen,' zegt Frank. 'Hij was daar heel dwingend in, bij mensen in wie hij op zijn manier investeerde.' Toen Lucie na twintig jaar trouwe dienst wegging bij Tekstpierement en voorstellingen voor de Zonnebloem ging spelen, speelde jaloezie nog steeds een rol: 'Je zou denken: misschien vinden ze het wel leuk om te zien wat ik nu doe? Maar je denkt toch niet dat Jos en Frank naar mij zijn komen kijken? Want ik ben vreemdgegaan bij een ander gezelschap. Daar was ik best verdrietig van.' Pas na zes jaar zagen Jos en Frank een voorstelling van Lucie die niet door hen was geschreven.

Bij Paul had het gedrag van Jos geen zin. Wat hij ook deed: het vriendje bleef. Er zat niks anders op dan het te accepteren: 'Jos merkte dat er naar hem toe niets veranderde, ik was alleen gelukkiger. En de band die Jos en ik hadden, werd niet bedreigd door wie dan ook. Toen hij dat doorhad, sloot hij mijn vriend in de armen.' In het geval van Bas was de liefde van korte duur: na een maand is het uit. Daarna herstelt de band met Jos zich langzaam.

De spanningen tussen de Indische jongens en Jos en Frank komen tot een hoogtepunt op een dag die voor Jos zo vreugdevol begon. Op 29 april 1988 speelt het gezelschap in Hoorn, maar Jos gaat 's morgens eerst naar het stadhuis van Amsterdam. Daar wordt hij door burgemeester Ed van Thijn benoemd tot ridder in de Orde van Oranje-Nassau. Van Thijn noemt allerlei hoogtepunten uit Jos' carrière en met name ook zijn tweede toneelstuk uit 1986: *Een nieuwe dood*, over aids. De burgemeester heeft Jos hierover zien vertellen op tv en vond dat 'bijzonder ontroerend'.

Wellicht zag de burgemeester de tv-registratie van *Een nieuwe dood*. Voorafgaand hield Jos een korte toespraak. Met een brok in de keel vertelde hij over de brief die hij kreeg van de moeder van een van de eerste aidspatiënten in Nederland: 'Die bleef na de dood van haar zoon volhouden dat het een straf van God was. En ik blijf maar tot mijn eigen dood volhouden dat God liefde is.' Jos en Frank werden al in een vroeg stadium met aids geconfronteerd. Toen ze met Mary Michon op bezoek waren in New York, spraken ze een vriendin van haar die er woonde. Zij durfde er alleen op fluistertoon over te spreken. Frank weet nog precies hoe dat ging. Hij fluistert: 'Er is een heel rare ziekte. Onder homo's. Ze gaan er ook aan dood. Iets met seks en sperma en bloed.' Dan, op normale toon: 'Het werd nog geen aids genoemd. We wisten nog niet wat het was.' Ze waren er ook niet bang voor: 'Nee, want we waren niet promiscue en we gingen niet vreemd. We kwamen niet in darkrooms, waren ook niet van *top* of *bottom*. Dus het kwam niet in Frage.' Maar het gegeven dat je dood kon gaan aan de liefde greep ze zo aan dat Jos er een stuk over schreef. Het was lastig om *Een nieuwe dood* aan theaters te verkopen. Voor vrolijke musicals als *Maskerade* of *Evenaar* verkoop je makkelijk kaartjes. Bij een serieus toneelstuk over aids lag het ingewikkeld. Theatercritici vinden het stuk realistisch en geloofwaardig, ontroerend en oprecht. Maar het grote publiek gaat liever naar een van Tekstpierements vrolijke musicals. Het is dankzij de opbrengst van de tv-registratie dat er nog een beetje geld overblijft, dat aan de aidskliniek van het AMC in Amsterdam wordt gedoneerd.

Deze onbaatzuchtige kant van Jos zal er ongetwijfeld toe hebben bijgedragen dat hij al op zo'n relatief jonge leeftijd een koninklijke onderscheiding krijgt. Na de plechtigheden in het stadhuis is er bij Jos en Frank thuis een viering en petit comité, dus met alleen de hoofdrolspelers uit *Max Havelaar*; niet het ballet en dus ook niet de Indische jongens. 'Ik vermoed dat ze dat niet zo leuk vonden,' herinnert Frank zich. Na de voorstelling in Hoorn is het een 'gigantisch feest', vertelt Jos aan *Privé*: 'Na afloop kwam de fanfare de zaal binnen.' Wat Jos niet vertelt, is hoe de avond afloopt. Volgens Frank stribbelen de Indische jongens tegen als ze de bus in moeten: 'Ze deden heel ingewikkeld, wilden niet weg. Daarna riep één van hen in de bus iets lelijks over Jos en zijn lintje, en Jos heeft die jongen toen op zijn bek geslagen.' Die jongen is in elk geval niet Ernst: 'Het was een speler die geen blad voor de mond neemt en ook regelmatig met Jos in de clinch lag.' Het wordt een scène. Een vrouwelijk orkestlid springt ertussen en moet daarna vreselijk huilen om deze daad van agressie. Frank zucht: 'Gedoe, gedoe. Maar dit was de druppel die de emmer deed overlopen. Jos was helemaal niet zo'n fysieke man van slaan en zo. Maar hij was nu tot het uiterste getergd.' Een paar jaar later zou Jos er in een interview op terugkomen: 'Dat had ik niet mogen doen. Ik ben dus kennelijk de Here Jezus niet. Maar het was goed raak, nou. Ik denk dat ik heel sterk ben. En ontzettend driftig.'

Bas heeft zich met Jos en Frank verzoend en is in de ogen van de Indische jongens weer overgelopen naar de andere kant. Dat de sfeer zo verziekt is, vindt hij heftig: 'Heel slecht dat het thema van de voorstelling zich backstage ook afspeelde.' Volgens Frank ontstaat er na het busincident een intimiderende sfeer: 'Terwijl Jos stond te spelen, stonden de vier Indische jongens in de coulissen te kijken. Twee links en twee rechts. Jos vond dat heel bedreigend. Hij was erg bang voor goenagoena. Dat is een vorm van zwarte kunst, dat kun je over mensen afroepen. Dat iemand bijvoorbeeld een auto-ongeluk krijgt. Of al zijn haar verliest. Of een spot op zijn hoofd krijgt. Daar was Jos erg bang voor.' Maar volgens Ernst is er nooit sprake geweest van zwarte kunst: 'Ik denk dat dat iets is wat zich in hun hoofd heeft afgespeeld. Wij hebben echt nooit de bedoeling gehad om dat aan te wenden om, zeg maar, de boel te laten ontploffen. Goenagoena bestaat. Het is iets waar je niet mee moet spotten en het is gevaarlijk. Ik distantieer me daarvan.' Toch zijn de onderlinge spanningen zo heftig dat het niet meer goed komt. Bij een reünie van het gezelschap, tien jaar later in het Amstelhotel, voelt Ernst nog steeds afstand: 'We hadden niet meer die band die we hadden toen we begonnen. Het kan zijn dat er oud zeer naar boven kwam. Ik denk dat hij er nog steeds moeite mee had om wat er gebeurd was naast zich neer te leggen.'

Na *Max Havelaar* is Tekstpierement wel even klaar met grote producties. Jos en Frank gaan met *Er wordt gestrooid* terug naar de basis: het cabaret. Met Lucie uiteraard, en Bas speelt ook mee. Die voelt zich ook hier soms te veel geclaimd door Jos en Frank. Als hij na voorstellingen in Amsterdam wat wil gaan drinken met vrienden van vroeger die kwamen kijken, krijgt hij ruzie: 'Dat ik mijn eigen gang daarin ging, en niet met hen meeging, viel verkeerd. "O, zijn die mensen belangrijker dan wij?" Nou ja, op dat moment dus even wel. Ik vond het heel ongemakkelijk.' En in de grote musical die daarop volgt, *Revue Revue*, trekt hij veel op met de leading lady die zich niet laat claimen: Pleuni Touw. Als gevierde actrice die naam maakte met de tv-serie *De stille kracht* komt ze als outsider bij de groep, en zo gedraagt ze zich ook. Ze reist, tot ongenoegen van Jos en Frank, vaak niet mee met de bus maar komt apart met de auto naar de schouwburg. En Bas rijdt haar dan. Doordat zij met frisse ogen naar het gezelschap kijkt, valt het ook Bas op hoe bijzonder sommige gebruiken zijn. Zoals het iedere dag opnieuw uitgebreid zoenen van de hele cast. 'Daar deed zij niet aan mee, dat vond ze onzin. Ze stelde vragen, en dat vonden

Jos en Frank helemaal niks. Dus ik kwam weer in een verkeerd kamp terecht.' Bovendien had Bas een nieuw vriendje, en die was geen Jos Brink-fan: 'Hij reageerde niet heel enthousiast op de voorstelling. Nou, dan val je al af. Dus ik had mensen om me heen die wat kritischer waren naar hen toe, en dat zorgde er wel voor dat ik na *Revue Revue* ben weggegaan.'

Bas gaat 'op kamers', zoals hij het zelf noemt: hij gaat zijn eigen weg. Jarenlang spreekt hij Jos en Frank nauwelijks. Als hij in 1996 met Simone Kleinsma in de musical *Hoera, we zijn normaal* speelt, komen Jos en Frank kijken. Na afloop gaan ze samen wat drinken bij hen thuis. 'We zijn met hen naar hun huis gelopen en ik liep naast Jos. We spraken over het verleden en de lelijke brieven die hij me schreef toen hij boos was, en hij zei: "Dat had ik niet mogen doen." Daar was ik heel blij mee.' Daarna hadden Bas en Simone een gezellige avond bij Jos en Frank thuis vol déjà vu's, met blikken pinda's en dezelfde wijn in dezelfde glazen. 'Het was een bijzondere avond. Met die ene zin van Jos ging er een strikje om het verleden en was het klaar.'

Jos loopt niet alleen in zijn relaties met collega's tegen grenzen aan. Ook in het werk lijkt het erop dat hij over zijn hoogtepunt heen is. Want musicals kunnen wel groter worden, ze worden niet per se beter. En ook de jarenlange roofbouw op zijn lijf begint zich te wreken.

Hoofdstuk 12 – De grenzen van succes

Het enorme succes dat Jos heeft, gecombineerd met zijn harde werken, heeft een prijs. Als hij op vakantie gaat wordt hij, zoals eerder gezegd, de eerste week standaard ziek. Maar begin jaren negentig krijgt Jos op de terugvlucht van vakantie hartkloppingen. 'Het was heel erg,' zegt Frank. 'Ik dacht dat hij doodging.' Ze vliegen richting Schiphol, met onder hen de studio in Aalsmeer: 'Het idee dat Jos daarbeneden weer de studio in moest, vloog hem aan.'

De laatste jaren is er in medialand veel veranderd. In 1989 krijgt Nederland te maken met commerciële omroep. RTL-Véronique begint met uitzendingen vanuit Luxemburg. Het is een U-bochtconstructie. Doordat het in feite een buitenlandse zender is, kan het station Nederlandse tv-programma's via de kabel uitzenden. Ook Joop van den Ende gaat commercieel. Zijn zender heet TV10, met als bijnaam 'het Sterrennet'. Want alle populaire presentatoren die hij onder zijn hoede heeft, gaan met hem mee: Ron Brandsteder, Henny Huisman, André van Duin, Sandra Reemer, Koos Postema en ook Jos kiezen onvoorwaardelijk voor Van den Ende. Jos staat te popelen: 'Eindelijk dat ingedutte, suffe, achterlijke omroepwereldje wakker schudden, de poten van onder die stoelen wegzagen. Heerlijk gewoon. Daar zit ik al tien jaar op te wachten.' Maar hij juicht te vroeg, want Van den Ende heeft niet de juiste U-bochtconstructie. Volgens het Commissariaat voor de Media is TV10 geen buitenlandse zender. En daarmee is de toekomst onzeker. Ondertussen zijn in Aalsmeer de opnames voor TV10 al wel gestart. *Wedden dat...?* is een coproductie met de Vlaamse commerciële omroep VTM. En zo kan het dat Jos in Vlaanderen kijkcijferrecords breekt met shows die in Nederland niet te zien zijn. De eerste commerciële *Wedden dat...?* gaat op 17 december 1989 de lucht in. Het wordt voor VTM het best bekeken tv-programma van het jaar: ruim twee miljoen kijkers. 'Drie op de vier tv-kijkers keken zondagavond naar Jos Brink,' schrijft de Vlaamse krant *Het Belang van Limburg*.

Maar dat zijn eigen publiek in Nederland hem niet ziet, is voor Jos weinig stimulerend. Omdat TV10 geen toestemming krijgt om de Nederlandse kabel op te gaan, heeft Van den Ende geen andere mogelijkheid dan zijn sterrennet op te doeken en de programma's aan te bieden aan RTL-Véronique. Vanaf 16 februari 1990 is *Wedden dat...?* ook weer in Nederland te zien. Maar het aantal kijkers valt tegen: anderhalf miljoen. Dat is niet eens goed voor een positie in de kijkcijfer-top tien, waarin het programma vroeger stijf bovenaan stond. Het publiek moet zijn weg naar de commerciële zender duidelijk nog vinden. RTL-Véronique wordt al snel omgedoopt tot RTL 4 en Jos blijft Van den Ende trouw: 'Hij had mij nog nooit laten zakken en dus heb ik hem geholpen nadat zijn TV10 op de klippen was gelopen. Je moet mensen nooit uit je genade laten vallen.' Jos gaat een kennisquiz presenteren: *De 64.000 gulden vraag*. Een kandidaat die alles weet over een eigen gekozen onderwerp als Marilyn Monroe, Wim Sonneveld of de Rolling Stones kan daar uiteindelijk 64.000 gulden mee verdienen. Het origineel, *The $64.000 Question*, kwam al in 1955 op de Amerikaanse tv en werd een sensationeel succes. Maar toen een paar jaar later bleek dat de antwoorden aan populaire kandidaten werden voorgezegd, werd het een groot schandaal en verdween het spel snel van de buis. De Nederlandse makers bezweren dat zulke praktijken in ons land niet worden toegepast. Van den Ende brengt het spel in een spectaculair futuristisch decor en Jos presenteert het stijlvol. Maar het wordt geen succes. RTL had de adverteerders een kijkdichtheid beloofd van tussen de vijftien en twintig procent, maar het programma blijft steken bij elf procent. Het tv-tijdschrift *KRO Studio* weet waarom: 'Met het gezicht van een doodgraver stelt de anders zo olijke cabaretier Jos Brink ingewikkelde vragen over specialistische onderwerpen. Te moeilijk voor het publiek.' Zonder dat Jos het weet, wordt het programma van primetime naar de late avond verplaatst. Na precies een jaar valt het doek.

Nu is wel duidelijk dat succes voor Jos niet meer vanzelfsprekend is. Maar hoe gevoelig is hij voor succes? Heel gevoelig, weet Frank. Hij vertelt me dat Jos drie keer overspannen is geweest, omdat hij onder zijn succes zo zwaar gebukt ging: 'Wat je ziet bij mensen die heel succesvol zijn, is dat dat ook gepaard gaat met angst. De angst om door de mand te vallen. Dat het opeens allemaal niet waar blijkt wat ze zeggen. Of dat ze het niveau niet meer halen. Dat had Jos ook. Hij was er zelden van overtuigd dat het echt helemaal goed was. Hij had minder zelfvertrouwen dan je op het eerste gezicht zou denken. Er ging ook heel veel cognac doorheen, hè.' Dat was me inderdaad ook al opgevallen. In Jos' archief stonden alleen al drie dozen met interviews. In die gesprekken werd opvallend vaak het glas cognac beschreven dat Jos voor zichzelf en desgewenst het bezoek inschonk.

Ik vraag het Frank recht voor z'n raap: was Jos alcoholist?

'Dat is een groot woord. Ik weet niet of ik nou ja moet zeggen.' Ik houd Frank voor dat je, als je het online opzoekt, al heel snel alcoholist bent: bij meer dan veertien standaardglazen per week.

'O. Nou, hij dronk behoorlijk, ja. Hij begon 's middags met cognac en ging 's avonds aan de whisky.'

'En dat was dagelijks?'

'Ja. En veel.'

'Vond je daar wat van?'

'Natuurlijk! Maar ja. Ik had er niet veel over te zeggen. De whisky ging in een heupflesje van een kwart liter mee naar de voorstelling, en dat was leeg als hij thuis was. Maar dan schonk hij zich weer een bel in, voor bij het schrijven. En de cognac stond al in een klein glaasje op het aanrecht. Maar dat was altijd halfvol. Dus ik kon nooit zien hoeveel hij dronk. En ik zag ook nooit lege flessen.'

'Dus dat hield hij een beetje bij je vandaan?'

'Een beetje? Heel erg!'

Frank vermoedt dat het drinken na *Alstublieft Majesteit* begon, in 1979. Dus dat was vanaf de start van het grote succes. Wat mij frappeert aan dit verhaal is dat ik hier nooit iets van gemerkt heb. Niet in m'n privécontacten met Jos. En ook niet in z'n werk. 'Nee, want hij was nooit dronken. Af en toe, alsie z'n bui niet had, viel het fout en dan werd-ie vilein. En dan kreeg hij dikkere wallen onder zijn ogen. In de vakantie dronkie trouwens nauwelijks.' Dus Jos had dit nodig om te kunnen functioneren, om zijn motor te laten draaien? 'Ja. Want als we op vakantie waren, nam-ie 's middags één cognacje en verder één glas witte wijn. In de vakantie had hij het niet nodig.'

RTL 4 waagt met Jos een nieuwe poging en haalt een oude succesformule van stal: *Een van de acht*. Met deze door haar bedachte spelshow scoorde Mies Bouwman in de jaren zeventig de pannen van het dak. In Engeland was Bruce Forsythe, icoon van de BBC, er net mee begonnen. Jos had daar met Joop van den Ende een band van bekeken en ze hadden zich rot gelachen: 'Dat is spekkie naar m'n bekkie,' zegt hij tegen *Privé*.

Kandidatenparen moeten opdrachten uitvoeren: worsten maken, klompendansen, van zilverpapier een couturejurk maken – dat werk. De kandidaat die het beste scoort, belandt achter de beroemde lopende band met prijzen. Mies geeft Jos haar zegen en ze voorziet hem zelfs nog van adviezen, dus Jos heeft er zin in: 'Ik geloof er heilig in. De spanning en betrokkenheid met het publiek moeten de rest doen.' Een uitzending van *Een van de acht* met Jos terugkijken valt me niet mee. Het is opgeklopte vrolijkheid, lachen om niks. Waar Jos in zijn jonge jaren met aanstekelijke brutaliteit overal mee wegkwam, komt het nu soms pijnlijk over. Je krijgt een gevoel van 'hij moet nog zo nodig'. De anciënniteit die hij nu uitstraalt, vraagt om iets anders dan dit. Televisiecritici kraken het programma: 'Hij schreeuwt, hij schmiert, hij laat kandidaten voor gek staan, hij voert het tempo zó op dat je naar adem snakt, hij... Kortom, Jos is Jos niet meer,' oordeelt Ton de Zeeuw in *De Telegraaf*. Hij noemt deze *Een van de acht* een ordinair surrogaat. RTL had de adverteerders 1,8 miljoen kijkers beloofd en dat wordt maar net gehaald. Na acht afleveringen zit het erop, en Jos is blij toe: 'Ik vond het helemaal niks. Ik ben er gewoon te oud voor. Ik kon dat enthousiasme niet meer opbrengen, alleen nog spélen.'

De laatste jaren laat Jos bewust ook vaker zijn serieuze kant zien. Hij is niet meer alleen de vrolijke grappenmaker. Toen hij begin jaren zeventig als pastor stervensbegeleiding deed in een bejaardenhuis in Den Haag, vond hij dat nog vooral een privéaangelegenheid. In 1983 vertelde hij er mondjesmaat over, omdat het de inspiratie was voor zijn eerste toneelstuk *Bessen*. Maar vanaf 1988 praat hij open over zijn religieuze kant. Dan verschijnt zijn eerste theologische boek: *Bouwen met puin*. Het is een bundeling van preken, columns en liedjes. In interviews doet hij uitspraken als: 'Het heeft geen zin om te zeggen: ik heb een boodschap. De boodschap in de kerk is duidelijk. Die is al lang gegeven door een buitengewoon geniale boodschappenjongen, ooit. Ik sjouw alleen maar het tasje, meer niet.' Het trekt de aandacht van Hannie van Dijk, hoofd Levensbeschouwing bij de NCRV. Eind jaren tachtig is ze bij de omroep aan de slag gegaan en heeft ze een nieuwe, meer vrijzinnige koers ingezet. Zij zoekt een aansprekend gezicht voor haar godsdienstige programma's en denkt aan Jos: 'Hij is geliefd bij de kijker, hij straalt professionaliteit uit en, wat ik heel prettig vind: hij heeft humor. Dus ik dacht: ach, proberen!' Ze nodigt hem uit voor een talkshow en spreekt hem in de wandelgangen. Maar Jos heeft op dat moment een exclusief contract met RTL. Bovendien is hij trouw aan Joop van den Ende. Na de mislukking met *Een van de acht* kiest RTL voor zekerheid: de zender haalt *Wedden dat...?* weer van stal. Maar dat de NCRV, de omroep waarvan hij in de jaren zestig niet eens in het hoofdgebouw mocht komen omdat hij homoseksueel is, nu interesse in hem heeft, doet hem goed.

Terwijl Jos bij de televisie ongewild tegen de grenzen van zijn succes aan loopt, zoekt hij in het theater bewust op hoe ver hij kan gaan. Na de kleinschalige cabaretvoorstelling *Er wordt gestrooid* komen Frank en hij weer met een musical. Maar ook op het gebied van musicals is de wereld veranderd. Jos' tv-producent Joop van den Ende bracht in het theater eerst alleen toneelstukken, maar vanaf 1988 is hij een geduchte musicalconcurrent. Hij begon met de Nederlandse versie van *Barnum*, over de legendarische circusdirecteur en showman P.T. Barnum, met wie hij zich verwant voelt. Een jaar later volgen *Cabaret* en *Sweet Charity*. En in februari 1991 gaan alle remmen los met het internationale succesnummer *Les Misérables*. De Nederlandse uitvoering maakt van Pia Douwes, Vera Mann, Henk Poort en Ernst Daniël Smid musicalsterren. Dit succes maakt Jos een beetje jaloers: 'Kijk, voor de volksopera *Les Misérables* schrikken producenten niet terug. Dat is een geheide hit! Je koopt de technische knowhow gewoon in het buitenland. Maar in zee gaan met oorspronkelijk materiaal is enger.' Om tussen deze stevige concurrentie overeind te blijven, trekken Jos en Frank hun meest ambitieuze plan uit de kast: een musical over een revuegezelschap net na de oorlog. Het verhaal speelt zich zowel voor als achter de schermen van de Hollandsche Revue af. Een monsterproductie met ruim zestig medewerkers en een budget van acht miljoen gulden. Critici zijn positief over het visuele spektakel. Jacques d'Ancona roemt het als de grootste origineel Nederlandse musical uit de geschiedenis. En qua spektakel de mooiste. Maar het verhaal krijgt kritiek: 'Tussen de veren en de pluimen ontbreken de dwang van een verhaal en de attractie van krachtige zangnummers,' vindt Henk van Gelder van NRC *Handelsblad*.

Ondanks alle spectaculaire shownummers is mijn favoriete scène in deze musical de meest verstilde. Twee oude revueartiesten samen in de kleedkamer. Jos is Ber, de arrogante ster van de show, en Frank is Nol, de drijvende kracht, de schrijver van de revue. Voor de oorlog hadden ze samen veel succes, maar eigenlijk kunnen ze elkaar niet luchten of zien. Nu de oorlog voorbij is, gaan ze toch maar weer samen optreden, en tijdens de tournee krijgt Ber een affaire met Nols vrouw. In de kleedkamer, vlak voor de laatste voorstelling, confronteert Nol Ber met zijn gedrag: 'Ik wil je niet laten zeggen dat je met je poten van andermans vrouw af moet blijven, want zo zit je nou eenmaal in elkaar. Dat doe je om je eigen angst weg te werken. Bang als je bent om op je retour te raken, verslaafd aan succes. En verslaafd aan adoratie. Wat moet je wanneer dat allemaal weg is? Wat blijft er dan van je over?' Ber speelt terwijl Nol hem toespreekt de joker en haalt rare fratsen uit met een papieren zak. Nol gaat verder: 'Ook in het gewone leven wil je de scène naar je toe trekken. Jij vraagt je niet eens af of je omgeving wel lacht, want jij hebt bepaald dat het leuk is allemaal. Jij maakt van iedereen publiek!' Spreekt hier Nol tegen Ber of Frank tegen Jos? 'Jos heeft het geschreven in een zelfreflectie,' legt Frank uit. 'Hij beschrijft iemand die hij niet wil zijn en zegt tegen mij: "Als ik zo zou worden, zou je bij me weggaan." Het is dieptepsychologie.' Dit inzicht krijgt Jos als hij voelt dat zijn succes op televisie minder wordt. Als hij voor zijn gevoel de clown uit moet hangen bij RTL, terwijl hij daar helemaal klaar mee is.

Revue Revue zal de grootste musical zijn die Jos en Frank ooit maakten. Ze komen maar net uit de kosten. Als na 250 voorstellingen het doek valt, laat Jos het grote showspektakel achter zich. In het theater gaat hij verder met een toneelstuk: *Non Actief*. Op televisie presenteerde hij begin 1992 zijn laatste serie van *Wedden dat...?* Kort daarna, op 24 maart 1992, heeft Jos groot nieuws. Henk van der Meijden meldt het, uiteraard, als eerste op de voorpagina van *De Telegraaf*: 'Jos Brink eind van het jaar weg bij RTL 4.' 'Nog drie jaar het showpakje aantrekken en leuk doen in grote spelprogramma's is niet wat ik ambieer. Vooral omdat ik toch van mening ben dat ik meer in huis heb dan leuk doen en spelletjes presenteren,' laat hij optekenen. In tal van interviews verklaart Jos de reden van zijn vertrek: 'RTL heeft een totaal andere optiek dan TV10 had. Kribbig gezegd: als ze in de broodjes of draadnagels zouden zitten en het zou winst maken, was het ook wel goed. Ik ben er te oud voor,' zegt hij in *Broadcast Magazine*. Directeur Ruud Hendriks is er klaar mee. Per brief sommeert hij Jos zijn kritiek op RTL voortaan voor zich te houden, op straffe van een dwangsom van 50.000 gulden per overtreding. Jos is niet onder de indruk: 'Ik weet niet door wie jullie juridisch zijn geadviseerd. Iedere rechtenstudent die zijn propedeuse nog moet halen, weet dat vrijheid van meningsuiting een grondwettelijk recht is.' In deze stekelige sfeer eindigt Jos' commerciële avontuur.

Nu Jos vrij is, kan hij naar de NCRV, en dat doet hij dan ook. Joop van den Ende begrijpt hem wel: 'Ondanks dat de publieke omroep mij uitgespuugd had, omdat ik naar de commerciele televisie was gegaan, miste ik de omgeving van de publieke omroep heel erg.' Jos maakt zijn eerste programma voor de NCRV nog gewoon in de vertrouwde studio van Van den Ende in Aalsmeer. In *Op zoek* probeert hij mensen te helpen die iets of iemand kwijt zijn. Een gescheiden moeder wil dat haar kinderen hun vader weer zien. Jos zoekt hem op en haalt hem naar de studio. Daar zingen zijn kinderen 'We'll meet again' voor hem. Het lijkt de *Surpriseshow* van Henny Huisman wel. Daarna praat hij met ouders van wie hun kind al vier jaar is vermist. Het lijkt *Opsporing Verzocht* wel. En dat is het probleem van dit programma: het is van alles wat en daarmee eigenlijk niets. 'Ik zat ernaar te kijken thuis en dacht: wat een wonderlijke meneer is dat toch,' zegt Jos er later over.

Na zeven afleveringen stopt *Op zoek*. Maar niet getreurd. Hoofd van de godsdienstige programma's Hannie van Dijk heeft ook iets voor hem bedacht. En daarmee stapt Jos uit z'n comfortzone. Hij verlaat de tv-studio's en gaat op reis. In *Langs heilige huisjes* vertelt Jos de geschiedenis van kerken van over de hele wereld en legt hij uit waarom die kerk nog steeds van belang is. 'Hij vond het meteen geweldig,' weet Van Dijk nog. 'Hij had een hang naar het verleden, naar tradities. Daarnaast sprak hij daar met mensen in wie hij zich herkende, die bezig zijn met de kerk. Waarom doen ze dat nog? En zo was hij zelf ook, in De Duif.'

Het is een kostbaar programma. Jos wordt vergezeld van een cameraman, geluidsman, regisseur, producer, visagist en redacteur. Daarnaast is Hannie erbij als eindredacteur, en ook Frank mag mee. Voor één uitzending zijn ze vijf dagen op pad. Het valt Frank op hoe professioneel Jos is tijdens opnames: 'Hij was heel goed voorbereid. En hij was geduldig. Moest-ie voor de zoveelste keer een opname opnieuw doen omdat de zon net niet scheen of juist wel. Ik had allang gezegd: "Hallo, zoek het uit!"' Om half zes 's ochtends staat Jos te filmen in het Holenklooster in Kiev. Maar hij geeft geen krimp: 'Hij was altijd op tijd. Hij was een vakman,' vindt Hannie. En hoewel er geen glitterpakken, studiolampen en showtrappen meer zijn, blijft hij toch de showman: 'Hij zag er altijd mooi en verzorgd uit. Niks shabby, het moest netjes en mooi. Hij lette heel goed op wat hij uitstraalde. Dat heb ik van hém geleerd, dat het best wat mooier mag zijn.' *Langs heilige huisjes* brengt Jos van Israël tot Italië en van Oekraïne tot de Verenigde Staten. Het programma wordt op de late avond uitgezonden en is dus geen kijkcijfertopper. Maar het wordt door de kijkers hoog gewaardeerd. En de NCRV is er blij mee. 'Ik vond het schitterend,' schrijft hoofd informatieve programma's Hans Sleeuwenhoek Jos na het tweede seizoen: 'De combinatie van jouw rol als verteller/interviewer zorgde voor boeiende programma's. Terecht was de waardering opnieuw hoog. We moeten snel eens praten over verdere samenwerking.' Dit soort bevestiging krijgt Jos graag.

Niet alleen op tv zoekt Jos verdieping. Na het succes met zijn boek *Bouwen met puin* heeft hij de smaak te pakken. In de jaren negentig rolt het ene na het andere theologische werk van hem van de persen. Boeken met gebeden en preken. En een kloek Bijbels dagboek met voor alle 366 dagen christelijke beschouwende gedachten. Ook schrijft Jos negen zelfhulpboekjes. Ziekte, rouw, ouderdom, liefdesverdriet, eenzaamheid, doop, scheiding, dementie en euthanasie: voor alles heeft pastor Brink duidende en troostende woorden. Henk Kemper kan de boeken van zijn vriend en collega-voorganger in De Duif wel waarderen: 'Als voorganger put ik nog regelmatig uit zijn boek met gebeden *Heer, hoor van mij*. En ik ben niet de enige. Ik herken zijn schrijven, dus het valt me meteen op als er weer eens een tekst van Jos wordt gebruikt. Het is goed doordacht en heel toegankelijk geschreven.'

Een boek waar ik zelf wat aan had, was *Eenling is geenling*. Dat gaat over kerk en homoseksualiteit. Het begint met een leerzame geschiedenis van homoseksualiteit in Nederland en Europa. Jos beschrijft de gruwelijke straffen die er in de achttiende eeuw staan op sodomie: 'Ophanging, verdrinking in een ton, verbranding of onthoofding vormden de varianten op eenzelfde gruwelijk lot.' Dat homo's in de Tweede Wereldoorlog een roze driehoek kregen en in concentratiekampen werden opgesloten, was me bekend. Maar dat de antihomoseksuele wetten die in 1933 werden ingevoerd in Duitsland pas in 1969 werden afgeschaft, wist ik niet. Daarna legt Jos duidelijk en op zijn eigen vrijzinnige wijze uit wat er in de Bijbel staat over homoseksualiteit en waar het staat. Naar aanleiding van het boek geeft Jos ook veel interviews waarin hij zijn verhaal uitlegt. Ook ik sprak er met hem over toen ik mijn proefprogramma met hem maakte: 'Als mensen een Statenvertaling blijven lezen als wáár van kaft tot kaft, terwijl het toch maar een willekeurige samenstelling is van een aantal boeken en overgeleverde verhalen die geschreven zijn voor andere mensen in een andere tijd... Alleen datgene dat eruit ontstijgt heeft eeuwigheidswaarde, en een paar uitspraken van de Man van Nazareth. Nou, als ze zich daaraan vast willen blijven houden, dan moeten ze dat voor zichzelf weten. Maar je mag er andere mensen niet mee beschadigen. Want dan ben je heel erg onevangelisch bezig.' In één vloeiende monoloog komt het eruit.

Eindredacteur bij de NCRV Hannie van Dijk, zelf ook vrijzinnig predikant en theoloog, kon *Eenling is geenling* van Jos ook wel waarderen: 'Hij liet hiermee aan heel veel jongeren die worstelden met hun homoseksualiteit zien dat er ook een andere manier was om de Bijbel te lezen. Ik weet nog wel dat jongeren ermee naar hun eigen dominee gingen. En als dat een orthodoxe dominee was, dan was die niet blij. Die werd er heel zenuwachtig van. Doordat een beeldbepalende persoonlijkheid als Jos Brink liet zien dat je ook een andere weg kunt gaan, dachten kinderen: als hij het zegt, dan is het waar.'

In het boek stelt Jos ook de vraag of aids een straf is van God. Dat is, begin jaren negentig, helaas actueel. Het antwoord geeft hij in kapitalen: 'AIDS IS GEEN STRAF VAN GOD. Het is een fundamentele onderschatting en verdraaiing van het moderne standpunt over de aard, het karakter, de natuur van God.' Jos wist als geen ander hoe schrijnend het verdriet was dat aids veroorzaakte. Tussen de brieven die hij bewaard heeft, vond ik die van Dirk. Hij schreef Jos op 2 december 1990, de dag na Wereld Aids Dag. Dirk had een bijeenkomst in De Duif bijgewoond en hij was geraakt door de sprekers. Zijn vriend Arjan was vijf maanden ervoor overleden en de sprekers brachten het lijden, de stervensbegeleiding en het afscheid weer heel dichtbij: 'Toen het moment van stilte was aangebroken om allen die aan aids zijn overleden te gedenken, pakte jij mijn hand. In de stilte die volgde brak mijn verdriet door de zwakke muur van weerstand die ik voor de buitenwereld heb opgetrokken. Na het moment van stilte kwam je naast me zitten, sloeg je arm om me heen en haalde koffie voor me en dat terwijl ik een totaal onbekende voor je ben. Met het overlijden van Arjan verloor ik de inspiratie, levenskracht en harmonie die ik door onze liefde heb mogen ontvangen. Wanneer dit alles je is ontnomen, dan worden warme gebaren van medeleven en vriendschap tot lichtpuntjes in een mistige onbekende wereld waarin je steeds dreigt te verdwalen. Dank je wel Jos, voor het gebaar dat je hebt gemaakt en de troost die je mij op dat moment hebt gegeven.'

Terwijl Jos zoveel liefde aan onbekenden geeft, loopt het thuis met zijn eigen liefde stroef. Hij zocht verdieping en vond zichzelf deels opnieuw uit, maar daarbij was zijn aandacht vaak niet bij zijn relatie met Frank. En dat begint zich te wreken.

Hoofdstuk 13 – Relatiecrisis

Van alle momenten van Jos en Frank samen, is het lied 'Partners' uit de musical *Zzinderella* mijn favoriet. Het is het lied waarmee ze hun 25-jarig jubileum samen vieren:

Frank en Jos en Jos en Frank,
dikke mik en toch nog slank.
Jut en Jul, Tut en To,
hoe dan ook je ziet het zó!

Voor mij als jonge homo, net uit de kast en nog zonder relatie, is dit, zoals ik al in de inleiding schreef, een lichtend voorbeeld. Nu, bijna 25 jaar later, zit ik tegenover Frank en vraag hem wat hij voelde toen hij dat zong. 'Nou ja. Wat denk je zelf?!' Het was ook een beetje een retorische vraag. Want op het moment dat ze zingen: 'Jij en ik is wat ik wou, wat er ook gebeuren zou', is dat niet wat ze denken. Zonder dat de buitenwereld er weet van heeft, zitten Frank en Jos in een relatiecrisis. Die begint als ze in 1992 besluiten om, voor het eerst in twintig jaar, los van elkaar te gaan werken. Hoewel het maar voor één seizoen is, is het toch een uniek moment in hun relatie. Tot dan hadden Jos en Frank altijd samen gespeeld. Privé en ook in hun werk waren ze dus altijd bij elkaar. Want ook bij tv-opnames was Frank er altijd bij, als mental coach. Daar komt nu een einde aan.

Het idee daarvoor komt van Frank. Tijdens *Revue Revue* geeft hij aan het ensemble een les die hij vroeger doceerde op de Kleinkunstacademie: 'En dat was zó leuk dat ik dacht: ik wil met deze mensen een eigen programma maken.' Met Jos spreekt hij af dat die een blijspel gaat doen met Lucie de Lange: *Non Actief*. En Frank maakt een voorstelling met de ensemblespelers van *Revue Revue*: *Musicalman*. Van het blijspel *Non Actief* worden moeiteloos genoeg voorstellingen verkocht. Het is ook een kleine voorstelling, met vijf spelers. Met Franks programma ligt het ingewikkelder. Hij heeft veel meer medewerkers: zij zijn met z'n tienen. Om theaterdirecteuren te overtuigen, speelt hij voor hen een proefprogramma. Hun reactie is niet waar Frank op hoopt: 'Het is wel leuk Frank, maar blijf nou gewoon naast Jos je ding doen. Je moet dat helemaal niet willen, een programma dat om jou heen is gebouwd,' krijgt hij te horen.

Jos kan weer de theaters in, maar *Musicalman* wordt afgeblazen. Dat is voor Frank een enorme domper. In die dagen ervaart hij meer steun van Steven Moonen dan van Jos. Steven zat bij *Revue Revue* in het ensemble en zet Frank aan tot het geven van trainingen aan spelers. Paul maakte het van dichtbij mee: 'Wat je ziet, is dat twee wegen die altijd strak langs elkaar hebben gelopen uit elkaar gaan. Jos bleef in zijn vertrouwde omgeving spelen en Frank ging zijn eigen weg en vond daarin meer gehoor bij Steven dan bij zijn eigen partner.' En dat is voor iemand als Jos heel moeilijk: 'Jos was iemand die keer op keer bevestiging nodig had. Als hij bijvoorbeeld een scène had geschreven, kon je nooit zeggen: die scène is kut. Dan was er paniek in de tent. Je moest altijd zeggen: de scène is goed, maar ik mis nog iets, zou je dat niet kunnen veranderen? Je moest altijd eerst bevestigen dat het goed was. Dus toen hij van zijn eigen partner niet meer die bevestiging kreeg, ontstonden er twee eilanden.'

Jos mist dus de steun van Frank, maar dat geldt andersom ook. Frank merkt dat als net in die tijd zijn moeder naar een verpleeghuis moet omdat ze dementie heeft. 'En dat waren dingen waarbij hij aan Jos geen ene flikker had,' zegt Paul onomwonden. Ik kan dit maar lastig rijmen met de lieve, empathische Jos die ik heb gekend. De brief vol liefde en steun die ik van hem kreeg toen mijn relatie stukliep. Als ik dit met Frank bespreek, zegt hij: 'Jos wist wel hoe het leven in elkaar zit, hoe relaties in elkaar zitten. Hij wist wel wat de diepe zielenroerselen van de mens zijn, voor een ánder. Maar ónze problemen, daar viel niet over te praten.' Paul: 'Jos kon er een boekje over schrijven. Hij kon een zelfhulpboekje aanreiken.' Nu Paul dit zegt, herinner ik me dat Jos over de dementie van zijn schoonmoeder inderdaad een liedje heeft geschreven. Ik zocht hem wel eens op bij zijn middagprogramma bij de NCRV, en daar heeft hij het ook gezongen:

Moeder is een vreemde vrouw geworden.
Gebonden aan een leven zonder doel.
Gebonden met een tuigje aan haar stoel.
Mijn handen die haar net nog hoger sjorden.
Aaien haar wangen en het dunne haar.
En waarom huilt ze nou?
Om dat gebaar?
Misschien ook niet.
Ik sus: het is in orde.
Het is in orde mamma.
Maar dan weer die ogen.
Ze kijkt dwars door je heen.
Naar verre horizonnen.

Het liet hem dus duidelijk niet onberoerd. Maar Jos ging niet mee naar het huis van Franks moeder om dat mee leeg te halen. Paul: 'Dat vond hij ook niet zijn taak. Met een beetje mazzel vroeg hij nog als je thuiskwam hoe het was. Maar als hij het niet vroeg, moest je dat ook gewoon accepteren. Dat was buitengewoon egoïstisch. Daar was-ie slecht in. Punt.'

Frank kan twee dingen doen: vluchten of vechten. Hij kiest voor dat laatste en gaat in therapie. Jos zal niet veranderen. Maar ik kan proberen om mezelf te veranderen, is Franks gedachte. Maar Jos vindt het onzin: 'Hij vond het vreselijk dat ik in therapie ging. "Wat bespreek je daar wat je hier met mij niet kunt bespreken?" vroeg hij me.' Het allereerste dat Frank zijn therapeut vertelt, is het incident uit het begin van hun carrière, met de lampjes die van Jos koste wat het kost uit moesten in Theater Pepijn. Dat zette voor Franks gevoel de toon in hun relatie, zowel zakelijk als privé: vanaf dat moment wist Jos dat hij de baas was. Frank kan voor zijn gevoel niet met Jos discussiëren: 'Hij manipuleerde het gesprek. Hij ging niet in op waar we het over hadden, maar tilde er een woord uit en ging daarop door. En dat ging vervolgens een eigen leven leiden. Hij zette het naar zijn hand. Jos was verbaal ijzersterk, daar kon ik niet tegenop.'

Jos en Frank maken aanvankelijk nooit ruzie, dat vinden ze niet chic. Maar nu gebeurt het wel af en toe. En als ze ruzie hebben, gaat Frank schreeuwen. Uit onmacht, omdat hij niet tegen Jos op kan. Als hij de deur hard heeft dichtgesmeten, blijft Jos volkomen beheerst. 'Dat doen wij hier in huis niet,' is dan zijn koele commentaar. 'Wij smijten hier niet met deuren en er wordt hier niet gevloekt. En we verheffen zéker niet onze stem. Dus wat wil je zeggen?' Frank probeert het dan, gekalmeerd inmiddels, opnieuw. Maar dan pikt Jos er in Franks ogen weer de verkeerde opmerking uit en begint het geruzie opnieuw. Dat Frank zijn problemen met een vreemde vrouw gaat bespreken, die daarvoor gestudeerd heeft en die hem naar de mond zal praten, gaat er bij Jos niet in: 'En wat vertel je die vrouw dan? En wat heeft die toe te voegen?' Frank: 'Maar dat is nou net de crux, je praat thuis niet over wat je bespreekt met je therapeut. Tenzij je samen in therapie gaat. Maar daar was absoluut geen sprake van.'

Ondertussen zit Paul ertussenin. Hij woont letterlijk bij Jos en Frank om de hoek en was voor allebei een uitlaatklep. Hij snapt wel dat Frank de ruimte claimt die hem niet werd gegeven, maar hij begrijpt ook dat Jos zich bedreigd voelt in zijn huwelijksgeluk. 'Ik vond het heel ingewikkeld om te zien dat die twee alleen maar verder uit elkaar dreven,' vertelt hij. 'Het tweede huis in Harfsen werd voor Jos steeds meer een toevluchtsoord, om los te komen van de spanning en vrij en rustig na te kunnen denken. Ze wilden allebei de boel op orde krijgen, alleen de weg ernaartoe was knap ingewikkeld.' Doordat Jos naar Harfsen ging, konden de gemoederen tot bedaren komen: 'We zaten allebei op ons eigen eiland,' blikt Frank terug. 'En we probeerden als we samen waren er wel het beste van te maken, beleefd en zorgvuldig als we zijn, door voor elkaar te zorgen.'

Lucie maakt het verdriet van Jos van heel dichtbij mee. Als ze samen in *Non Actief* spelen, zit hij vaak huilend bij haar in de kleedkamer. Als ik haar vraag waarom Jos en Frank toch bij elkaar zijn gebleven, zegt ze: 'Ze hadden samen een zaak, hè. De een was zonder de ander niks.' Ze deelt een herinnering van haar ouders: 'Die hebben alle twee in het variété gezeten. Als je dan bijvoorbeeld met je vrouw een nummer had, een acrobatennummer of een dansnummer en je ging uit elkaar, dan was niet alleen je huwelijk stuk, maar was je act ook weg. Bij Jos en Frank was het ook zo. Die waren met z'n tweetjes en als die waren gescheiden, had niemand daar meer in geloofd.'

Ze komen overeen hun 25-jarig jubileum te vieren in het theater, met de musical *Zzinderella*. Maar Frank zegt ook tegen Jos dat het best eens zo kan zijn dat hij er daarna mee stopt.

Zzinderella wordt een transformatiemusical waarin, net als eerder bij *Maskerade*, snelle verkleedpartijen indruk maken. Aan de ene kant wordt het sprookje van Assepoester verteld, aan de andere kant een eigentijds verhaal, waarin een knappe jongen in de uitgeverij van zijn boze stiefvader als oud vuil wordt behandeld. De twee verhalen spelen naast elkaar en komen aan het eind uiteraard samen. Een ingenieuze vertelling die door de pers wordt geprezen en door het publiek goed wordt bezocht. Frank is er nu trots op. Maar op het moment dat hij de voorstelling speelt niet: 'De verantwoordelijkheid, de stress, al die ego's in het vak. Ik was er helemaal klaar mee,' zegt Frank. Hij voelt zich ook niet goed, heeft steken in zijn borst. Dat wijt hij aan de spanningen in zijn relatie. Hij ziet het als extra signaal dat hij moet stoppen met spelen, merkt impresario Peter Paul Tobi als hij hem spreekt tijdens een van de laatste uitvoeringen: 'Het was vlak voor aanvang. We stonden al op het toneel en de muziek klonk en hij zei: "O Pé, ik kan niet wachten tot ik hier vanaf ben. En dat ik met mijn eigen ding kan beginnen."' En dat eigen ding is een opleiding voor jong musicaltalent. Jos vindt het vreselijk. Want Frank zegt in feite de helft van zijn huwelijk op. Ze zijn altijd samen, zowel thuis als op het werk. En op het werk gaat zijn man hem verlaten. Hij voelt zich in de steek gelaten.

Het is in deze periode dat ik Frank leer kennen. Op 17 december 1996 sta ik met een geluidsrecordertje op de stoep van het kantoor aan de Reguliersgracht. Dat is precies een maand voordat Frank het bericht krijgt dat zijn leven op zijn kop zet. Van alles wat ik hierboven heb beschreven, heb ik op dat moment geen weet. Want op vrienden en directe collega's na, weet niemand van de relatieproblemen. Maar onder die vrienden zitten twee showjournalisten: Albert Verlinde en Evert Santegoeds: 'Je merkte dat ze elkaar ontliepen,' herinnert Evert zich. 'Maar we hebben het er niet veel over gehad. En het stond ook niet op het punt van uit elkaar gaan. Dat kon ook helemaal niet. "We hebben een voorbeeldfunctie, wij kunnen niet scheiden," zei Jos altijd. Dus daar was ook geen sprake van.' Albert werkt in die tijd als showjournalist bij de tv. Hij is op de hoogte, maar meldt er niets over: 'Als het in de *Wedden dat...?*-periode was gebeurd, was het een ander verhaal geweest. Maar Jos' carrière was toen al minder, in die NCRV-tijd. Ik ben blij dat we het nooit gebracht hebben. Want én die carrière was al minder, en dan ook nog zoiets. Dan wordt het wel triest.' Ook Evert houdt het stil. Vanwege zijn band met Jos of omdat hij het journalistiek niet interessant vond? 'Ik denk dat laatste. Ik was het ook niet echt op het spoor, dat daar iets aan de hand was. Je schrijft er pas over als mensen uit elkaar gaan, en de huwelijkscrisis was niet zo groot dat ik dacht: dit moet Nederland weten.' Misschien wist Evert ook niet hoe ernstig de situatie was? 'Ik weet nu ook meer. Ik heb Frank pas beter leren kennen toen Jos doodging. Ik zat echt in kamp Jos. En als je met Jos omging, leek het of je niet met Frank om mocht gaan. Want die had zijn eigen mensen om zich heen.'

Wel vertelt Jos in een interview aan *Privé* dat de zaken met Frank niet helemaal lekker gaan. Dat komt volgens hem door een midlifecrisis: 'De treurigheid heeft hem nu overvallen. Ik merk het aan alles. Belangrijk is dat je een partner hebt en dat je er voor elkaar bent. Frank is er al die tijd voor mij geweest en nu ben ik er voor Frank.' Maar van eventuele spanningen onderling geen woord: 'Je moet natuurlijk wel interessant voor elkaar blijven. Wat ik bij Frank heb, kan ik bij een ander niet vinden en omgekeerd.'

In mijn interview met Frank praten we natuurlijk eerst over *Zzinderella*. Daarna vraag ik hem naar zijn plannen voor de musicalschool. Uit zijn antwoord spreekt de vastberadenheid over zijn besluit. Enthousiast vertelt hij over zijn ambitie om via zijn opleiding een bijdrage te leveren aan de ontwikkeling van oorspronkelijke, Nederlandse musicals. Dan vertelt hij over het gemis van een sociaal leven, doordat hij altijd maar moest spelen. Als ik opmerk dat hij toch een sociaal leven heeft doordat hij altijd met zijn eigen partner naar het theater reist, zegt hij: 'Ja, maar er zijn in je omgeving meer mensen dan je eigen partner.'

'Uiteraard. Maar denk je dat Jos zonder jou kan?'

'Hij heeft het één jaar gedaan, met *Non Actief*.'

'Dat vond hij toch niet zo leuk?'

'Nee, dat vond-ie niet leuk. Maar ja, ik zou wat anders gaan doen. Dat was even wennen. Maar dat kan-ie best, tuurlijk. Het zou een kwalijke zaak zijn als-ie niet meer zou kunnen spelen omdat ik er niet meer ben. Dat zou niet goed zijn.'

'Maar jullie carrières lopen zo parallel aan elkaar. Dan is dit toch een soort van scheiding? Artistiek gezien?'

'Ja. Indirect wel. Achter de schermen niet, want creatief blijven we natuurlijk erg aan elkaar verbonden. Maar ik geloof ook, los van mezelf, dat het voor Jos nieuwe impulsen geeft als ik er niet ben. Dat-ie zich misschien juist wel vrijer voelt. Het lijkt nu, door dat vaste patroon, door die beschermde omgeving omdat ik er altijd maar bij ben, dat hij dan optimaal functioneert. En dat kan wel eens helemaal niet waar blijken te zijn.'

Ondanks de crisis waar hij met zijn man op dat moment in zat, kon hij toen al wel het perspectief zien dat voor hen lag. Het was dit gesprek dat Frank met Jos besprak, waardoor Jos me een paar dagen later enthousiast aanspreekt in de kleedkamer van theater Markant in Uden. Daar zouden ze, zonder het op dat moment te weten, een van hun laatste voorstellingen samen spelen.

Frank voelt zich nog steeds niet goed. Voor de steken op zijn borst kreeg hij eerder pilletjes voor spierontsteking en die gaven wat verlichting, even. Maar de klachten worden heviger. Liggend slapen lukt niet meer, de pijn in zijn hals, keel en rug is vooral 's nachts vreselijk: 'Ik voelde het echt groeien. Het krauwde vanbinnen, als een kreeft.' In januari 1997 laat Frank zich onderzoeken in het ziekenhuis. Op de dag dat de uitslag bekend wordt, krijgt Paul woorden met Jos als hij vraagt of-ie meegaat. 'Nee, ik ga niet mee, waarom zou ik?' krijgt Paul te horen: 'Ik zei: Jos dat kun je niet maken! Maar hij was echt niet van plan om daar mee naartoe te gaan: "Dan moet ik daar zitten om een uitslag te horen?" Ja, om Frank op te vangen! Het is de enige keer geweest dat we echt bonje hadden. Ik zei dat het idioot was dat hij niet meeging. En daardoor is hij uiteindelijk toch gegaan. En de uitslag was slechter dan we konden denken. Dat was een van de weinige keren dat hij me bedankt heeft omdat ik hem van gedachten liet veranderen.'

Frank heeft longkanker en de vooruitzichten zijn slecht. Hij zou nog een half tot hooguit vijf jaar te leven hebben. Van *Zzinderella* moesten nog acht voorstellingen worden gespeeld, maar de productie wordt meteen stilgelegd. Op donderdag 16 januari 1997 hebben Jos en Frank in Baarn voor het laatst samen op het toneel gestaan. Jos is somber. Ik zie hem nog voor me staan in die donkere tijden: 'Frank gaat dood,' zei hij, en hij wist het zeker. Maar Frank is optimistisch: 'Dit gaan we niet doen, dit was niet de afspraak. Het is niet de bedoeling dat ik op mijn vijftigste de pijp uit ga,' houdt hij zichzelf voor.

Jos zegt de eerste week waarin Frank in het ziekenhuis ligt, en ook de eerste week waarin hij weer thuis is, de opnames af van *Een goeiedag met Jos*, zijn middagshow bij de NCRV. Dat is voor hem een unicum. Maar als Frank naar het ziekenhuis moet voor behandelingen, vergezellen Simone Kleinsma en Bas Groenenberg hem. De relatiecrisis is nog niet voorbij. Het gaat tussen Jos en Frank nog steeds moeizaam: 'Met een ziekte als kanker groei je sowieso uit elkaar,' legt Frank uit. Hun gesprekken gaan over de dagelijkse dingen: de voorstellingen, het vak, het nieuws. Over Franks ziekte praten ze niet, ze houden het leuk. Frank houdt zijn ellende voor zichzelf, wil Jos er niet mee lastigvallen. Als Jos 's nachts naar bed komt, spoelt hij Franks infuus door.

Als de behandelingen achter de rug zijn en de tumor is verdwenen, rijden Jos en Frank op 20 december 1997 op hun vrije zaterdagavond naar Uden om daar met mij het proefprogramma op te nemen. Frank ziet er aangeslagen uit, maar ook vastberaden om beter te worden. In het interview vraag ik Jos hoe ze de afgelopen tijd hebben doorgebracht. Hij deed overdag zijn middagprogramma. Wat deden ze 's avonds? Jos vertelt me dat Frank al heel vroeg naar bed ging, rond een uur of negen, na het eten: 'Hoewel, ik geloof niet dat hij at, in die tijd. Dat moest wel, maar het kwam er even hard weer uit. Ik weet het niet, ik weet niet hoe we geleefd hebben. Het is geblokkeerd of het is weg.' Je wilt het vergeten, werp ik op. 'Ja, ik denk het. Ik weet dat het een klotetijd was. Verleden week zei ik tegen Frank: "Dit was dus een rampjaar en dat wordt nu afgesloten." Maar Frank bestreed dat, die zei dat het helemaal geen rampjaar was. En een dag later dacht ik: je hebt gelijk. Want als het écht een rampjaar was geweest, had ik hier misschien wel gezeten, maar in de wetenschap dat ik alleen was. En dat is dus niet het geval.'

Langzaam maar zeker herstelt Frank van de 'doodklap', zoals Jos het noemt. Als ze samen in Harfsen zijn, maakt Jos puree met een stukje vis voor hem klaar. 'Dat heb ik op zitten smikkelen en vond ik heel lekker,' herinnert Frank zich. 'Vanaf dat moment ging het steeds beter. Binnen drie maanden was eigenlijk alles weer oké, dat ging best snel allemaal.' Zijn goede conditie heeft geholpen bij zijn snelle herstel. Maar volgens Jos heeft ook Franks positieve levenshouding geholpen. Dat had bij hemzelf, met zijn sombere blik, best eens heel anders kunnen aflopen. Die houding spreekt ook uit Jos' antwoord op mijn vervolgvraag hoe het nu gaat, of het allemaal voorbij is.

'Niets is ooit voorbij. Frank en ik zijn met de auto hiernaartoe gekomen. Je weet niet wat er gebeurt op de terugweg. Niet dat ik bij alles denk: ik kan over vijf minuten wel dood neervallen. Maar je leert wel door dit soort grote dreunen, want die hebben we nog niet eerder meegemaakt, dat mensen eindig zijn.'

Jos houdt me de spiegel voor. Hij zegt: 'Ik ben 55 nu. Jij hebt redelijkerwijs méér voor je dan ik.' Dan vastberaden: 'Dat mag niet worden verpest. Ik wil het leuk hebben. Ik wil het ábsoluut léúk hebben. En als ik het niet leuk vind, dan doe ik het toch niet?'

Jos' levensmotto is: 'Alles is winst.' In de jaren die volgen, merkt Jos dat zijn man tóch niet doodgaat, maar als door een wonder blijft leven, zelfs genezen wordt verklaard. Misschien heeft Jos daardoor geleerd zijn zegeningen te tellen? Zijn man was weliswaar in het theater niet meer bij hem, maar hij wás er tenminste nog. Zou Jos deze les hebben getrokken uit Franks ziekte en zo hebben geleerd de keuze van zijn man te accepteren? 'Dat zou best eens kunnen,' denkt Frank. 'Ja Tom, ik denk dat je gelijk hebt. Ik heb er nooit zo naar gekeken, maar inderdaad.'

In de jaren na Franks ziekte blijft Jos spelen, uiteraard. In zijn nieuwe voorstelling *Sassafras* speelt hij een oplichter die doet of hij helderziend is. Frank is er niet bij en, voor het eerst in twintig jaar, ook Lucie niet. Maar gelukkig is Paul er wel, en Jos' goede vriendin Mary Michon speelt ook mee. Langzaam maar zeker vindt Jos een nieuwe balans in zijn leven.

Hoofdstuk 14 – De verzoening

In de periode waarin zijn man herstelt van kanker, rekent Jos af met demonen uit zijn verleden. In januari 1998 is hij te gast in *De show van je leven* van Astrid Joosten. Een groot showprogramma dat op primetime op zaterdagavond wordt uitgezonden. Eindelijk kan Jos weer eens de showtrap af. 'Heb je het gemist?' vraagt Astrid hem. Nou en of: 'Ik vind dit heerlijk. Aard van het beestje.' Ze praten over de hoogtijdagen van *Wedden dat...?* Toen er veertien miljoen mensen naar keken, doordat er ook veel Vlamingen en Duitsers meekeken. 'Heb je nooit de behoefte gehad om ook alle Duitsers in je hartje te sluiten?' wil Astrid weten. 'Nou, er zijn heel veel Duitsers, hè,' zegt Jos afgemeten. 'En zo'n groot hart heb ik nou ook weer niet.' Jos vertelt over zijn probleem met Duitsers en de oorsprong ervan: het oorlogsverleden van zijn ouders. En hoe vervelend hij zijn vooroordelen vindt: 'Ik weet dat ik daar fout zit. Ik moet daar eens mee ophouden.' Vast onderdeel van het programma is 'De doos van het dilemma'. In die doos spreekt Jos rabbijn David Lilienthal van de Liberaal Joodse Gemeente in Amsterdam. Lilienthal vertelt wat hem en zijn familie in de oorlog is overkomen en dat hij ook worstelt met anti-Duitse gevoelens. Dan vraagt hij Jos of hij wil preken in een Duitse kerk. 'Als ik nee zou zeggen, denk ik niet dat ik ooit nog op een kansel moet gaan staan,' antwoordt Jos. En dan: 'De Joden zeggen dat je de wereld te leen hebt van je kinderen. Vanuit die optiek zeg ik ja op jouw vraag.'

Op 3 mei 1998, de dag voor Dodenherdenking, komt Jos voor het eerst in twintig jaar weer in Duitsland, in Munster. In zijn preek vertelt hij dat hij in de bezettingsjaren is geboren en opgroeide in een land dat met grote moeite weer werd opgebouwd. Jos is bang dat het nog eens gebeurt. In zorgvuldige bewoordingen deelt hij zijn zorgen voor de toekomst met zijn Duitse toehoorders: 'Bij ons hoor je steeds vaker, en dat zal hier zeker niet anders zijn: laten we er eindelijk eens een streep onder zetten. Laat ons die verschrikkelijke oorlog in godsnaam eindelijk vergeten. Kinderen hebben geen schuld aan fouten uit het verleden. Maar als we vergeten, blijven gevaren van bepaalde ideologieën voor ons verborgen. Daarin zit het geheim van verlossing: niet vergeten.' Jos spreekt, ook in Duitsland, van liefde en niet van haat: 'Haat, argwaan, wraak: deze woorden vindt men ook in de Bijbel. Maar de Bijbel zet er iets tegenover. Ik geef u een nieuw gebod: hebt elkander lief. Morgenavond om acht uur hebben wij in Nederland twee minuten stilte. Dan zal ik aan het nieuwe gebod denken. Pas daarna zal ik de bevrijding waarachtig kunnen vieren.' Aansluitend gaat Jos met kerkgangers in gesprek. Deze confrontatie met de inwoners van een land dat zijn familie zoveel leed heeft aangedaan en zijn leven voor een deel heeft bepaald, geeft Jos nieuwe inzichten. Een paar jaar later blikt hij erop terug: 'Het is heel goed voor me geweest. Het heeft me absoluut veranderd. Je kunt een heel volk niet blijven nadragen wat een paar gekken ooit bedacht hebben.'

In *De show van je leven* vertelt Jos ook nog over zijn overgang van RTL naar de NCRV. Over de verdieping waar hij naar verlangt en het evenwicht dat hij daar vindt: 'Niet alleen maar gesnaterbek en gegiebel.' Zijn eerste programma *Op zoek* kwam niet uit de verf. De opvolger is *Zondagskinderen*. Daarin zet hij mensen in het zonnetje die zich belangeloos inzetten voor hun naasten. Het doet het aardig, maar het is het laatste programma dat Jos in Aalsmeer maakt. 'Jos is altijd zelfstandig geweest. Hij nam de regie van tv-werk weer in eigen handen en de NCRV wilde dat ook, ik had daar volledig begrip voor,' zegt Joop van den Ende erover. Maar volgens Albert Verlinde speelde er meer: 'Jos vond het héél moeilijk dat Joop hem nooit voor een van zijn grote musicals heeft gevraagd.'

Van den Ende is als musicalproducent een concurrent van Jos en Frank. Zij maakten oorspronkelijke voorstellingen, Van den Ende kocht aanvankelijk succesmusicals in het buitenland aan. Verlinde: 'Jos vond het moeilijk dat hij niet voor *Barnum* werd gevraagd. Dat vond ik ook een blunder eersteklas van Joop.' Voor *Barnum*, over de legendarische circusdirecteur, was Jos volgens Verlinde geknipt. 'Daarna is Joop met *My Fair Lady* bezig geweest en dat heeft Jos héél erg gevonden, dat hij daar niet voor gevraagd werd.' Hier heb ik inderdaad over gelezen. Aan *Privé* heeft Jos in 1994 verteld dat Van den Ende hem beloofd heeft dat áls hij de musical ooit zou uitbrengen, Jos de rol van professor Higgins zou krijgen. In de jaren zestig zag Jos zijn grote held Wim Sonneveld als Higgins, het is zijn droomrol. Maar Van den Ende kiest voor Paul van Vliet. Jos is verdrietig en teleurgesteld: 'Ik had dit echt niet verwacht. Mijn kans is nu verkeken. Het zal na deze versie jaren duren voordat *My Fair Lady* misschien nog eens wordt opgevoerd, en tegen die tijd ben ik te oud voor de rol.' Van den Ende herinnert het zich anders. Volgens hem heeft Jos zijn wens om Higgins te spelen nooit naar hem persoonlijk geuit. Hij wilde het zélf produceren. 'Maar de rechten waren op dat moment bij mij, en mijn plannen waren anders. Maar het was wel leuk geweest als het was gebeurd. Jos zou zeker een mooie Higgins neergezet hebben.' Terwijl Paul van Vliet Jos' droomrol speelt, heeft Jos zijn laatste opnames in Aalsmeer.

Misschien vindt Jos zijn balans wel het beste in een liveprogramma waarin vrolijkheid en verdiepende momenten elkaar afwisselen. Als invaller presenteert hij in 1996 af en toe een middagprogramma. Het bevalt zo goed, dat hij zijn eigen dagelijkse middagshow krijgt: *Jos op 1*. Door het vaste openingsritueel zit je er meteen lekker in. Terwijl het studiopubliek, overwegend bestaand uit senioren, enthousiast klapt, komt Jos op zijn lederen zolen over de parketvloer aangeschoven en roept enthousiast: 'Harrrtelijk maandag!' of welke dag het ook is. Wat volgt, is een mix van servicerubrieken ('Patricia Schutte van het Voedingscentrum: waarom is knoflook zo voedzaam?'), actualiteit ('Het is de natste maand ooit. Weervrouw Helga van Leur, wanneer wordt het weer droog?'), gesprekken met bekende Nederlanders en muzikale optredens. Elke werkdag van vier tot vijf, live vanuit de NCRV-studio. Het programma is voor Jos, in de tijd dat Frank ziek is, een prettige afleiding. Hij kan het met zijn enorme presentatie-ervaring, scherpe geheugen en grote algemene kennis zonder veel moeite presenteren. Maar na drie jaar vinden Jos en de NCRV het wel genoeg. Het is een duur programma en zo groot zijn de kijkersaantallen 's middags niet. Omdat er niet meteen een nieuw programma voor hem klaarligt, is het afscheid van *Jos op 1* ook meteen Jos' afscheid van de televisie. Vanaf 29 maart 1999 is hij jarenlang alleen nog maar incidenteel op tv.

In het theater gaat Jos natuurlijk wel door. Na *Sassafras* komt hij terug met de cabaretvoorstelling *Over en weer*. Hij omringt zich met dierbaren: Lucie de Lange en Paul van Ewijk natuurlijk, en Henk Bokkinga zit achter de piano. Jos brengt dat waarvoor hij ooit de Genesiuspenning van Wim Sonneveld kreeg en waarbij hij zich goed voelt: een avondje zinnig en elegant amusement. Jos doet conferences, haalt het lied 'Nederlander zijn' uit de mottenballen, dat hij in een eerdere Tekstpierementvoorstelling al zong, en hij speelt met verpleegster Lucie en verslaggever Paul een scène waarin hij als een hoogbejaarde versie van zichzelf wordt geïnterviewd. Kortom: het is ouderwets gezellig. De recensies zijn ouderwets negatief. Henk van Gelder van NRC *Handelsblad* ruikt de muffe geur van vroeger als hij de voorstelling ziet. Patrick van den Hanenberg van *de Volkskrant* vindt dat Jos 'nog steeds dezelfde lauwe Tekstpierement-ongein produceert die in de jaren zeventig al hopeloos gedateerd was'. En *Trouw* oordeelt: 'Wat een triestheid.' De laatste voorstelling is op 6 mei 2000. Lucie houdt het bij het slotlied dat ze close harmony zingen niet droog. Alsof ze op dat moment voorzag dat het afscheid van Jos definitief zou zijn. Even later belandt ze in een depressie en is ze voor lange tijd uit de running. Ze zal nooit meer samen met Jos op het toneel staan.

'Over en uit' waren de laatste woorden in *Over en weer*, en dat geldt voorlopig ook even voor Jos. Geen televisie, geen theater, geen boeken: helemaal niets. Natuurlijk komt er wel een nieuwe voorstelling aan. Jos zal in het najaar van 2001 in de huid kruipen van zijn grote held Wim Sonneveld. Maar in tegenstelling tot al zijn eerdere voorstellingen, schrijft hij dit keer niet zelf. Hij laat het over aan Lars Boom. 'Jos was vól van hem,' herinnert Peter Paul Tobi zich: 'Jos was onder de indruk van een amateurproductie die Boom had geschreven over Johnny Jordaan.' Hiermee breekt een unieke periode aan in Jos' leven. Een periode van rust in het leven van de grootste workaholic die ik ooit heb meegemaakt. Wat doet dit met hem? Hij vertelt het me op 16 januari 2001 in een uitgebreide brief:

Dat sabbatical jaar van mij is wel aardig, maar af en toe knap kut. Het is dat ik weet dat we in juli gaan repeteren. Dat pensioengevoel is dus niks. Ik heb het druk met niks, ben tamelijk veel in Gelderland op het buiten, schilder me scheel, maar heb ook veel tijd om na te denken en daar ga ik van somberen. Als je elke avond speelt is er toch meer structuur in het bestaan. Ik ben een junk, dat zal het wezen. Komt er nog bij dat ik Sonneveld niet zelf schrijf, zoals je weet, dus ik zit maar af te wachten en m'n bek te houden. Het gaat goed hoor, maar het gaat me ook te veel langs me heen in deze fase. Ik ben een raar aardappeltje, vind ik zelf, een ander zou staan te juichen. Het enige dat ik kan doen om me voor te bereiden op m'n rol is afvallen. Dat was wel nodig, ik leek wel een beddenkussen. Ben nu bijna op mijn eeuwige gewicht van gratenzak. Gewoon de fles laten staan en de kilo's vliegen eraf, hoewel het erg saai is, die methode.

Zijn man ziet Jos in die dagen weinig: 'Frank gaat als een speer op school. Ook zo wat: hij is 's morgens op een burgermansuur de deur uit en komt er om zeven uur weer in,' schrijft hij erover. 'Wat hij jou schrijft, dat heeft hij mij nooit verteld,' reageert Frank. 'Dat hij ging somberen van zijn vrije tijd? Welnee jongen, daar wist ik niks van.' Verderop in de brief vertelt Jos nog dat hij zo graag eens met Frank een paar weken naar New York zou willen, maar dat dat niet gaat. 'Ik kan wel met Paul gaan, bijvoorbeeld, erg gezellig zal dat zijn, maar met m'n eigen kerel is toch anders. Is het niet aandoenlijk, na bijna dertig jaar?' Persoonlijke gevoelens die Jos met mij deelt, maar die hij zo niet uitsprak naar Frank: 'Alles wat Jos voelt en dacht en denkt, dat staat op papier. In een brief aan jou, aan Paul of aan Evert. Stukjes, columns. Maar niet verbáál. Over zulke particuliere gevoelens sprak hij niet, daar ben ik nu na zoveel jaar wel achter. Hij was daarin heel gesloten. Als er iets was, zei hij: lees m'n boekje maar. Maar dat geldt voor bijna alle schrijvers. Van Reve tot Carmiggelt tot Mulisch. Die mensen zetten hun innerlijke huishouden op papier. Dat is hun uitlaatklep.'

Het is onverwacht snel gedaan met de rust. Want het script van Lars Boom wordt niet wat Jos ervan hoopte. Peter Paul: 'Wij zeiden: ga het in gódsnaam zelf schrijven. Want hij was er doodongelukkig mee.' Jos en Frank gaan eten met Friso Wiegersma, de weduwnaar van Sonneveld, en zijn partner Hans van der Woude, om te vertellen wat de plannen zijn. De contacten lopen vlotjes, want Van der Woude speelde samen met Frans Mulder in cabaretgroep Purper en Mulder gaat een rol spelen in de musical: hij wordt Huub Janssen, de ándere weduwnaar van Sonneveld. Deze ménage à trois was tijdens Sonnevelds leven verborgen, maar is inmiddels al vaak besproken en zal in de voorstelling ook uitgebreid aan bod komen. 'Tijdens het etentje hebben we verteld welke liedjes in de voorstelling komen en wat de leidraad wordt. En daar was Friso heel enthousiast over,' herinnert Frank zich.

Toch dreigt het mis te gaan. Vlak voor de première tekenen tekstschrijver Michel van der Plas en de erven van Huub Janssen, Annie M.G. Schmidt en Harry Bannink protest aan tegen de uitvoering van een aantal liedjes. Peter Paul: 'Ze vonden het schándelijk dat Jos Wim Sonneveld ging spelen. Het was heiligschennis. En ze zaten elkaar allemaal op te stoken. Er ontstond een heel nare sfeer, en dat kwam allemaal naar buiten.' Jos trok het zich enorm aan, weet Frank: 'Hij was heel bezorgd. Vloekend en tierend liep hij door het huis.' Peter Paul: 'Toen hebben we een heel leuke advocaat op het gebied van auteursrecht gevonden. En die heeft snel helderheid gebracht. Hij heeft gezegd: zó gaan we het doen, dat opgestuurd naar die erven en klaar. Het is ook nooit voor de rechter geweest.'

De musical *Sonneveld – Haal het doek maar op* gaat door. Nu ik opnames van Jos uit zijn begintijd ken en heb gehoord hoe hij de maniertjes van Sonneveld toen overnam, vind ik het bij het terugzien van deze voorstelling des te knapper hoe hij zijn held hier speelt. Hij neemt wel kenmerkende trekken van hem over, maar hij is geen imitatie en al helemaal geen karikatuur. Dat heeft hij vakkundig afgeschud. Het is Jos' interpretatie van Sonneveld. En nu valt me op hoe sterk de parallellen zijn tussen de Wim Sonneveld die Jos speelt en hemzelf. 'Hij bemoeide zich met alles,' laat Jos een van de spelers zeggen: 'Het liefst was Wim met ons allemaal getrouwd. En zo gingen we ook op tournee. Met Wim als pater familias. Ha! We wáren gewoon van hem.' Je kunt het zo plakken op de verhalen die ik hoorde van bijvoorbeeld Lucie de Lange of Bas Groenenberg. Verderop in de voorstelling gaat het over het 'leugentje om bestwil' van Sonneveld nadat hij een wijngaard had gekocht in Frankrijk. Al na een week lag er Sonneveld-wijn in de Bijenkorf. Zijn Sonneveld zegt: 'Albert Mol belde. Annie M.G. schijnt in *De Gelderlander* gezegd te hebben dat ik een pathologische leugenaar ben.' Zijn vriend Huub antwoordt: 'Jij maakt je eigen waarheid, laten we het zo stellen.' De streken van zijn held kwamen Jos zeer bekend voor; wellicht is hij erdoor geïnspireerd.

De vrolijke energie die Jos en zijn collega's in het oeuvre van Sonneveld stoppen, is aanstekelijk. Jos' brutaliteit en flair komen hier perfect tot z'n recht. Ik heb de voorstelling indertijd twee keer in het theater gezien en ervan genoten. Des te verbazingwekkender vind ik het de recensies uit de grote kranten van toen terug te lezen. Het *AD* vindt dat de musical rammelt, *Trouw* noemt het 'los zand', *De Telegraaf* 'flets' en *de Volkskrant* kwalificeert het als een Jos Brink-show zonder diepgang. 'Kinnesinne,' zegt Remkoline Tobi erover. 'Het werd hem niet gegund dat hij het zo goed deed.' Jos zelf tilde er niet zwaar aan. Hij genoot van het spelen, zie ik als ik onze correspondentie van toen erbij pak: 'Altijd vol, altijd bravogeroep en we hebben al 25.000 dankbare klanten in de winkel gehad. Ben er echt blij mee.' Jos sloot de tournee van *Sonneveld* af in Carré: 'Op hun verzoek overigens,' voegde hij er fijntjes aan toe.

Na tweehonderd voorstellingen vindt Jos het mooi geweest: 'Op mijn leeftijd moet je doseren,' schrijft hij. 'Ik ga een Engels blijspel doen.' Dat is *Het Hemelbed*, een musicalbewerking van het beroemde toneelstuk van Jan de Hartog. Het is een stuk over het vijftigjarige huwelijk van een man en een vrouw, met Jos en Liesbeth List in de hoofdrollen. Voor het eerst werkt Jos voor een producent, en dat is een goede bekende: Albert Verlinde. Die is in 1998 een eigen theaterbedrijf gestart. Hij maakte naam met zijn musical over Édith Piaf, met Liesbeth List in de hoofdrol. Albert is een kleine speler op de musicalmarkt, die zich achteraf wel eens afvroeg waarom Jos voor hem koos: 'Ik denk omdat hij een familieman was. Hij zag mij als familie.' *Het Hemelbed* is een succes: 'Uitverkochte bak, overal vol. Terwijl het helemaal niet zo goed was,' zegt Albert. Recensenten noemen het gedateerd, tam en tuttig. Liesbeth List had moeite haar teksten te onthouden. Verlinde: 'Ik heb Jos toen leren kennen als een solidaire en inlevende man. Zowel naar mij als producent als naar Liesbeth. Hij werkte zich de blubber. Terwijl hij echt niet de sterren van de hemel verdiende, dat kon ik helemaal niet betalen.'

Na het blijspel komt weer een musical: *Hello Dolly*, samen met Willeke Alberti. Ook geen hoogtepunt: 'Dat deed Jos om mij te helpen,' legt Albert uit. 'Het was boven mijn macht. Ik had nog nooit zo'n soort klassieke Broadwaymusical gemaakt.' Jos weet dat, maar hij helpt zijn vriend omdat hij weet dat er iets moois aan zit te komen: een musical over Jacques van Tol. De voorstelling wordt geschreven door Dick van den Heuvel en Koen van Dijk, die zijn opleiding kreeg van Jos en Frank. Koen had de biografie *De spookschrijver* gelezen, van Henk van Gelder. Jacques van Tol was de meest succesvolle, maar ook de meest omstreden Nederlandse liedjesschrijver ooit. Voor de oorlog schreef hij de hits van de Joodse entertainer Louis Davids. Maar in de oorlog was hij verantwoordelijk voor het foute Paulus de Ruiter-cabaret, dat iedere zondagmiddag op de radio was te horen. Het charmante liedje 'De kleine man, met z'n confectiepakkie an', dat hij schreef voor Davids, werkte hij om naar het antisemitische 'De Jodenman, de uitgekookte, gaar gestookte, vette Jodenman'. Koen had in zijn opleiding al eens een werkstuk over Louis Davids gemaakt en was gefascineerd geraakt door het fenomeen Van Tol: 'Het is een krankzinnig verhaal dat iemand iets als "De Jodenman" kan schrijven en tegelijkertijd een van de belangrijkste liedjes voor het verzet kan maken.' Want Van Tol schreef ook 'Als op het Leidseplein de lichtjes weer eens branden gaan', een lied dat hoop gaf in donkere dagen. En hij had onderduikers in huis. Doordat Jos in deze musical de hoofdrol krijgt, komt er voor Koen veel samen: 'Allereerst Jos' belangstelling voor de Tweede Wereldoorlog. En ik vond het mooi dat zowel Albert als ik zoveel van Jos en Frank hebben geleerd. Doordat wij zo in een heel andere rol met Jos konden werken, maakte dat de cirkel rond.' Ook voor Albert heeft *Als op het Leidseplein...* een extra lading: 'Ik heb nog nooit een première meegemaakt waarop ik zo stond te trillen. Omdat het zó mooi was. Het was een finale van wat we samen hadden gedaan. Dat ik nu producent was van iets waarin hij zo kon schitteren, dat heeft hem en mij ongelofelijk geraakt.'

Recensenten schrijven positief over *Als op het Leidseplein...* en Jos krijgt voor zijn vertolking van Jacques van Tol een Musical Award voor Beste Mannelijke Hoofdrol in een kleine musical. Vooral het einde van de voorstelling vind ik ontroerend, ook in de wetenschap dat dit het laatste lied is dat Jos in een musical zingt. Het speelt zich af op de sterfdag van Van Tol. Hij wordt gedwongen verantwoording af te leggen voor zijn handelen en ontwijkt dat anderhalf uur lang. Totdat hij zegt: 'Soms is fout zo fout dat je niet de illusie moet hebben dat je het ooit weer goed kunt maken.' Zijn geweten, gespeeld door Trudy Labij, daagt hem uit eindelijk eens iets van zichzelf te schrijven. Dan staat Jos geëmotioneerd alleen op het toneel: 'Was mijn leven een tekst, ik schrapte de helft. Maar mijn leven is geen tekst. Hier sta ik, ik kan niet anders. Ik ben die ik ben.' Dan zingt hij 'Haal het doek maar op', de hit die Van Tol schreef voor Wim Sonneveld. Jos begint klein, parlando, en bouwt zorgvuldig op naar een gepassioneerd gezongen einde:

Oh ik weet wel dat het allemaal illusie is.
But there's no business like showbusiness.
En of je nou jongleert, of serieus acteert.
Een liedje staat te zingen of een olifant dresseert.
Je kunt er toch niet buiten en al is het dan maar schijn.
Ik zou nooit, nooit, nooit, nee nooit, nooit, iets anders willen zijn!

De jongen die in 1966 zijn pathetische, onbegrepen ode aan het theater bracht heeft het ver geschopt. Mary Michon sprak op Jos' uitvaart over zijn fascinatie voor de Tweede Wereldoorlog en zijn zoektocht naar goed en kwaad. Volgens haar sloot Jos die zoektocht af met deze prachtige rol. 'Je was zo mooi, zo eenzaam, zo ingetogen, zo bescheiden, zo kwetsbaar op dat toneel. Je zocht naar de emoties van die man. En ik dacht: ja, jij herkent daar zelf wat in, iets van jouw strijd.' Over zijn zoektocht zei Mary ook nog: 'Je geloofde toch altijd weer dat het goed zou komen tussen mensen.' Dat is ook gebeurd tussen Jos en Frank. Frank was oprecht trots op Jos toen die Jacques van Tol speelde: 'Hij was écht heel goed. Helemaal verstild, naar binnen gericht.' En Jos was trots op Frank toen zijn eerste leerlingen bij hun afstuderen lieten zien wat ze konden. 'Hij zag ook dat het mij gelukkig maakte. We hadden een goede balans gevonden tussen ieder je eigen ding doen, met eigen verantwoordelijkheden, en dingen samen doen.'

Ook hierin is Jos van ver gekomen, weet Paul: 'Jos heeft geleerd zijn partner meer ruimte te geven. En dat is voor iemand met zijn karakter echt heel ingewikkeld. Hij moest leren dat verstikkende beeld van Jos en Frank altijd samen wat uit elkaar te halen.' Jos ontdekte verder dat die nieuwe werkelijkheid positieve kanten heeft: 'Hij merkte dat het best leuk was om 's avonds thuis te komen en Frank verhalen te vertellen over de voorstelling die hij had gespeeld. En om van Frank verhalen te horen over zijn school.' Jos leerde om alleen te zijn. Paul: 'En hij vond dat ook prettig. Het was geen enkel punt om een week alleen in Harfsen te zitten. Er kwam berusting. Hij was voorbij het succes in zijn carrière.' Dat komt goed uit, want hoe positief iedereen ook is over *Als op het Leidseplein...*, het publiek blijft weg. Albert: 'Het is maar tachtig keer gespeeld. Maar Jos zei: "Ik wil dit gewoon doen, al verdien ik er niets mee." Nou, het heeft niet veel gescheeld.'

Is het grote succes voor Jos dan definitief voorbij? Nou nee. De NCRV vraagt hem voor *TV-Toppers*: een nostalgisch programma, waarin een bekende Nederlander zijn favoriete televisiefragmenten mag laten zien. Het wordt op zaterdagavond uitgezonden, maar midden in de zomer, dus de verwachtingen zijn laag. De directie van de omroep gaat uit van 700.000 kijkers. En over de keuze voor Jos als presentator is flink wat scepsis, weet hij: 'Hoon was mijn deel, toen mijn naam viel. Die ouwe Brink, moet die weer opgespit worden? Dat wordt niks.' Op 3 juli 2004 komt Jos ouderwets van de showtrap: 'Harrrtelijk zaterdagavond!' De eerste gast die bij hem op de bank ploft is André van Duin. 'Ik moest op de naad gaan zitten,' zegt hij als hij zit. 'Je zit met de naad op de naad,' reageert Jos, en de toon is gezet. André vertelt honderduit over het verleden. Met Jos blikt hij terug op het legendarische concert van de Rolling Stones in het Kurhaus waarbij ze allebei optraden. Jos haalt de caviabaan van de *Wie Kent Kwis* uit de mottenballen en André laat fragmenten zien van *Swiebertje*, Toon Hermans en Laurel & Hardy.

TV-Toppers is een hit. De eerste aflevering trekt ruim twee miljoen kijkers. De hele redactie wordt getrakteerd op taart en tv-recensenten schrijven verwonderd over het succes van 'retrotainment': 'Het teruggrijpen naar vroeger ervaren mensen nu als een welkome afleiding tussen alle ellende in,' is de uitleg die de eindredacteur van *TV-Toppers* Sipke Dijkstra geeft aan *Trouw*.

Jos heeft weer ouderwets succes op televisie, en ook voor zijn theaterwerk krijgt hij erkenning, eindelijk. Frank en hij krijgen tijdens het Musical Awards Gala van 2005 de Cubus Oeuvre Award. Eerdere winnaars zijn Willem Nijholt, Seth Gaaikema, Tim Rice, Liza Minelli en Andrew Lloyd Webber. Joop van den Ende reikt de prijs uit. Na een kort filmpje waarin fragmenten van *Maskerade*, *Amerika Amerika*, *Evenaar* en *Max Havelaar* te zien zijn, kondigt hij Jos en Frank aan. Hand in hand komen ze van de grote showtrap, terwijl de muziek van 'I am what I am' uit de musical *La cage aux folles* klinkt en het publiek een staande ovatie geeft. Beelden die ik al een paar keer gezien heb, maar nog nooit met droge ogen. Het is een prachtig, maar helaas ook uniek eerbetoon. Want dit is het enige moment waarop Jos en Frank samen waardering krijgen voor hun bijdrage aan de ontwikkeling van musical in Nederland. Van den Ende benoemt hun oeuvre: in zestien jaar tijd maakten ze zeven oorspronkelijke Nederlandse musicals: 'Het publiek dát geven met grote zorg, met grote risico's, daar kan ik over meepraten. Jullie hebben het uit eigen zak gefinancierd. Wij vinden dat het zó bijzonder is dat jullie dat gedaan hebben.' En natuurlijk heeft hij het over de talenten die ze een kans gaven, met name Simone Kleinsma: 'Ze heeft zich kunnen voorbereiden voor het grote werk in jullie gezelschap.'

Na het in ontvangst nemen van de award neemt Jos het woord: 'Weet u wat ook leuk is? Shirley MacLaine kreeg ooit eindelijk een oeuvre-Oscar voor haar prachtige werk. Ze bedankte toen de jury voor zijn oneindige wijsheid. En ze zei erachteraan: "*Because I deserve this*." Zo ver wil ik niet gaan, maar ik heb het toch maar even gezegd.' Joop van den Ende lacht erom en applaudisseert. Dan zegt Jos dat de prijs ook afstraalt op hun huiscomponist Henk Bokkinga, 'die zulke prachtige melodieën voor ons heeft gemaakt', en hij prijst alle mensen met wie hij heeft mogen werken: 'Ik ben een gezegend mens.' Dan wil Jos de award in Franks handen duwen, maar dat gaat niet: 'Ik ben niet zo rap van tong,' verontschuldigt Frank zich voor zijn dankwoord op papier. 'Ik wil maar één iemand bedanken,' zegt hij. 'En dat is de man die naast mij staat. Jos Brink: mijn vriend, mijn man en kompaan. En ik wil hem bedanken voor het mooie materiaal dat hij voor mij heeft geschreven, zodat ik kon doen waar ik goed in was.' Voor Frank is de award ook een stimulans om op zijn Academie voor Musicaltheater door te gaan met het ontwikkelen van oorspronkelijk werk, 'zodat toekomstige musicalacteurs net als ik destijds tot hun recht komen met het voor hen gecreëerde repertoire'. Jos luistert met zichtbare ontroering naar de woorden van zijn man, slaat als hij klaar is zijn arm om hem heen en zo lopen ze met hun award van het podium.

Bij dit hoogtepunt vraag ik me af wat eigenlijk de betekenis is van hun musicals. Hoe groot is hun invloed op de theatergeschiedenis? In het overzichtswerk *Musicals in Nederland* uit 2004 worden alle musicals die tot dan toe zijn gemaakt in chronologische volgorde besproken, uiteraard ook die van Jos en Frank. Maar in de inleidende artikelen worden zij slechts één keer kort besproken, in een verhaal van Henk van Gelder. Hij reduceert hun oeuvre tot 'een respectabele reeks van zes luchtige musicals en een looiige'; dat laatste slaat op *Max Havelaar*. Als troost staat er wel een grote foto van Jos en Frank bij. In latere vakliteratuur is er meer aandacht en waardering voor hun werk. In *De musical – Het boek* uit 2010 prijst Xandra Knebel *Maskerade* als een musicalproductie van on-Nederlandse allure. En ze pareert de kritiek die er altijd was op Jos' schaamteloze zelfpromotie in zijn tv-shows: 'Misschien heeft kritisch Nederland zich er nog altijd niet bij neergelegd dat de musicalsector zelfstandig en ongesubsidieerd moet weten te overleven – en dat doeltreffende pr en marketing daarbij onontbeerlijk zijn.' In 2018 verschijnt *De Nederlandse musical*. In dat boek beschrijft theaterwetenschapper Bart Dieho in een uitgebreid hoofdstuk de bijdrage die Jos en Frank leverden aan de emancipatie van de musical. Zijn conclusie: 'Met trots kan gesteld worden dat Brink en Sanders in Nederland de spektakelmusical hebben uitgevonden.' Daarmee doelt hij op *Amerika Amerika*: een voorstelling waarin de nadruk op theaterspektakel ligt, door de overdadige aankleding, het decor en theatrale effecten. Zijn eindconclusie is dat Jos en Frank beschouwd kunnen worden als bruggenbouwers die het publiek rijp hebben gemaakt voor de grote musicals van Joop van den Ende. En die beaamt dit desgevraagd: 'Zij hebben een lans gebroken.'

Maar theaterrecensent Jacques d'Ancona plaatst een kanttekening: 'In de herinnering van het grote publiek zijn ze vervaagd.' D'Ancona maakte de carrière van Jos en Frank vanaf het begin mee. Hij zag hun cabaretvoorstellingen al toen er nog maar veertien toeschouwers in de zaal zaten. Hij staat positief tegenover het werk van Jos en Frank. Ze waren zelfs bevriend. Maar het weerhoudt hem er niet van kritisch te zijn op hun werk: 'Hoe kan het zijn dat het publiek zich de musicals van Annie M.G. Schmidt en Harry Bannink nog wel kan herinneren?' Dat besprak ik ook met Joop van den Ende. Hij zei: 'Van hen zijn de liedjes blijven hangen. Dat komt door het van God gegeven talent van Bannink en Schmidt. Punt. Dat was niet bij Jos Brink en Frank Sanders. De muziek was niet spectaculair en origineel genoeg.' De muziek voor alle musicals van Jos en Frank werd gecomponeerd door Henk Bokkinga. 'Dat is eigenlijk wat triest,' zegt D'Ancona daarover: 'Hij heeft misschien wel tweehonderd liedjes gemaakt en er is er niet één een hit geworden. In het begin was hij alleen de begeleider van cabaret Tekstpierement. Toen ze musicals gingen maken, is hij verheven tot componist. En dat heeft hij niet helemaal waargemaakt. Hij was vaardig in het maken van de orkestraties en hij was een beschaafde en smaakvolle man. Maar niet de man van het grote, tastbare en blijvende resultaat. Denk aan de weergaloze combinatie Schmidt-Bannink. De weergaloze combinatie Brink-Bokkinga heeft niet bestaan.'

Toen Jos in 1998 de hoofdgast was bij Astrid Joosten in *De show van je leven*, sprak D'Ancona hem toe: 'Het is jammer dat jullie als musicalmakers geen grote plek in de historie van het Nederlandse theateramusement hebben verworven,' zei hij. 'Hard en duidelijk,' vindt hij nu. En hij staat er nog steeds achter. Want hoewel Jos en Frank in de musicalgeschiedenis nu erkend worden als bruggenbouwers, een herwaardering kwam er niet: 'Voor cultuurfilosofen kan iets een andere plek krijgen in de geschiedenis. Van slavernij tot zwarte pieten. Dat is niet zo met de musicals van Brink en Sanders. Daar is nooit van gezegd: "We hebben er te klein naar gekeken." Die hebben geen wedergeboorte.' Kort na Jos' overlijden maakte Albert Verlinde bekend dat hij *Amerika Amerika* opnieuw op de planken wilde brengen, maar het kwam er niet van: de theaters durfden het niet aan. Als ik dit met Joop van den Ende bespreek, zegt hij: 'De musicals waren erg gefocust op het talent van Jos. Het was om hem heen gemaakt en hij droeg dat. Daardoor waren het zeer persoonlijke musicals.' Toch is het wat hem betreft helemaal niet uitgesloten dat er nog eens een Brink-Sanders-musical terugkomt in het theater: 'Ik vond het enig, heerlijk om te zien. Vooral Jos als ster, die altijd weer de zaal volledig inpakte.

Dus ik heb daar met plezier naar gekeken. Het is inderdaad vreemd dat die musicals niet opnieuw gedaan zijn. Maar er komt zoveel terug: *You never know.*'

Als op het Leidseplein... zou Jos' laatste musical zijn. Daarna wordt hij lid van cabaretgroep Purper. Een langgekoesterde droom, weet Paul: 'Jos wilde altijd bij Purper. Hij heeft jarenlang met de groep geflirt. Toen Frank stopte en de school ging doen, leek hem dat een veilige haven.' Maar Purper heeft Jos niet nodig. Hij is een dure kracht en het loopt zonder hem ook prima. De groep bestaat sinds 1980 en heeft een snel wisselende samenstelling. Erik Brey en Frans Mulder zijn min of meer vaste gezichten. In 2006 komen ze toch samen. Jos' werk bij Albert Verlinde stopt en Purper kan nieuw bloed gebruiken. 'Vanaf dat moment was hij onderdeel van een groep. Dat was prettig voor hem. Hij was niet meer de directeur en ook niet zakelijk verantwoordelijk.' Naast Brey en Mulder wordt de groep verder aangevuld met Rop Verheijen en gastartiesten Corry Brokken en Anneke Grönloh. Paul regisseert de groep en merkt dat Jos in z'n element is: 'Hij vond het leuk. Hij werd opgehaald met de bus, speelde en had succes met wat hij deed.' Maar Jos kampt tijdens de tournee ook met gezondheidsproblemen. Hij is moe; in de bus zit hij veel te hoesten. Erik Brey merkt het op: 'Dat is een slecht hoestje, daar moet je naar laten kijken.' Maar Jos wil niet naar de dokter: 'Ik ga eerst op vakantie en dan kom ik weer als nieuw terug,' zegt hij tegen zijn collega's. Jos is niet anders gewend dan dat hij gebroken op vakantie gaat en daarna meestal opgeladen weer vooruit kan. Nog voor zijn vakantie speelt hij met Purper try-outs voor het nieuwe seizoen. De laatste voorstelling is in Theater Het Klooster in Woerden. Paul zoekt hem op in de kleedkamer en schrikt: 'Hij had heel magere beentjes gekregen. Ik dacht: dat is niet goed. Daar moet die vakantie wel heel veel werk in verzetten, wil dat beter worden. Ik voelde wel dat daar wat aan de hand was.'

Een van de liedjes die Jos in de nieuwe voorstelling met Purper zingt, is 'Dode dingen'. Het zat oorspronkelijk in 1977 in de Tekstpierement-voorstelling *Deusjevoo* en het staat op zijn lp *Leven kan je leren*. Jos schreef het na het overlijden van Franks vader en hij was er trots op. Hij heeft het in zijn lange carrière vaak gezongen. Het is een opsomming van wat Frank allemaal tegenkwam toen hij zijn vaders huis moest opruimen:

Een adressenboekje, een notitieblaadje: 'Annie morgen jarig.'
28 maart is Annie blijkbaar jarig.
Nooit gehoord van Annie.
Een paar sloffen vind je.
En een filmsterplaatje, zomaar niks: een plaatje. Waarom dat bewaard is?
Weg ermee.
Want alles willen houden kan niet.
Een TROS-kompasje, een Varopa-brood. Z'n bril, z'n Dentofix, een doosje schroeven.
Wees eerlijk: zou je zelf die rotzooi hoeven?
't Was van je vader, ja. Maar die is dood.

Krachtig in zijn eenvoud, maar Paul was er nooit fan van: 'Het is voor iedereen die ooit zo afscheid heeft moeten nemen heel herkenbaar, maar Jos zette in zijn performance de emotie nog eens extra aan. Ik vond het te veel, waardoor het nooit mijn favoriete nummer was. Dus toen Jos vertelde dat hij het wilde doen bij Purper, stond ik niet te springen.' Van die allerlaatste voorstelling in Woerden zijn gelukkig amateuropnames gemaakt. Zo is te zien hoe Jos 'Dode dingen' daar zong. Zonder de pathetiek die Paul zo lelijk vond. Hij vertelt het verhaal zonder opsmuk. En daardoor komt het veel beter binnen:

Je zoekt je weg alleen, als een ontheemde.
Je doet het nog eens, de begrafenis.
Je legt zijn hele leven op een rij.
In dode dingen die zijn uitgezworven.
De dingen die met hem zijn mee gestorven.
Gestorven, net zoals het kind in mij.

Paul: 'Álles wat ik altijd lelijk vond aan dat nummer, liet hij weg. Hij bleef heel dicht bij de tekst. En toen was het een prachtig lied.' Kort na die laatste voorstelling, op 26 mei 2007 in Woerden, gaat Jos met Frank op vakantie, zoals altijd naar Italië. Maar ze zijn sneller dan verwacht weer terug.

Hoofdstuk 15 – Meneer Bros

De zomervakantie van 2007 begint voor Jos als alle vakanties: in de eerste week is hij ziek. Hij eet heel weinig, zijn maag is van streek en hij moet veel overgeven. Normaal gaat dat na ongeveer zeven dagen over, maar nu niet. Daarnaast heeft Jos een rood plekje onder zijn oksel. Dat had hij al een tijdje, maar nu valt hem op dat het groter is geworden. Hij vertelt het Frank, en die voelt zich overvallen: 'Ik vond het idioot, dat hij dat pas op vakantie zei.'

Jos' gezondheidsklachten worden erger. Op een ochtend, als hij met Frank naar het strand loopt voor het ontbijt, vertelt hij dat hij 's nachts vreselijke buikpijn heeft gehad. Hij heeft over de grond liggen rollen van de pijn. Jos gaat terug naar bed en wil niet eten. Frank had er die nacht niets van gemerkt. Maar het is wel vaker voorgekomen dat Jos 's nachts veel pijn heeft en uit bed gaat. Er gaan nog geen alarmbellen rinkelen. Maar ook de dag erna blijft Jos op bed. En de dag daarna. Frank: 'Hij hield maar die pijn in zijn buik. Ik zat 's avonds alleen op het strand en hij bleef op de kamer. Uitzieken. Nog een dag, en nog een dag.' Tot Frank de knoop doorhakt. 'Dit werkt niet,' zegt hij tegen Jos. 'We moeten naar huis. Hier moet naar gekeken worden.'

Jos en Frank breken hun vakantie af en gaan een week eerder dan gepland terug naar huis. Zoals altijd haalt Paul ze op van Schiphol: 'Dat was altijd een mooi, theatraal moment. Ik stond dan te wachten en zodra ik Jos zag, zag ik Hollands welvaren. Hij was bruin en de hele aankomsthal zou weten dat Jos Brink weer thuis is. Groots en meeslepend werd er gekust. Huppakee.' Maar deze keer niet. Paul had iedere dag contact gehad en wist dat Jos in drie weken tijd achteruit was gegaan. Maar toch: 'Ik schrok me de pleuris. Als een doodziek vogeltje kwam hij met Frank door de deuren. Hij was heel dun en had het ijskoud. Ik had een spijkerjackie aan, dat heb ik uitgedaan en aan hem gegeven. Ik ben groter en breder dan Jos, dus het leek net of hij een bungalowtent aanhad. Maar het gaf iets van warmte.'

Het is zondag en Frank gaat meteen met Jos naar een hulppost van het ziekenhuis. De arts die hem onderzoekt, denkt dat Jos een verkleefde darm heeft, die verstopping en misselijkheid veroorzaakt. Hij schrijft medicijnen voor. Daardoor voelt Jos zich wat beter. Voor uitgebreider onderzoek gaat hij naar het Onze Lieve Vrouwe Gasthuis in Amsterdam. Daar doen artsen een kijkonderzoek in zijn darmen. Terwijl Jos op de uitslag wacht, belt hij vanuit huis naar Peter Paul Tobi, die op vakantie is in Frankrijk: 'Ja ik ben weer thuis, ik zit op het bankje voor het huis. Ik heb het zo koud,' zegt hij. Kort daarop besluiten Peter Paul en Remkoline ook naar huis te gaan. Remkoline merkt dat Jos, naast pijn in zijn buik, ook last heeft van een been: 'Aan de keukentafel zei hij vaak: "O die poot, die kutpoot. Die trekt." En hij zat enorm aan de whisky en cognac. Als een soort pijnstiller.'

De onderzoeken wijzen in eerste instantie inderdaad op een verkleving in Jos' darmen, maar er wordt verder onderzoek gedaan. De artsen maken ook een foto van zijn longen. Het is mis. Op 26 juli maakt Peter Paul het slechte nieuws bekend aan de buitenwereld. 'Jos Brink ongeneeslijk ziek,' koppen de kranten. Darmkanker, met uitzaaiingen in de longen, de lymfe en zijn been. Jos reageerde nuchter op het nieuws, zegt Paul: 'Toen Frank ziek was en zijn slechte diagnose kreeg, had Jos 's avonds de rouwkrans al besteld. Hij was al afscheid aan het nemen, want het zou niks meer worden. Maar hier bleef hij vrij neutraal. Hij liet niet het achterste van zijn tong zien over wat het zou worden, wat er zou kunnen gebeuren.' Jos wordt overspoeld met brieven, kaarten, mails en bloemen. Zijn antwoordapparaat stroomt vol met interviewverzoeken, maar de enige die langs mag komen is zijn vriend Evert Santegoeds, hoofdredacteur van *Privé*. Die had zich de maanden ervoor al zorgen om Jos gemaakt. In maart is zijn vader overleden en Jos deed de uitvaart: 'Mijn vader had kanker en hij had een grijze, grauwe kleur. Dat had Jos ook. Maar hij zei: "Nee, nee, ik mankeer niks. Voel me kiplekker. Ben alleen een beetje moe." Toen gingen er een paar weken overheen en bleek het heel erg foute boel te zijn.'

Op de cover van zijn blad staat een grote foto van Jos, die de lezer met een bezorgde blik aankijkt. 'Ik wil nog helemaal niet weg,' is de kop. Jos praat luchtig over zijn lot. Hij heeft het over de wonderbaarlijke genezing van Frank: 'Een medisch wonder. Maar wonen er daarvan twee onder één dak?' Hij is nu eens bezorgd, dan weer helemaal zijn oude zelf: 'Als dit allemaal achter de rug is, wil ik een boek schrijven over de zomer van 2007. De titel heb ik al: *Wat kan 'k er aan doen?*' Jos heeft niet gehuild, zegt hij. Hij vindt het zonde dat hij de nieuwe voorstelling met Purper niet kan doen. Het seizoen erna heeft hij een rol in de musicalversie van *Op hoop van zegen*: 'Nou, die hoop laat ik niet varen. Ik speel Reder Bos. Een heel gemene man die, zoals ik hem hoop te gaan neerzetten, waarschijnlijk iets aan zijn been zal hebben.'

Hij vertelt Evert verder hoe gelukkig hij is met zijn huis. Dat is na een ingrijpende verbouwing eindelijk af: 'Voordat het grote kwaad hier binnenkwam, was ik volmaakt gelukkig.

Ik betrapte me er een paar weken geleden op, toen ik met mijn boodschappentas over de gracht liep en terugkwam van Albert Heijn. Nooit doen, natuurlijk, zoiets. Je roept het over jezelf af.' Voor de lezers van *Privé* schrijft hij ook nog een boodschap op een van zijn kenmerkende rechthoekige kaartjes, waarop iedereen die hem schreef trouw antwoord kreeg: 'Lieve mensen! Al die brieven, kaarten en bloemen, een net van liefde om me heen: het helpt echt. Dank je wel!' Na afloop van het gesprek begeleidt Jos Evert naar buiten. In de deuropening staan ze nog even te praten: 'Tot hij niet meer kón staan. Ik draai me om en denk: dat was Jos. Dat was echt de laatste keer dat ik hem zou zien, dat wist ik zeker. Was-ie eindelijk m'n vader omdat m'n echte er niet meer was, en toen ging-ie dood.' Verdwaasd staat Evert op straat. 'Ik was op slag vergeten waar mijn auto stond. Ik was helemaal van het padje.'

Jos houdt zich groot. Maar één keer maakt Frank mee dat hij zijn masker laat zakken. Hij zit aan de keukentafel als Jos, staand tegen het aanrecht, tegen hem zegt: 'Je moet niet raar opkijken als ik er met kerst niet meer ben. Want ik ben zieker dan ze zeggen.' Frank wil het niet geloven: 'Ik wil niet zeggen dat ik als een struisvogel m'n kop in het zand stak, maar ik blijf lang denken dat het wel goed komt.' Jos zegt ook nog: 'Als dat zo zou zijn, heb ik een mooi leven gehad. Ik ben met jou wel heel gelukkig geweest.'

Vlak voor Jos naar het ziekenhuis moet, gaat hij met Frank en Paul nog één keer naar Harfsen. Het huis wordt opgeknapt en Jos wil zien hoe de verbouwing ervoor staat. Onderweg ernaartoe rijden ze langs begraafplaats De Nieuwe Ooster. 'Hé Paultje,' zegt Jos. 'Hier ligt toch jouw tante? Is dit een mooie begraafplaats?' Paul beaamt dat. Het is ruim, een beetje parkachtig, legt hij uit. Hij vindt het de mooiste begraafplaats van Amsterdam. 'Jaja,' zegt Jos, op een toon waarop Paul voelt dat hij bedoelt: misschien is dit wel mijn bestemming, misschien moet ik hier wel naartoe: 'Zonder dat hij het echt uitsprak, gaf hij een signaal af.'

Ze rijden met z'n drieën naar Harfsen, bekijken het huis en lopen weer naar buiten. Maar Jos is iets vergeten en keert alleen nog even terug: 'Toen had ik wel in z'n hoofd willen kijken,' zegt Paul. 'Wat heeft hij daar gedacht, wetende wat hem te wachten stond?' Voordat ze terugrijden, eten ze nog iets in de buurt: 'In dat restaurant was-ie in topvorm! Hij heeft met zijn grappen de obers het schaamrood op de kaken bezorgd. We hebben heel leuk met z'n drieën buiten gegeten. En opeens was het op, ging het licht uit. Hij was moe en hij wilde naar huis. Alsof hij al zijn energie nog tot dat moment bewaard had. Om nog één keer in zijn favoriete huis te zijn, om nog één keer te gloriëren en een soort tafelconference te geven. We zijn naar huis gegaan en daarna ging hij het ziekenhuis in.'

Onderweg naar het ziekenhuis, rijdend langs de Amsterdamse grachten, zegt hij tegen Frank: 'Misschien zie ik deze geveltjes wel voor het laatst.' – 'Maar ja,' zegt Frank: 'Dat zijn van die dramatische uitspraken van een theaterman. Ik dacht: je komt gewoon terug. Over een week rijden we hier weer en dan is het allemaal voorbij.' Om te voorkomen dat hij zou worden lastiggevallen door fans of journalisten krijgt Jos in het ziekenhuis een schuilnaam: meneer Bros. Frank: 'Een van de beste darmspecialisten deed de operatie, en die is briljant gelukt. Mooi, met een heel klein sneetje.' De tumor is weg en er is een mogelijkheid dat Jos naar huis kan. Paul en Frank bedenken dat hij dan beneden in de vergaderzaal komt te liggen, omdat je voor de slaapkamer drie trappen naar boven moet. Maar dat wil Jos niet. En hij wil ook geen verpleging aan huis. Frank en Paul moeten hem verzorgen. Maar die zien dat niet zitten. Frank zit met zijn school en Paul repeteert met de cast van de musical *De Fabeltjeskrant*. 'Nou, dan ben ik maar alleen,' reageert Jos. Paul: 'Er was niet tegenaan te praten. We hebben nog bij een kop koffie besproken hoe dat nou moest, als hij thuis zou komen.'

Maar al heel snel verslechtert het perspectief. Kort na de operatie, als Frank bij Jos in het ziekenhuis is, komt er een arts aan zijn bed. Die vertelt Jos dat áls hij al beter wordt, hij altijd medicijnen zal moeten blijven slikken en dat hij waarschijnlijk niet meer zal kunnen spelen. Frank kijkt naar Jos en ziet de vlam in zijn ogen doven. Hij ziet zijn man denken: als ik niet meer kan spelen, dan laat maar. Frank barst in snikken uit: 'Die arts had alles kunnen zeggen, maar dát niet. Daarmee was het voor Jos een gelopen race.' Jos houdt zich groot: 'Je hoeft er niet om te huilen. Als het zo is, dan is het zo.'

Frank is meestal 's middags bij Jos. Paul lost hem 's avonds af en maakt hem klaar voor de nacht. Hij heeft er dierbare herinneringen aan: 'Dat waren best leuke avonden. Want hij was nog wel aanspreekbaar. In de tas die hij bij zich had, had hij zijn reisflesje Johnny Walker rood meegenomen. Op een van de laatste avonden waarop hij nog bij bewustzijn was, was hij misselijk. Toen zei hij: "Paultje, ik wil 'n slokje whisky. Dat helpt beter dan de medicijnen." Ik zei: Jos dat kán niet! Ik kan je hier niet... "Jawel, dat kan wel!" Daar hadden we nog pret om ook. Als een Miss Marple ben ik naar de gang gegaan om te kijken of er geen verplegend personeel aan kwam. Toen heb ik een neut voor 'm ingeschonken en die heeft-ie nog opgedronken ook. Het smaakte hem niet. Het deed ook niet wat het moest doen, natuurlijk. Maar het was z'n laatste whisky. In een samenzwering van wij tegen de rest van de wereld.'

Ondanks dat de operatie is gelukt, genezen de darmen niet. De verstopping blijft. Jos ligt aan een infuus en via een buis in zijn mond wordt zijn maag leeggepompt. Omdat zijn longen ook zijn aangetast, heeft hij moeite met ademhalen. Via een slangetje in zijn neus krijgt hij extra zuurstof. Paul: 'Het ging allemaal mis. De wond bleek niet te zijn geheeld. De dokter schrok toen-ie hem zag.' Jos krijgt een nieuwe operatie, een darmonderzoek. Frank heeft hem de avond ervoor aan de telefoon. Ze spreken af dat Frank als hij klaar is op school meteen naar het ziekenhuis komt. Als hij aankomt, is Jos net uit narcose. Maar een moment samen hebben ze niet: 'Hij werd weggereden uit zijn kamer. De chirurg zei dat het niet goed ging en dat Jos meteen een stoma moest krijgen, zodat zijn darmen minder werden belast.' Frank loopt mee tot de lift. Ze spreken elkaar niet: 'Hij was net uit die narcose, dus hij was niet echt bij zinnen. Ik weet niet eens of hij mij herkende, of hij wist dat ik er was. Ik geloof het niet.' Dit is de laatste keer dat ze elkaar gezien hebben: 'Heel raar, eigenlijk.' Later zal Frank horen dat Jos, toen hij werd overgeheveld naar het operatiebed, nog heeft gezegd: 'Zo ziet het er dus uit als je doodgaat.' Het zullen zijn laatste woorden zijn.

Een stoma is iets wat Jos eigenlijk helemaal niet wilde. Paul: 'Jos vond in eerste instantie dat dat voorbij de waardigheid ging. Het was een no-go-area. Maar we stonden voor een voldongen feit. Jos bewoog mee in de ruimte die hij nog had. Hij had voor zichzelf een ideaalplaatje: tot hier en niet verder. Maar als dat ideaalplaatje geen rek meer heeft, zet je er een koevoet tussen om het verder op te rekken. En daar gaan je principes. Dus hij greep zich tot het laatste moment vast aan ieder kapstokje om nog overeind te blijven.' Na de operatie belandt Jos op de intensive care. Het toeval wil dat hij ligt naast meneer Sonnenberg, de verbastering van Wim Sonnevelds achternaam uit diens legendarische sketch over de kroketten. 'Gek dat je zoiets onthoudt,' zegt Paul. 'Dat hij daar aan al die apparaten naast meneer Sonnenberg lag. Als Jos het geweten had, had hij het grappig gevonden.' Het lukt verpleegkundigen niet hem uit de narcose te halen. Dan begint hij te schreeuwen en wild om zich heen te slaan. 'Dus hij werd weer met een spuitje platgelegd,' zegt Frank.

Op vrijdagochtend 17 augustus is Paul onderweg voor een repetitie van *De Fabeltjeskrant* als hij Frank aan de telefoon krijgt: 'Ze willen om twaalf uur met ons praten. Kun je zorgen dat je daarbij bent?' Paul repeteert nog even 'Hup, daar is Willem met de waterpomptang' en gaat naar het ziekenhuis. Daar schetst de arts de situatie. Frank en Paul krijgen te horen dat Jos niet meer uit de coma zal komen. Er is niets meer aan te doen, de artsen stellen voor af te koppelen. In zijn laatste boek, een paar maanden voor zijn dood, schreef Jos nog over het recht op een menswaardig heengaan: 'Beschadig je – let wel, het is een voorzichtige stelling mijnerzijds – de waarde van het leven door het hoe dan ook te rekken met pompen en slangen? Wat is zinloos geweld?'

Omdat Jos zich door zijn betrokkenheid bij De Duif katholiek voelt, zorgt Paul ervoor dat hij door een van de voorgangers van De Duif wordt bediend: 'Hij was inmiddels weg bij meneer Sonnenberg en lag op een kamer apart. Daar heeft de voorganger de laatste sacramenten gegeven. Maar Jos was niet bij bewustzijn.' Nadat Jos is bediend, nemen Paul en zijn partner, Frank en Steven en Remkoline en Peter Paul afscheid. Peter Paul ziet hoe ze de morfine verhogen: 'Hij was een vechtertje. Daar hebben ze heel wat tubetjes in gestopt voordat hij de geest gaf.' Frank houdt Jos' hand vast, streelt zijn wang en praat tegen hem: 'Laat maar, laat maar. Ga maar Jos, laat maar los.' Paul staat naast Frank en herinnert zich dat Jos nog even heel helder is geweest: 'Hij heeft ons goed aangekeken en er liepen tranen over zijn wangen. Hij kon niet meer praten, maar het leek of zijn ogen wilden zeggen: "Dit gaat hem niet meer worden, ik moet jullie loslaten." En daarna is hij weggegleden. Dat zal tien minuten, misschien een kwartier geduurd hebben.' Daarna vallen Jos' dierbaren elkaar in de armen. Als ze na het afscheid de kamer uit lopen, keert Paul alleen terug: 'Ik dacht: niemand anders dan Frank of ik duwt die kijkers dicht.' Op vrijdagmiddag 17 augustus, iets na vier uur, sluit Paul Jos' ogen voorgoed.

Hoofdstuk 16 – Als de finale niet goed is, deugt de show niet

Op vrijdagavond 17 augustus, rond kwart over zeven, zit ik te eten als de telefoon gaat. Ik neem op en vraag of ik terug mag bellen. Door de aarzeling waarmee de vriend 'Ja, is goed' zegt, voel ik dat er iets aan de hand is. Uiteraard had ik in het nieuws gehoord van Jos' ziekte. En natuurlijk had ik hem een mailtje gestuurd met, zoals Jos zou zeggen, 'warme stralen'. Dat het wel eens verkeerd zou kunnen gaan, wilde ik me niet voorstellen. Het was met Frank ook goed gekomen. Maar door die aarzeling aan de telefoon wist ik eigenlijk al dat het mis was. Ik zet teletekst aan en de bovenste regel brengt het onheil: 'Jos Brink overleden.' Wezenloos kijk ik naar het nieuws van half acht bij RTL. Het is vreemd als het overlijden van iemand die je dierbaar was groot nieuws is.

Over het moment waarop het nieuws naar buiten moet, is nagedacht. De groep die bij Jos' laatste momenten in het ziekenhuis was, is meteen na zijn overlijden in een productiemodus geschoten, zegt Paul: 'Het is zó'n raar gevoel als je van iemand afscheid neemt die zo dicht bij je staat en je moet daarna heel praktisch praten over wanneer het nieuws naar buiten moet.' Als ze hun overleden vriend eer willen bewijzen, is een goede timing belangrijk: 'We waren wel zo ijdel met z'n allen dat we wilden dat Jos het achtuurjournaal opent. Dus het persbericht moest er niet vóór zes uur uit, want dan zou het zesuurjournaal ermee openen. En we moesten ze ook de kans geven een filmpje in te starten.' Iets na zes uur belt Peter Paul het ANP.

Paul haalt Jos' spullen op, bedankt het ziekenhuispersoneel voor de goede zorgen en de groep gaat naar de Utrechtsedwarsstraat. Daar bestellen ze pizza's en zetten het achtuurjournaal aan. Meteen in de leader komt Jos in beeld: 'Televisiepersoonlijkheid en theatermaker Jos Brink overleden,' zegt anchor Rik van de Westelaken. 'We hebben gejuicht,' zegt Paul op ernstige toon. 'Dat weet ik nog. Het is niet te geloven, maar we hebben onze armen in de lucht gestoken toen hij inderdaad het achtuurjournaal opende. Want dat had hij gewild. Ik weet zéker dat hij dat had gewild. In al ons verdriet, en dat laat zien hoe je dingen kunt uitschakelen, waren we blij dat we dat alvast voor hem hadden bereikt. Dat we hem dat postuum vast als eerste cadeautje konden geven.' Er zouden nog veel meer cadeautjes volgen. In actualiteitenrubriek *Netwerk* schuift Evert Santegoeds die avond aan om eer te betuigen aan zijn overleden vriend. Omroepen passen in allerijl hun programmering aan. De NCRV en de AVRO maken samen een hommage, *Dag lieve mensen*, met hoogtepunten uit Jos' omvangrijke oeuvre. En de aflevering van *Villa Felderhof* waarin hij samen met Patty Brard te gast was, wordt herhaald. De volgende ochtend staan in alle kranten uitgebreide beschouwingen over zijn leven. Frank ontvangt iedere dag een vuilniszak vol post. Voor zijn deur ontstaat een altaar met bloemen, kaarsen en teddyberen. Remkoline Tobi: 'Wildvreemde mensen waren totaal van de leg. Daar hadden we geen idee van. Het was schokkend.'

Ondertussen bereiden Paul, Frank en Peter Paul Tobi de begrafenis voor. Hoe die moet gaan, had Jos al verteld in interviews: 'Er zullen toch wel wat mensen komen? Voor een artiest is dat zijn laatste optreden, zijn laatste applaus. Ik heb daar allemaal verschrikkelijke plannen voor uitgedacht.' Frank had hem bij die 'verschrikkelijke plannen' al wel eens op praktische bezwaren gewezen. Jos wilde vanuit Carré begraven worden: 'Hallo Jos, zei ik, dat is een enorme organisatie. Wat als er nou een grote voorstelling staat in Carré? Of er is een kerstcircus? Dat is niet te doen. En dan ook nog een afscheid in De Duif. Wel een beetje veel allemaal, hoor. Ik weet niet of dat wel lukt.' Maar Jos was niet te vermurwen: 'Je regelt het maar,' had hij gezegd. Frank en Paul zien het maar als een grote, intense, ingewikkelde productie. Eentje die al was begonnen toen Jos nog in het ziekenhuis lag: 'Toen Frank vertelde dat het er toch wel heel erg slecht uitzag, werd de producent in mij wakker,' zegt Peter Paul. 'Ik moest voorbereidingen treffen voor het ergste.' Hij maakt afspraken met De Duif. En terwijl hij op vrijdagmorgen van directeur Hein Jens van Carré hoort dat het theater vanzelfsprekend meewerkt, krijgt hij het telefoontje dat Jos die middag zal komen te overlijden. Na het emotionele afscheid schakelt hij zijn emoties uit. Peter Paul: 'Ik had de schandelijke wanorde bij de begrafenis van Wim Sonneveld op mijn netvlies, waarbij mensen over graven heen klommen om iets te kunnen zien en ik dacht: dat gaat niet gebeuren.'

Op zondag maakt Peter Paul bekend dat Jos op donderdag wordt begraven. En op maandag verschijnt de overlijdensadvertentie in alle grote dagbladen. Iedereen krijgt 's ochtends van negen tot elf uur de kans afscheid te nemen in theater Carré. Aansluitend is om kwart over twaalf de afscheidsviering in De Duif en om drie uur is de herdenkingsdienst en begrafenis op begraafplaats De Nieuwe Ooster.

Paul had Jos in het ziekenhuis een plechtige belofte gedaan. Jos vertelde hem wat hij eerder tegen Frank had gezegd, toen ze samen naar het ziekenhuis reden. Dat ze de Utrechtsedwarsstraat uit reden, Jos naar de gevels aan de overkant keek en dacht: die zie ik nooit meer terug. Paul schrok ervan. Vertwijfeld antwoordde hij: 'Laten we hopen van wel', en hij beloofde Jos: ‘Hoe dan ook en wat er ook gebeurt: ik zorg dat je thuiskomt. Al is het in de meest ultieme vorm, maar je rijdt nog een keer langs die gevels.’ Jos wordt eerst opgebaard in het uitvaartcentrum. Daar neemt zijn moeder samen met broer Harry afscheid. Op maandag komt Jos thuis. Beneden, in de vergaderkamer, komt zijn kist te staan. Dinsdag is er een afscheid thuis voor familie en vrienden. Woensdagavond is er een repetitie voor de afscheidsdienst in De Duif en ’s avonds slaapt Paul bij Frank. Paul vertelt me dat hij een hard hoofd had in de belangstelling voor het afscheid bij Carré de volgende dag: ‘Ik dacht dat er niemand zou komen.’

‘Dacht je dat wérkelijk?’

‘Ja, ik dacht werkelijk dat er niemand kwam. We hebben het geregeld in de wetenschap dat Jos dat heel graag wilde.’

‘Het was Jos Brink, Paul!’

‘Ja, misschien zegt het meer over mij dan over hem.’

Zelf was ik die avond ook richting Amsterdam gereisd, nadat ik eerst een verslaggever van RTL 4 bij mij thuis had gesproken. De hype rond Jos’ overlijden was inmiddels zo groot dat ook mijn band met hem interessant genoeg was voor een tv-verslag. Ik werd gevolgd op de dag van het afscheid en vooraf vertelde ik thuis wat over Jos en mij. Er was in de dagen rond zijn afscheid zoveel te zien van zijn tv- en theaterwerk, het voelde goed om duidelijk te maken dat hij daarnaast voor heel veel mensen persoonlijk iets had betekend. Mensen als ik. Omdat ons contact vaak verliep via brieven en e-mail, had ik mijn gevoelens voor hem verwoord in een laatste brief. De laatste regels daarvan lees ik geëmotioneerd voor in het tv-verslag: ‘Je hebt me zoveel gegeven. Ik kan alleen maar heel dankbaar zijn voor onze momenten samen. Jij geloofde in God, ik kan slechts hopen. Dat we elkaar weerzien. Dag lieve Jos, dikke kus van je Tom.’

De volgende dag sta ik in de lange rij voor Carré. Om acht

uur 's ochtends komt de kist aan bij het theater. Zes dragers nemen hem op hun schouder en lopen met Jos een laatste rondje over het toneel. Via de zaal gaan ze naar de hal, waar de kist wordt neergezet. Daar zullen vier dierbaren van Jos in wisselende samenstelling telkens een half uur bij hem waken. Paul gaat die ochtend via de artiesteningang Carré binnen. Als om negen uur de deuren van Carré opengaan, ziet hij vanaf het balkon boven de ingang dat er een rij over de hele Amstel staat. 'Ik geloofde mijn ogen niet. Ik heb mijn moeder en broertjes gebeld om te zeggen dat ze naar Carré moesten komen, want dit maak je nooit meer mee.'

De belangstelling is massaal; een prachtig eerbetoon. In de stoet loop ik langs de baar en neem afscheid. Jos ligt in een eenvoudige, ongelakte kist. Hij is mooi opgebaard, in het rokkostuum dat hij aanhad bij zijn laatste voorstellingen met Purper. Maar mij lukt het niet om in dat massale afscheid bij de Jos te komen die ik liefhad. Als het afscheid in Carré voorbij is, moet de kist worden gesloten. 'Frank wilde dat niet doen,' zegt Paul. 'Hij vond het eng. En ik wilde niet dat iemand anders het zou doen. Ik vond het een familiekwestie.' De begrafenisondernemer zorgt ervoor dat er niemand meer is in de lange gang in Carré waar de kist staat. En hij zet platen voor de glazen toegangsdeur, zodat er niemand mee kan kijken. 'Ik heb daar Jos voor het laatst gedag gekust, het deksel erop gelegd en de kist dichtgeschroefd, terwijl op de achtergrond Barbra Streisand "Somewhere" zong.'

De kist gaat in de rouwauto van Carré via de Magere Brug naar De Duif. Publiek langs de kant applaudisseert. Ik doe niet mee, maar kijk in stilte terwijl de rouwstoet passeert. Dan sluit ik aan in de lange stoet naar De Duif. Met de stroom loop ik mee de kerk in. Gelukkig op tijd, want niet veel later gaan de deuren dicht. De kerk is vol. 'We hebben een uitverkocht huis,' zegt voorganger Marina Slot. ‘En dat is zoals Jos graag wilde. Hij wilde absoluut niet ongemerkt deze aarde verlaten.’ In haar eerste woorden maakt Slot duidelijk waar Jos in De Duif voor stond: ‘Het gaat vandaag over Jos en over God. En dus eigenlijk over Jos en over de liefde. Want zijn God is liefde.’ Van huis uit ben ik katholiek, dit is een katholieke kerk en dus is het meteen vertrouwd. Maar omdat mijn geloof een te sterke twijfel is geworden, kom ik nog maar weinig in de kerk. Toch voel ik me hier meteen thuis, door de warme en directe manier waarop Marina Slot me toespreekt. Maar misschien is het ook wel omdat dit Jos’ thuis was en ik graag bij hem wil zijn. In een persoonlijk verhaal vertelt Slot wat Frank eerder die week tegen haar zei over de hemel: ‘Hij is er al. Hij weet nu hoe het is aan de andere kant. Of het klopt. Maar hij kan niet terugkomen om het me te zeggen.’ Op 14 juli kreeg Slot nog een mail van Jos. Hij schreef haar dat hij vers 4 van psalm 23 een paar keer hardop heeft gebeden, onderweg naar het ziekenhuis: ‘Ik vrees geen kwaad, want Gij zijt bij mij.’ En in de vaste overtuiging die erachteraan kwam, schreef hij: ‘Onze goede God deelt geen tsunami’s uit, maar leert je wel zwemmen. Ik houd mijn hoofd boven water.’ Ze concludeert: ‘Maar het was niet zo. Het was te snel dat hij kopje-onder ging en niet meer de kracht had om boven te komen. De speelman van God en mensen is niet meer bij ons.’

In de typering die Marina Slot daarna van Jos geeft, herken ik de man die mij dierbaar was: ‘Hij gaf veel weg. Hij was écht geïnteresseerd in mensen. Hij volgde je, lette een beetje op je. En het had zoiets vanzelfsprekends dat hij er was. Hij wist als geen ander dat God hem liefhad. En dat hij daardoor veel mocht geven. Johannes schrijft: “Wie in de liefde blijft, blijft in God en God blijft in hem.” Dat was hoe Jos leefde.’ De man die als ze dit zegt achter haar staat, kan dat beamen. Jos’ goede vriend Henk Kemper dirigeert het koor tijdens de afscheidsdienst. 'Als er een beroep op hem werd gedaan, zei hij nooit nee,' weet Kemper. 'Dus als hem gevraagd werd gesprekken te voeren met mensen die zouden gaan overlijden, dan deed hij dat. Maar dat was voor hem heel erg gekoppeld aan pastor zijn.' Ik ging er altijd van uit dat de stervensbegeleiding georganiseerd werd vanuit De Duif, maar zo moet je dat volgens Henk niet zien: 'Hij kon daar zelf ook actief in zijn. Hij sprak iemand aan, ging vragen hoe het ermee is. Hij had een bloedhekel aan bellen, maar hij kon mensen ook zelf opbellen. Want je wéét van elkaar of iemand hulp of ondersteuning nodig heeft. Hij heeft het altijd gezien als een deel van zijn persoon. Daar ging hij niet onder gebukt, dat zag hij als zijn taak. Als ik me pastor noem, zei hij dan, hoort dit erbij. God is liefde, maar die uit zich in hoe wij met elkaar omgaan. Jos zei wel eens gekscherend: "Wij zijn z'n grondpersoneel. God heeft geen handen, de handen van God dat zijn wij. Dus waar je kunt, moet je die handen van liefde zijn." En dat sloot enorm aan bij De Duif.'

Marina Slot vervolgt: 'In alle dingen die hij deed, in al zijn talenten waarmee hij speelde, klonk liefde door. Liefde voor het vak, liefde voor de mensen met wie hij werkte. Ook al was hij erg kritisch. Hij was dól op publiek. Keek altijd om zich heen of hij wel gezien werd. En hij ging echt de verbinding aan met mensen.' Bij dat laatste moet ik denken aan wat Frank me vertelde over *Wedden dat...?* Wat Frank daarin zo knap vond aan Jos. Dat hij met zijn ogen een lijntje legde met de zaal en met de kijkers thuis: zijn publiek.

Tijdens de dienst is er veel muziek. De meeste liederen zijn van Huub Oosterhuis, de theoloog en dichter die Jos bewonderde. Maar er is ook één lied te horen uit Jos' musicals. Het is 'Leegte en gemis' uit *Zzinderella*. Lucie zingt het, staand naast de kist, met Henk Bokkinga achter de piano. Ze vond het verschrikkelijk moeilijk, vertelt ze me er later over: 'Jos was zo dichtbij. Paul vroeg of ik dat wilde doen, omdat Jos het heel mooi zou hebben gevonden. Toen dacht ik: dat kan ik niet. Ik ben met Henk gaan repeteren en heb me drie dagen lang erdoorheen gejankt. In een roes heb ik het gezongen.' Lucie zingt het prachtig, vol gevoel. In de laatste regels komen de tranen door:

En af en toe dan denk ik: ik heb een prachtig plan.
Ik wil je nog wat vragen, maar weet dan dat dat niet kan.
Leegte en gemis, eenzaamheid, verlangen.
Muren om me heen, gevangenis.
Want weet je, lieverd.
Dat ik je nu al zó mis.
Want weet je Josje,
dat ik je liefde zo mis.

Lucie had van Jos' overlijden heel veel verdriet: 'Ik ben ook mijn zusje verloren, maar ik denk dat ik om Jos veel meer gehuild heb. Hij was mijn grote broer. Hij heeft mijn leven bepaald. Hij heeft ervoor gezorgd dat ik aan mijn man ben blijven plakken en was getuige bij ons huwelijk. Hij hoefde maar een pink op te tillen en ik wist wat hij bedoelde.' Lucie dacht op de begrafenis ook terug aan de geintjes die hij maakte in de bus, onderweg naar een voorstelling. Dan pakte hij de microfoon en riep: 'Hedenmorgen is overleden in zijn woonplaats Amsterdam de beroemde cabaretier Jos Brink.' Lucie: 'Toen hij daar lag opgebaard in zijn rokkostuum, prachtig geschminkt, dacht ik dat hij overeind zou komen en hard zou roepen: "Gefopt!" Maar dat deed-ie niet.'

Meteen nadat Lucie haar lied heeft gezongen, neemt Paul het woord: 'We zaten aan de keukentafel en maakten de balans op van alle onderzoeken die hadden plaatsgevonden. Bijna zakelijk, alsof hij een nieuw musicalidee aan het ontwikkelen was, gaf Jos aan wat hij verwachtte en wat hij wel en niet wilde: "Als de finale niet goed is, deugt de show niet."'

Als ik hier met Paul op terugblik, zegt hij: 'Ik wist op het moment dat hij die zin uitsprak: die krijg je terug. Ik weet niet wanneer, maar deze zin krijg je terug. Dit laat ook iets zien van mijn deformatie. En toen was-ie er nog, zaten we nog gewoon aan de eettafel.' Paul vertelt in De Duif over zijn band met Jos. Hij noemt hem een van de belangrijkste pijlers in zijn bestaan. Hij bespreekt de vader-zoonband: 'Maar ik kon heus al met mes en vork eten.' Voor Paul was Jos een vriend met wie hij ongelofelijk kon lachen. En ook een schouder om op uit te huilen. Jos was zorgzaam. Maar daarover signaleert Paul ook iets interessants: 'Met die zorgzaamheid strooide je kwistig. Heel wat mensen die hier vandaag aanwezig zijn, hebben zich in jouw warmte mogen koesteren. Dat je daarbij je meest dierbaren wel eens naar het tweede plan verwees, is geen verwijt. Het is eerder een onderstreping van je belangstelling voor datgene dat zich aan de straatzijde van je voordeur afspeelde.'

Van die zorgzaamheid mocht ik meegenieten. Dat zijn meest dierbaren hiervoor een offer brachten, daarvan had ik tot dat moment nog geen weet. Aan het eind van zijn toespraak staat Paul stil bij Jos' laatste weken: 'Je hebt het heel bewonderenswaardig gedragen. Niet lang geleden zei je dat je je mooiste rol aan het spelen was. Maar dat was helemaal niet nodig. Je hoefde niet meer te spelen: niemand die dat van je verwachtte. Je was op je mooist toen je de kwetsbaarheid bij je liet aankomen. Toen je merkte dat de finale in een hoger tempo ging dan zelfs jij wilde. Je hebt dapper een hopeloze strijd gestreden. En nu zit de finale erop, te snel. Maar maak je geen zorgen: de show deugt heus wel. Die viel al niet meer te verpesten. Je mag je afschminken en je mag naar huis. De hemel is afgelopen vrijdag een stukje vrolijker geworden, de aarde een stukje stiller. Ik hoop dat je na deze finale eindelijk thuis bent. Dag lieve, lieve Jos.'

Na de afscheidsdienst in De Duif gaat de kist naar De Nieuwe Ooster. Daar is drie dagen voor de begrafenis bepaald waar Jos zou komen te liggen, vertelt Paul. 'Met een golfkarretje zijn we over de begraafplaats gegaan. Ze hebben er een prominentenhoekje, maar dat vonden we te donker. Uiteindelijk kwamen we uit op een hoek. We moesten de garantie geven dat we een monument zouden maken, het moest een in het oog springend graf worden. Nou, dat was wel in overeenstemming met zijn karakter.' Voor de herdenkingsdienst op de begraafplaats zijn voor belangstellenden twee grote tenten neergezet. Zij horen Henk Krol spreken over Jos' betekenis voor de homo-emancipatie. Zijn beste vriendin Mary Michon staat stil bij zijn religieuze beleving. Simone Kleinsma benoemt waar Jos nu misschien wel is: 'Die ene prachtige plek waar licht en kleuren in elkaar overgaan. Waar geen tijd bestaat en waar je vrij bent. Die ene plek achter de regenboog.' En daarna zingt ze een wonderschone, verstilde a-capellaversie van 'Somewhere over the rainbow'.

Als allerlaatste neemt Peter Paul het woord: 'Daar ga je, Josje. Spuug ze in de bek! Het wordt vanzelf elf uur. Lieve Jos, lieve vriend. Goeie reis. Men zegt wel dat de reis belangrijker is dan het doel. Welnu: dan hoop ik van harte dat je een mooie, warme, niet tochtende bus hebt met heerlijke banken, zachte vering en een heel snelle chauffeur. En dat-ie maar vaak bij mooie theaters een stop mag maken, met de mooiste voorstellingen. Toitoitoi. En tot ziens in het volgende theater. Mede door jou is mijn leven een feest geworden.' Dan vraagt Peter Paul het aanwezige publiek voor het laatst voor Jos te gaan staan en hem een donderende ovatie te geven. In de tent klapte ik met alle mensen om mij heen de handen stuk: 'Lang leve Jos!'

Bij de begraafplaats is alles netjes geregeld. Er is niemand die over graven klimt, zoals bij de begrafenis van Wim Sonneveld.

En het gaat allemaal precies zoals Jos had gewild. Frank vindt dat zijn man het goed had voorzien: 'Dit was niet voor hemzelf, niet voor zijn eigen ego. Maar zodat alle mensen afscheid van hem konden nemen. De mensen aan wie hij zijn carrière te danken heeft en aan wie hij zijn werk heeft opgedragen.' Aan het eind van de dag is er een nazit in Carré. 'Daar waren heel veel mensen. Dat was heel leuk, net of we een première gespeeld hadden.' Dat het zo massaal was, is voor Frank achteraf een troost: 'Het was een heel fijne dag, na die nare week in het ziekenhuis. Het feit dat het zo groots en meeslepend was, heeft me geholpen door de eerste dagen van rouw heen te komen.'

Had Jos vrede met de dood? Paul denkt van niet. 'Maar ik denk wel dat hij berusting heeft gevonden.' Jos kon de dood mooi relativeren. Hij zei altijd: 'Op het moment dat ik "krak" zeg, gaat de groenteman de volgende dag gewoon weer open om negen uur. De bomen groeien door en de kindjes spelen weer buiten. Het leven gaat verder en ik lig daar maar.' Of de duvel ermee speelt, kwam er een half jaar voor Jos' dood een boekje van hem uit over rouwverwerking: *Rouw op je dak*. Zijn laatste boek. In de inleiding schrijft hij: 'Rouw heeft alles te maken met liefde. Rouw is een heel hoge prijs die je daarvoor betaalt. Iemand hoort bij jou, jouw leven en wordt daaruit weggenomen.'

Van *Rouw op je dak* worden tienduizenden exemplaren verkocht. Zijn fans biedt Jos postuum steun met zijn laatste, zo toepasselijke warme woorden:

> Is de dood van iemand die je liefhad winst? Je zou zeggen van niet. Maar een mens gekend te hebben van wie je zielsveel hield en die van jou hield, is een grote kostbaarheid. Het is de harde waarheid: je kunt de ander niet meer in je armen nemen, niet lijfelijk. Maar je zult op een dag ondervinden dat die lichamelijkheid er niet meer zoveel toe doet.

Dat iets anders is gebleven, iets wat niet vergankelijk is.
Een mens gekend te hebben van wie je zielsveel hield, is een grote kostbaarheid.
Rouw op je dak...
Het is als zwarte sneeuw.
De warmte van de liefde die deze diepe smart veroorzaakt, zal die laten smelten.
Ik wens het je toe.
Ik kan je niet dragen op je moeilijke weg.
Ik hoop oprecht dat ik je geholpen heb weer een beetje te kunnen lopen, zélf te lopen.
Naar de horizon, waar hemel en aarde bij elkaar komen.

Om liefde gaan wij een leven.

Epiloog – Onvoorwaardelijke liefde

Aan het begin van deze biografie vroeg ik mezelf af wat het schrijven ervan zou doen met mijn beeld van Jos. Het was niet alleen maar mooi wat ik tegenkwam. Jos had ook onaangename kanten. Hij bleek een man met twee gezichten. Empathisch, maar ook egocentrisch. Meelevend, maar ook bot. Jos' relatie met Frank was een voorbeeld voor me: zo moest het zijn. Maar ook tussen hen knetterde het soms behoorlijk, terwijl ze voor de buitenwereld zorgvuldig het ideaalbeeld in stand hielden. In zijn jonge jaren waren open relaties Jos niet vreemd. Hoewel hij zelf niet het gevoel had 'twee heren te dienen', zoals hij het noemde, deed hij zijn partners wel pijn.

Het was niet altijd prettig deze verhalen te horen. Maar aan de andere kant, zo ben ik dan ook wel weer: voor het verhaal was het wel zo interessant. Als Jos' dierbaren de schone schijn hadden opgehouden, was dit vast een mooie hagiografie geworden, maar wel een saaie. En Jos was niet saai, hij was kleurrijk. Hij heeft stomme dingen gedaan, maar er wel van geleerd. Aan Bas bood hij excuses aan voor de lelijke brieven die hij hem schreef. Van Paul accepteerde hij uiteindelijk toch zijn vriend en hij werd na een diepe crisis weer gelukkig met Frank, waarbij hij hem de vrijheid gaf om ook zíjn eigen leven te leiden. Het lukte Jos zijn tekortkomingen te zien of zich aan te passen. Zijn dierbaren waardeerden dat zeer, omdat ze wisten hoeveel moeite het hem had gekost.

Hoe wordt Jos Brink herinnerd? Best veel van zijn omvangrijke oeuvre is vervaagd. Zijn boeken worden niet meer gedrukt en van zijn theaterwerk kreeg vooralsnog alleen het toneelstuk *Bessen* in 2012 een revival. Als tv-presentator komt hij nog wel regelmatig voorbij, als de kus voor koningin Juliana of een fragment uit *Wedden dat...?* wordt herhaald. Ik vind het, als je ziet wat hij allemaal heeft gedaan, weinig. Maar Simone Kleinsma zei het me al: Nederlanders zijn slecht in het eren van hun sterren.

Toch leeft zijn naam voort. Een frikandel met pindasaus wordt een Jos Brinkie genoemd. Eervoller vind ik de Jos Brink Prijs: een homo-emancipatieprijs die sinds 2009 om de twee jaar wordt uitgereikt. Er is een oeuvreprijs van 10.000 euro, winnaars waren onder anderen Henk Krol, Ellie Lust en Boris Dittrich. En als aanmoediging om hun voorbeeldfunctie voort te zetten, is er de innovatieprijs van duizend euro. Deze ging eerder naar mensen als Ahmed Marcouch en Bowi Jong.

Is het niet ironisch dat Jos bij leven razend populair was, maar dat zijn betekenis voor de homo-emancipatie destijds nauwelijks werd benoemd en dat dat nu juist hetgeen is waardoor hij niet wordt vergeten? Dát hij nu geëerd wordt als homoboegbeeld is wat mij betreft meer dan terecht. Al eind jaren zestig, een tijd waarin het nog verre van vanzelfsprekend was, maakte hij homoseksualiteit bespreekbaar op het toneel. Via 'De zoon van Sanders' in zijn solovoorstelling *Wobbewaf*, 'Kwak-kwak' met cabaretgroep Tekstpierement en 'Verkeerde kant' in *Madame Arthur*. Op tv waren er zijn optreden met Frank in *In de hoofdrol* en de zijdelingse opmerkingen in *Wedden dat...?* Hij schreef in 1986 een toneelstuk over aids, een ziekte waar heel veel mensen op dat moment nog spastisch op reageerden, maar werd toch een jaar later de populairste Nederlander. In de woorden van Albert Verlindes klasgenoot: 'Hij is dan wel homo, maar je kunt wel met hem lachen.'

Welke kant van zijn veelzijdige karakter domineert na het schrijven van dit boek? De grappenmaker, of toch zijn beschouwende kant? Zijn ongelofelijke werklust, zijn warmte, zijn humor, zijn ijdelheid, zijn drift of zijn tomeloze ambitie? Het zal voor iedereen anders zijn, afhankelijk van de persoonlijkheid van de lezer. Ik zie graag het goede in de mens, en dus ook het goede in Jos. Maar ik heb ook makkelijk praten, want ik heb zelf niet met zijn negatieve kanten te maken gehad. Het was misschien wel mijn geluk dat ik hem alleen van een afstand heb gekend, dat we nooit hebben samengewerkt. De mensen die dichter bij het vuur zaten, hebben ook schroeiplekken.

'Het gaat om de onvoorwaardelijke keuze voor elkaar,' schreef Jos me ooit. 'Je mag me niet kwalijk nemen dat ik voor mijn jongen kies, die onvoorwaardelijkheid is er ook in jouw geval.' En die onvoorwaardelijkheid is wederzijds, nog steeds. Jos was verre van perfect, hij was een mens met al zijn tekortkomingen. Maar ik denk terug aan de liedtekst die hij schreef voor zijn eerste musical, *Maskerade*:

Midden op de dag
's Avonds laat, 's morgens vroeg...
Ik vind je lief,
Ik vind je lief... genoeg!

Dankwoord

Eerst en vooral dank ik Frank Sanders. Bedankt Frank, voor je vertrouwen, je openheid, je moed en kwetsbaarheid, al die keren dat we elkaar spraken.

Paul van Ewijk stond me met raad en daad terzijde. Altijd mocht ik hem bellen voor hulp en advies. Daarnaast was zijn boek *Afgeschminkt* over 25 jaar Jos Brink, Frank Sanders en Tekstpierement een onmisbare bron van informatie voor me.

Skip Voogd hielp me met zeer persoonlijke verhalen en documenten een inzicht te krijgen in het tumultueuze begin van Jos' carrière.

Harry Brink vertelde me uitgebreid over Jos' eerste jaren en ook de periode daarvóór, had een scherp oog voor tekst en feiten en hielp me bij mijn speurwerk.

Joop van den Ende stond me niet alleen uitgebreid te woord, maar las ook als een van de eersten het manuscript en gaf waardevolle feedback.

Zoveel mensen hebben me voor dit boek hun verhaal over Jos verteld. Iedereen wie ik het vroeg, zag het belang ervan in en werkte mee. Het waren vaak emotionele en soms ook wel moeilijke gesprekken. Dank voor jullie openheid Jacques d'Ancona, Vera Bergman, Sytha Bolt, Hans Brink, Peter en Hansje Brink, Maaike Brink, Hannie van Dijk, Koen van Dijk, Bas Groenenberg, Lia Karon, Hans Karsenbarg, Henk Kemper, Simone Kleinsma, Guuske Kotte, Henk Krol, Lucie de Lange, Henk van der Meijden, Jan Meulendijks, Mady Misset, Ted Mooren, Nel Mus, Robert Paul, Janna Rijpma, Evert Santegoeds, Peter Siccama, Peter Paul en Remkoline Tobi en Albert Verlinde.

Dank voor de geweldige samenwerking, Barend Wallet, Sladjana Labović en Hester Helming van uitgeverij Unieboek | Het Spectrum. Barend: dank voor je vertrouwen en deze geweldige kans! Hester: wat fijn dat jij mijn partner was op deze bijzondere reis. Je daagde me uit om dit verhaal persoonlijk te maken en niet alleen maar braaf de tijdlijn te volgen maar te werken in thema's. Op een positieve manier gaf je me scherpe en opbouwende feedback. En Sladjana: vanaf ons allereerste belletje was je enthousiast, gaf je me je support en geloofde je erin. *Hajde da ludujemo ove noći!*

Shishir Bestebreur: zonder jou was dit boek er nooit geweest. Nadat jij bij Frank de videobanden had opgepikt en die bij mij dropte, ging het balletje rollen.

Rob Gommans: door jouw hulp bij de eerste ideeën, je positieve reactie op mijn eerste schrijfsels ging ik erin geloven. Je gaf me kritisch maar opbouwend het duwtje in de rug dat ik in het begin nodig had.

Mari Kant van het Theaterarchief: je deelde je unieke materiaal én je contacten met me en geloofde vanaf het eerste begin helemaal in dit boek.

Guido Gouwenaar: geduldig en kundig digitaliseerde je alle videobanden van Jos: een onmisbare pijler onder dit boek.

Mijn collega's bij Omroep Brabant, in het bijzonder Ron Brenkman, Marjo L'Homme, Ton Mallo, Agnes van der Straaten, en Renzo Veenstra. Zonder jullie steun had ik dit niet gekund.

Het Nederlands Instituut voor Beeld en Geluid, in het bijzonder Merel van de Meerendonk, hielp me met beeldresearch en deelde al dat mooie materiaal uit het immense archief.

En Wilberto van den Boogaard, Louis Bovée, Rolf Dekker, Lout Donders, Corine van Dijk, Rob Goudeketting, Léon Groen, Saskia van Iperen, Mijke de Kruijf, Jeroen Latijnhouwers, Henk Lemckert, Henk Mouwe, Ronald Ockhuysen, Bart Peeters, Arthur Preusterink, Theo Verbruggen, Astrid van Vliet en Kristian Westerveld: dank voor jullie hulp!

Tot slot dank ik natuurlijk mijn liefste man Pim, bij wie Jos vast wel dat 'Jos-Frank-gevoel' gehad zou hebben, omdat hij mij tot een bevoorrecht en gelukkig mens maakt.

Tijdlijn

1942
geboren 19 juni, Heiloo

1958
opleiding Hoorspelkern NRU

1959
radiodebuut in hoorspel De Z 69

1961
cabaret *Spelenderwijs* met Nel Mus

1962
cabaret *Luchtballonnen*
radio *Tussen 10 plus en 20 min*, 31 december (AVRO, tot 1965)

1963
theater Amsterdams Jeugdtoneel
single 'Pas goed op jezelf'

1964
tv *Combo* (AVRO)
single 'Als ik je foto zie'/ serie *Jos Brink vertelt* (6 singletjes met sprookjes van Yvonne Brill)

1965
dj in nachtclub Romantica, Den Haag (tot 1968)
tv *Beat uit Blokker*

1966

eerste **theaterprogramma** *Grote, grote Wallevis*

1967

radio BOEM (TROS)

1968

gedeelde **derde plaats** ICC-cabaretconcours
radio cabaretstrip *Bij de Buyten binnen* (TROS)
theater solovoorstelling *Wobbewaf*

1969

eerste preek in de kerk
theater solovoorstelling *Geen bezoek, geen bloemen*
radio *Disco-drive-in* (TROS)

1970

tv *Jos Brink Show* (TROS)
theater 't Winkeltje/ *Liefde is...* (Amsterdams Volkstoneel)
radio cabaretstrip *Huilen op de trap*/ *Tjies plies* (TROS)

1971

radio *Sphinx* (magazine voor vrouwen, met Monica Penders, TROS)
tv: *Attent op talent* (talentenjacht, gewonnen door Robert Paul, TROS)
kindermusical *Martijntje het wonderkind* (TROS)

1972

theater *In de zesde hemel* (eerste cabaretprogramma met Frank Sanders en Tekstpierement)
radio cabaretstrip *Dansen als een edelman*/ *Steiger B* (TROS)
tv kindermusical *Laat dat* (TROS)

1973

theater *Blijf zitten waar je zit* (Cabaret Tekstpierement)
boek *Vies* (met Monica Penders)

Tijdlijn

1974

theater *Wit op zwart* (Cabaret Tekstpierement)
tv *Koning Kind* (consumentenprogramma voor kinderen met Lia Karon, TROS)
lp *Wit op zwart* (met Tekstpierement)
prijs Beste kleutermilieuboek voor *Vies* met Monica Penders (door Raad voor Europa)

1975

theater *Ja we zijn daar gek* (Cabaret Tekstpierement)
prijs Zilveren Harp (met Tekstpierement)

1976

theater *Wacht u voor de hond* (Cabaret Tekstpierement)
boek *De vervuilers* (met Monica Penders)

1977

theater *Deusjevoo* (Cabaret Tekstpierement)
tv *Wie-Kent-Kwis*/ *Puzzeluur* (AVRO, tot 1985)
lp *Tekstpierement in ontroerend goed*

1978

theater *Van wie zou dat nou zijn* (Cabaret Tekstpierement)
lp en **tv** *Leven kan je leren*

1979

radio hoorspelserie *Bloesems van vuur* (AVRO, gebaseerd op boek *De porseleinen spiegel* van Olaf de Landell)
theater *Maskerade* (eerste musical)
tv *Alstublieft Majesteit*
lp *Maskerade*
prijs Televizier-Ring voor *Puzzeluur*

1980

lp en **tv** *Altijd Kerstmis*
boek *Zitten op de grond*

1981

theater *Amerika Amerika* (tot 1983)
tv *Babbelonië* (tot 1984)
boek *Allemaal Poppenkast*
prijs: Gouden Boek voor 100.000 verkochte exemplaren van *Zitten op de grond*

1982

boek *De leukste thuis*/ *Noesse*
lp *Amerika Amerika*

1983

theater toneelstuk *Bessen*/ musical *Evenaar* (tot 1985)
boek *Blij blijven*

1984

boek *Dagboek*/ *Zwartje*

1985

theater musical *Madame Arthur* (tot 1986)
boek *Stukje voor stukje*/ *Het verschrikkelijke Pimmetje*

1986

tv *Wedden dat...?* (AVRO / RTL, tot 1992)
theater toneelstuk *Een nieuwe dood*
boek *Lekker lui*
prijs Televizier-Ring voor *Wedden dat...?*/ ereburger van de stad Brugge/ Gouden Hart van de stad Rotterdam

1987

theater musical *Max Havelaar* (tot 1988)/ toneelstuk *Mijn zuster en ik*
prijs Gouden Harp
boek *Krabbels van een rode kater*

1988

theater toneelstuk *Oude nieuwe vrienden*
boek *Bouwen met puin*/ *Laat mij maar schuiven*
prijs Gouden *Gay Krant*-Award
benoeming tot Ridder in de Orde van Oranje-Nassau

1989

theater cabaretvoorstelling *Er wordt gestrooid* (tot 1991)
boek *Mijn hart een woordkuil*/ *Spaghetti met stokjes*
prijs Eremedaille van de Dienst voor Cultuur in België

Tijdlijn

1990

tv *De 64.000 gulden vraag* (RTL)
boek *God, waarom toch?*/ *Kat in bakkie*/ *Basje-serie*

1991

tv *Een van de acht* (RTL)
theater musical *Revue Revue*
boek *Heer, hoor van mij*/ *Dag tante Annie!*

1992

boek *Eenling is geenling*/ *Sieckentroost*/ *December – Feestelijke finaleverhalen*
prijs Gouden Pen

1993

theater toneelstuk *Non Actief*
tv *Op zoek*/ *Langs heilige huisjes* (tot 1995)/ *Cum laude* (NCRV)
boek *De steppe zal bloeien*/ *Levende stenen*/ *Zeulen door het zand*/ *Uw trouw tegemoet*/ *Doorgaan met ademhalen*

1994

tv *Zondagskinderen*/ *Brink op 1* (NCRV)
boek *In leegte en gemis*/ *Dagelijks brood*/ *In bekenden veranderd*/ *De grote kattelogus*

1995

theater musical *Zzinderella* (tot 1997)
boek *Schrijven met water*/ *Wat God niet verbonden heeft*/ *Made in Holland*

1996

tv *Goeiedag met Jos* (NCRV)
boek *Tastend aan het licht*/ *Wat je zegt dat ben je zelf*/ *O toekomst, laat niet af*/ *Zie je ik hou van je*

1997

tv *Jos op 1* (tot 1999, NCRV)

1998
theater toneelstuk *Sassafras*
boek *Liefde ziet met eigen ogen*

1999
theater cabaretvoorstelling *Over en weer*

2001
theater musical *Sonneveld*

2003
theater musical *Het Hemelbed*

2004
theater musical *Hello Dolly*
tv *TV-Toppers* (tot 2007, NCRV)

2005
theater musical *Als op het Leidseplein...*

2006
theater cabaretgroep Purper

2007
boek *Rouw op je dak! Handboek voor hulpsinterklazen* (postuum)

Bronnen

Veel informatie in deze biografie komt uit het privéarchief van Jos Brink. De plakboeken en fotoalbums die hij in het begin van zijn carrière bijhield, waren een waardevolle bron. Ze bevatten brieven en documenten die een unieke inkijk gaven in zijn leven. Daarnaast kreeg Jos Brink via een knipseldienst alles wat over hem werd geschreven. Ook deze informatie had ik tot mijn beschikking.

Een andere belangrijke bron waren de tientallen collega's, vrienden en kennissen van Jos Brink die ik sprak. In de lijst hieronder staat per hoofdstuk en per onderwerp wie ik wanneer heb gesproken.

Verder bevat dit overzicht alle openbare bronnen die voor dit boek zijn gebruikt.

Hoofdstuk 1 – Oorlogskind

Over anti-Duitse gevoelens: interview auteur met Jos Brink, 20 december 1997

Oorlogsjaren gezin Brink en achtergrond ouders: interviews Harry Brink 11 juli 2020, Hans Brink 21 augustus 2020 en Peter en Hansje Brink 23 augustus 2020

Historie Tromp: marineschepen.nl

Jos over knokploeg vader: interview *AD* 14 november 1991/ Ruud Kuyper – 'Theater is ons anker'

Lot O 22: *Trouw* 20 april 1994/ Wilma Kieskamp – 'O 22 na halve eeuw terecht'

Fusillade Bas Kuster: monument-rozenoord.nl

Hoofdstuk 2 – Een lawaaiig gezin

Eerste herinneringen: interview auteur met Jos Brink, 20 december 1997 en interview Karel Prior in radioprogramma *Kom er maar 'ns bij*, 24 oktober 1977, TROS radio

Herinneringen jeugdjaren gezin Brink: interviews Harry Brink 11 juli 2020, Hans Brink 21 augustus 2020 en Peter en Hansje Brink 23 augustus 2020

Jos op de lagere en middelbare school: interview Karel Prior in radioprogramma *Kom er maar 'ns bij*, 24 oktober 1977, TROS radio

Jeugdherinneringen Jos: *Margriet* 22 november 1991/ Eva de Jong – 'De jeugdherinneringen van Jos Brink' en *AD* 14 november 1991/ Ruud Kuyper 'Theater is ons anker'

De betovering door de poppenkast: *Noordhollandsche Courant* 3 januari 1987/ Rob Hirdes – 'Jos Brink: streberig, dat ben ik ook' en *Allemaal Poppenkast*/ Jos Brink, uitgeverij Teleboek 1981

Eerste theaterervaring: *Het Parool* 15 februari 1990/ Jos Brink – 'Jos Brink over applaus'

Tramlijn Begeerte: *Het Vrije Volk* 19 november 1948/ 'Comedia brengt opnieuw een stuk van Tennessee Williams ten tonele'

Mulo-tijd: interview Nel Mus (Petra Wanrooij), 28 september 2020

Vader weigert kunstschilder worden: *Zondag Nieuws* 31 december 1989/ 'Ik zal nooit kinderen hebben. Dat stemt me droevig'

Prestatiedrang: interview *Libelle* no 27, 1990/ Trudy Kunz

Audities hoorspelopleiding: interview Harry Brink 11 juli 2020 en *Nieuwe Tilburgsche Courant* 10 juni 1961/ 'Jongste hoorspelacteur woont in Tilburg'

Hoorspelkern: interview Hans Karsenbarg, 12 augustus 2020

Jos over Sonneveld: *Arnhemse Courant* 22 januari 1990/ Hans Heesen en Lex Veerkamp – 'Jos Brink: Sonneveld is onvergelijkbaar'

Hoorspeldebuut: interview *Viva* 16 juni 1989/ Cees Baan – 'Mijn eerste baan'

Eerste theatervoorstellingen: interview Nel Mus (Petra Wanrooij) 28 september 2020

Geloofsbeleving en belijdenis Jos: interview Nel Mus (Petra Wanrooij) 28 september 2020/ Uitzending *In de hoofdrol* 21 januari 1985, AVRO televisie

Jos in militaire dienst: interviews Peter en Hansje Brink, 23 augustus 2020 en Nel Mus (Petra Wanrooij), 28 september 2020

Luchtballonnen en ontslag NRU: interview Hans Karsenbarg, 12 augustus 2020

Jos over armoede: interview 24 oktober 1977/ Karel Prior – *Kom er maar 'ns bij*, TROS radio en interview *Gooi- en Eemlander* 8 november 1969/ Fransje Drossaerts – 'Cabaretier Jos Brink preekt óók' en interview Peter en Hansje Brink, 23 augustus 2020

Ontslag NRU: interview 24 oktober 1977/ Karel Prior – radioprogramma *Kom er maar 'ns bij* , TROS radio en interview Hans Karsenbarg, 12 augustus 2020

Hoofdstuk 3 – Coming-out

Vroege radio-opname Jos Brink: 18 mei 1964 – *Blij Blijven met Jos Brink* – AVRO radio, productie Skip Voogd en Wim Harsma

Populariteit Jos: *AD* 8 augustus 1963/ 'Adviseur van jonge harten'

Relatie Jos Brink en Skip Voogd: interview Skip Voogd 16 mei 2020

Skip schrijft voor Jos: artikel *Goede Ontvangst* juli/augustus 1963/ Skip Voogd – 'Tussen 10+ en 20- jubileerde'

Homoseksualiteit in de media eind jaren vijftig: *Homo-encyclopedie van Nederland*, Thijs Bartels en Jos Versteegen – Uitgeverij Anthos, Amsterdam 2005

Gerard Reve eerste openlijke homoseksueel op tv: Artikel 'Homo-emancipatie op radio en tv' – anderetijden.nl

Coming-out: interview *Actie* december 1992/ Cees de Geus – 'Iedereen heeft het recht om gelukkig te worden', interview *Margriet* 1978/ Harriet Spelberg, interview *HN Magazine* 4 januari 1986/ Jos Teunissen – 'M'n jas hangt de hele week aan het spijkertje van zondag', interview *Het Parool* 6 juni 1992/ Leonoor Wagenaar – 'Ieder die tien keer z'n broek laat zakken is nu al een ster'

Reacties op coming-out: interviews Peter en Hansje Brink, 23 augustus 2020 en Hans Brink, 21 augustus 2020

Jos en Nel: interview Nel Mus (Petra Wanrooij) 28 september 2020

Jos ingestort: *De Telegraaf* 15 januari 1964/ 'Jos Brink ziek'

Hoofdstuk 4 – De tienerster valt van zijn voetstuk

Rolling Stones: *Haagse Post* 10 augustus 1964 – 'Conflicten rond Rolling Stones-opstand' en *Haagsche Courant* 10 augustus 1964/ 'Jonge heethoofden maken enorme rel in de Kurzaal'/ *Vrije Volk*

Reactie Jos na Rolling Stones: TROS radio 2 juli 1981, interview met Tom Mulder voor radioprogramma *Poster*

Jos in *Combo*: uitzending 29 oktober 1964, AVRO televisie

Omstreden interview: *Trouw* 14 april 1965/ 'Ik ben gewoon getikt'

Jos en Romantica: *De Gelderlander*, mei 1965/ 'Longplay-boy Jos Brink als nacht-discjockey'

Ontslag: *Algemeen Dagblad* 24 juni 1965/ 'Jos Brink op AVRO-wip', *Algemeen Dagblad* 14 augustus 1965/ 'AVRO uitgekeken op Jos Brink' en *Nieuwsblad van het Noorden* 23 augustus 1965/ 'Erg jammer dat ik het veld moest ruimen'

Jos over Romantica: *Libelle*: nr 21 van 25 mei 1979, Marianne de Groot en interview *Nieuwe Revu* 21 februari 1991/ Bert Voskuil – 'Ik ben de Here Jezus niet. Nog niet'

Jos schuldenvrij: *Trouw* 17 oktober 1968/ 'Cabaret I/ Cabaret II'

Andrew: interview Peter en Hansje Brink 23 augustus 2020 en *De Stem* 24 februari 1966/ 'Tiener- en t.v.-sterren vliegen als eksters door atelier van "Luxe Robert"'

Hetty van Kempen: interview Skip Voogd 16 mei 2020

Hoofdstuk 5 – Bevlogen mislukkingen

Grote, grote wallevis: interview Vera Bergman 25 juli 2020

Anekdote Van Heijst: interview *Nieuwe Revu* 21 februari 1991/ Bert Voskuil – 'Ik ben de Here Jezus niet. Nog niet'

Jos over Van Heijst: interview *Gooi- en Eemlander* 8 november 1969/ Fransje Drossaerts – 'Cabaretier Jos Brink preekt óók'

Recensies *Grote, grote wallevis*: *De Tijd* 14 oktober 1966/ 'Hapje wallevis' en *De Waarheid* 14 oktober 1966/ 'Grote walvis, een spierinkje'

Beschrijving Van Breestraat: interview Frank Sanders, 13 augustus 2020

Inspiratie Sonneveld: Henk van Gelder – Sonneveld/ Uitgeverij Quintessence 1987, *de Volkskrant* 12 oktober 1968/ Joop van Schie 'Cabaretier Jos Brink (26) past weer goed op zichzelf'

Wobbewaf op tv: *Utrechts Nieuwsblad* 6 november 1968/ tv-kritiek Nico Scheepmaker

Jos over relatie met Peter: interview Ischa Meijer, dvd-box 'Het beste uit ISCHA', JUST entertainment.

Relatie Peter: interview Peter Siccama 25 juni 2020 en Ted Mooren 5 oktober 2020

Hoofdstuk 6 – Nog geen Jos Brink Show

Preken in de kerk: *Het Vrije Volk* 8 augustus 1969/ Jan Carmiggelt – 'Dominee zou een goede acteur moeten zijn', interview *Trouw* 8 augustus 1969/ 'Carte blanche voor voorganger Jos Brink' en *Noordhollandse Dagbladen* 12 augustus 1969/ D.P. van Wigcheren – 'Zomeravond-kerkcabaret of: waarheid met een glimlach'

Geen bezoek, geen bloemen: interviews Mady Misset 24 september 2020 en Peter Siccama 25 juni 2020, *Gooi- en Eemlander* 8 november 1969/ Fransje Drossaers – 'Cabaretier Jos Brink preekt óók'

Recensies *Geen bezoek, geen bloemen*: *Het Parool* 27 september 1969/ C. B. Doolaard – 'Cabaret van Jos Brink: nog te vlak',

Haagsche Courant 27 september 1969/ 'Jos Brink enigszins teleurstellend', *De Telegraaf* (datum onbekend)/ 'Geen bloemen voor Wobbewaf'
Jos Brink Show: uitzending 31 december 1970, TROS televisie
Olaf J. de Landell: interview *Weekend* 12 december 1981/ Monique Kalmann – 'Werkt Jos Brink zich over de kop?'
Attent op Talent, Finale van de Posthoorn-Talentenjacht: uitzending 22 april 1971, TROS televisie
Robert Paul: interview Robert Paul 16 september 2020
't Winkeltje: interview *Haagsche Courant* 12 november 1973/ Frans Happel – 'Jos Brink: eindelijk een eigen stekkie'

Hoofdstuk 7 – Succes in theater én in de liefde

Kennismaking en relatie Jos en Frank: interviews Frank Sanders 9 mei 2020, 13 augustus 2020 en 14 oktober 2020
Cees de Lange: interview Lucie de Lange 1 oktober 2020 en interview *Weekend* 18 november 1989/ 'De geest van Wim Sonneveld beschermt me elke dag'
Begin relatie Jos en Frank: interviews Lia Karon 2 oktober 2020 en Guuske Kotte 17 september 2020
Recensies *In de zesde hemel*: *De Telegraaf* 8 december 1972/ Jan Spierdijk – 'In de zesde hemel uitstekend amusement', *de Volkskrant* 1 november 1972/ Jan Paul Bresser – 'Tekstpierement: mooi maar oppervlakkig', *AD* 1 november 1972/ 'Vakwerk bij Tekstpierement', NRC *Handelsblad* 31 oktober 1972/ W. Boswinkel – 'Tekstpierement is ongeveer halverwege'
Begin Tekstpierement: *De Telegraaf* 21 januari 1975/ 'Tieneridool Jos Brink werd volwassen cabaretier', *Elseviers Weekblad* 26 augustus 1978/ Joop Bromet – 'In het voetspoor van Sonneveld', interview Ischa Meijer in *Z.I.*, 18 april 1981, VARA radio

Reactie ouders Jos op Frank: interview Jacques d'Ancona in *Nou even niet*, 9 maart 1996, Radio Noord

Einde relaties: interviews Peter Siccama 25 juni 2020, Robert Paul 16 september 2020 en Frank Sanders 9 mei 2020

Jos over democratie bij Tekstpierement: *Haagse Courant* 12 november 1973/ Frans Happel – 'Jos Brink: eindelijk een eigen stekkie'

Lichtjes bij Pepijn: interviews Paul van Ewijk 15 augustus 2020 en Frank Sanders 14 oktober 2020

Zwangerschap Lia: interview Lia Karon 2 oktober 2020

Recensies *Wit op zwart*: *De Telegraaf* 2 november 1974/ Jan Spierdijk – 'In de roos met Wit op zwart', Nieuwsblad van het Noorden 2 oktober 1974/ Jacques d'Ancona – 'Tekstpierement op weg naar de doorbraak'

Jos maakt balans op: interview *De Telegraaf* 21 januari 1975/ 'Tieneridool Jos Brink werd volwassen cabaretier'

Verhoudingen binnen Tekstpierement: interviews Lia Karon 2 oktober 2020, Guuske Kotte 17 september 2020, Sytha Bolt 19 oktober 2020, Frank Sanders 14 oktober 2020 en Lucie de Lange 1 oktober 2020

Recensies *Wacht u voor de hond*: NRC *Handelsblad* 4 december 1976/ Hanny Alkema – 'Tekstpierement: cabaret zonder ruggegraat', *Trouw* 6 december 1976/ Ber Hulsing – 'Tekstpierement op zijn best: alles licht, maar nooit leeg', *De Telegraaf* 7 december 1976/ Jan Spierdijk – 'Tekstpierement nieuwe voltreffer', lp *Tekstpierement in Ontroerend Goed*, Negram SPLO 161

'Miami Nightmare': interview Henk Krol 27 september 2020

Jos en Frank en homo-emancipatie: interview Frank Sanders 21 februari 2021

Hoofdstuk 8 – De publiekslieveling

Puzzeluur: interview Jan Meulendijks 19 oktober 2020, uitzending *Puzzeluur* 9 mei 1980, AVRO televisie

Alstublieft Majesteit: tv-uitzending NOS/ AVRO 30 april 1979, interview Frank Sanders 13 augustus 2020 en 21 februari 2021, *Privé* 29 augustus 2007 (herdruk uit 1979)/ Jos Brink – 'De dag dat ik Hare Majesteit kuste'

Wim Kan over Televizier-Ring: *De dagboeken van Wim Kan 1968-1983 – De televisietijd* – Uitgeverij Balans

Henk van der Meijden over Jos Brink: interview Henk van der Meijden 26 oktober 2020

Sonja Barend over Henk van der Meijden: *Gezond weer op* – Uitgeverij De Haan, 1984

Jos over Henk van der Meijden: interview *HN Magazine* 4 januari 1986/ Jos Teunissen – 'M'n jas hangt de hele week aan het spijkertje van zondag'

Column 'Vijf december' na overlijden vader: *Spaghetti met stokjes* – Uitgeverij Teleboek, 1989

Jos over band met ouders: *De Limburger* 13 april 1984/ Kick Schröder – 'Jos Brink twee weken thuis in Heerlen'

Overlijden Jo Brink: *Privé* 26 december 1987/ Evert Santegoeds – 'Aangeslagen Jos Brink in rouwdienst'

Recensie *Deusjevoo*: *De Telegraaf* 30 januari 1978/ Marinus van Staveren – 'Tekstpierement met robots'

Genesiuspenning: *De Telegraaf* 31 januari 1978/ 'Medaille voor Jos', interview Frank Sanders 14 oktober 2020, interview *Trouw* 19 september 1992/ Fred Lammers en Cokky van Limpt – 'Zorgvuldig met mensen omgaan, dat probeer ik na te streven'

Van wie zou dat nou zijn: interview Frank Sanders 14 oktober 2020

Maskerade: interviews Peter Paul en Remkoline Tobi 25 september 2020, Frank Sanders 14 en 24 oktober 2020, Simone Kleinsma 1 december 2020, tv-uitzending 21 september 1981/ AVRO televisie

Recensie *Maskerade*: *Trouw* 22 oktober 1979/ Dirkje Houtman – 'Liefdesverhaal met geëngageerde franje'

Mary Michon: interview Peter Paul Tobi 25 september 2020

Amerika Amerika: *Privé* 11 oktober 1980/ Jos Brink – 'Ik zag mijn buurman in een half uur 40.000 dollar vergokken', interviews Peter Paul en Remkoline Tobi 25 september 2020, Frank Sanders 14 juni en 24 oktober 2020, Lucie de Lange 1 oktober 2020 en Simone Kleinsma 1 december 2020

Recensies *Amerika Amerika*: *de Volkskrant* 17 oktober 1981/ Ruud Gortzak – 'Jos Brink presenteert pure onderbroekenlol', *AD* 19 oktober 1981/ Ruud Kuyper – 'Kluchtigheid troef in musical', *Elseviers Magazine* 24 oktober 1981/ Joop Bromet – 'De smaak van Jos Brink'

Jos als schilder: *Een droom in olieverf*, inleiding door Paul van Ewijk, Uitgeverij Lannoo 2008

Babbelonië: interview Jan Meulendijks 19 oktober 2020, *Babbelonië Het spraakmakende tv-programma*, WIN Productions BV 1982, uitzending *Babbelonië* 25 mei 1982, AVRO televisie

Kritiek *Babbelonië*: *Vrij Nederland* 16 januari 1982/ Nico Scheepmaker – 'Moedwil en misverstand over *Babbelonië*', *Panorama* 21 augustus 1981/ Hans Auer – '*Babbelonië*', *Trouw* 21 oktober 1981/ Ruud Verdonck – 'Naar de knoppen', *NRC Handelsblad* 22 mei 1982/ Jan Lenferink – 'Frank heeft me de schuine moppen afgeleerd'

Stoppen met *Babbelonië*: interview *VARA-gids* 14 januari 1989/ Coen Seegers en Sjaak Roodenburg – 'Ik ben helemaal niet zo'n vreselijke schaterbek', interview *De Telegraaf* 21 maart 1987/ Henk van der Meijden – 'Ik ben een dwangneuroticus', interview *AD* 15 februari 1986/ Arno Gelder – 'Maar de drang blijft'

Hoofdstuk 9 – Modern family

Over kinderwens: interviews Peter en Hansje Brink 23 augustus 2020 en Frank Sanders 4 november 2020

Journalistieke kinderen: interview Evert Santegoeds 8 december 2020 en Albert Verlinde 20 november 2020

De Duif: interviews Henk Kemper 4 december 2020 en Paul van Ewijk 15 augustus 2020

De drie 'zonen': interviews Paul van Ewijk 15 augustus 2020, Bas Groenenberg 5 november 2020 en Koen van Dijk 6 november 2020

Jos over Paul: interview *Het Parool* 6 juni 1992/ Leonoor Wagenaar – 'Ieder die tien keer z'n broek laat zakken is nu al een ster' en interview *De Telegraaf* 30 januari 1988/ Henk van der Meijden – 'Jos Brink: Dit is mijn zoon'

In de hoofdrol: uitzending 21 januari 1985/ AVRO televisie, interviews Frank Sanders 13 augustus 2020 en Peter Brink 23 augustus 2020, interview *De Limburger* 24 juni 1985/ Paul Wolfswinkel – 'Nu ook al voorganger'

Artikel over zonen: *De Gay Krant* november 1987/ Edwin Bakker – 'De zoons van Jos Brink'

Familiebanden Jos: interviews Hans Brink 21 augustus 2020, Frank Sanders 9 mei 2020 en Maaike Brink 10 november 2020

Over poezen: interview Frank Sanders 18 november 2020 en *Zwartje*/ Jos Brink – uitgeverij Teleboek 1984

Hoofdstuk 10 – Eén grote *Wedden dat...?*-familie

Ontstaan *Wedden dat...?*: interview Joop van den Ende 21 september 2020

Verzoening met AVRO: *De Telegraaf* 27 juli 1985/ Henk van

der Meijden – 'De showbusiness-verzoening van het jaar – Waarom Jos Brink nu toch weer bij de AVRO terugkeert...'

Verwachting kijkcijfer *Wedden dat...?*: *Algemeen Dagblad* 16 januari 1986/ 'Wedden Dat succes'

Jos en de koeien: *Wedden dat...?* 17 januari 1986/ AVRO televisie, interview Joop van den Ende 21 september 2020

Werkwijze *Wedden dat...?*: interviews Janna Rijpma 3 november 2020 en Frank Sanders 9 mei 2020

Dennis van Bommel: uitzendingen *Wedden dat...?* 4 en 11 november 1986/ AVRO televisie, interviews Joop van den Ende 21 september 2020 en Janna Rijpma 3 november 2020, *Privé* 22 november 1986/ Jos Brink – 'Dag lieve Dennis', *Nieuwsblad van het Noorden* 12 november 1986/ Wico Dekker – 'Uitpraten'

Recensenten over Jos Brink: *Elseviers Magazine* 6 december 1986/ Boudewijn Büch – 'Meeslepende nutteloosheid', *Utrechts Nieuwsblad* 31 januari 1987/ Nico Scheepmaker – 'Topsport in *Wedden Dat*'

Weddenschap touwtjespringen: uitzending *Wedden dat...?* 27 januari 1987/ AVRO televisie

Reactie Douwe Egberts op zegeltjes: *Brabants Dagblad* 8 maart 1988/ 'Niet nog eens zo'n actie van Brink met zegeltjes'

Kritiek *Wedden dat...?*: *Telegraaf* 27 februari 1988/ Leo Derksen – 'Beduveld', interview Janna Rijpma 3 november 2020

Werkdruk: *De Telegraaf* 21 maart 1987/ Henk van der Meijden – 'Ik ben een dwangneuroticus'

Werklust Jos: interviews Frank Sanders 9 mei 2020, Bas Groenenberg 5 november 2020 en Peter Paul Tobi 25 september 2020, uitzending *Sonja* 29 mei 1988/ VARA televisie

Hoofdstuk 11 – Beminde bezittingen

Totstandkoming musical *Max Havelaar*: interviews Peter Paul en Remkoline Tobi 25 september 2020 en Ernst Halatoe 13 november 2020

Spanningen met Indische cast: interviews Ernst Halatoe 13 november 2020, Frank Sanders 31 oktober 2020, Guuske Kotte 17 september 2020

Bezitterigheid Jos: interviews Bas Groenenberg 5 november 2020, Paul van Ewijk 15 augustus 2020, Frank Sanders 31 oktober 2020, Simone Kleinsma 1 december 2020 en Lucie de Lange 1 oktober 2020

Een nieuwe dood: tv-registratie 30 mei 1987/ AVRO televisie, interview Frank Sanders 31 oktober 2020

Recensies *Een nieuwe dood*, oktober 1986: *Gooi- en Eemlander*, Robert Grijsen/ 'Een nieuwe dood ontroerend en oprecht'. *De Telegraaf*/ 'Een nieuwe dood innemend stuk over afstotende liefde', *Het Vrije Volk*/ 'Discriminatie en angst in Jos Brinks *Een nieuwe dood*'

Koninklijke onderscheiding: *Privé* 21 mei 1988/ Evert Santegoeds – 'Ik voel me meteen tachtig!'

Busincident *Max Havelaar* en goenagoena: interview *Nieuwe Revu* 21 februari 1991/ Bert Voskuil – 'Ik ben de here Jezus niet, nog niet', interviews Frank Sanders 31 oktober 2020, Ernst Halatoe 13 november 2020, Bas Groenenberg 5 november 2020

Verwijdering Bas: interview Bas Groenenberg 5 november 2020

Hoofdstuk 12 – De grenzen van succes

Vakantie Jos en Frank: interview Frank Sanders 9 mei 2020

Jos over TV10: *Nieuwe Gazet*, 16 december 1989

Kijkcijfer *Wedden dat...?* bij VTM: *Het Belang van Limburg*, 19 december 1989

Ondergang TV10: *Utrechts Nieuwsblad* 28 oktober 1989/ René 't Sas – 'TV10: Champagne of azijn'

De 64.000 gulden vraag: KRO *Studio* 9 maart 1991/ Clemens Dericks en Wouter van Kooten – 'Kwiskoorts – Zolang het maar vlamt op tv'

Drankgebruik Jos: interview Frank Sanders 31 oktober 2020

Een van de acht: *Privé* 15 december 1990/ Evert Santegoeds – 'Een van de acht wordt Jos Brinks nieuwe tv-hit!', uitzending 11 april 1991/ RTL4, *De Telegraaf* 15 maart 1991/ Ton de Zeeuw – 'Mies en Jos', *Televizier* 23 februari 1991/ Leks van der Horst – 'Magie en lachsalvo's aan de lopende band', Bert van der Veer – *Is er nog iets leuks vanavond?* Uitgeverij United Media Company 2007

Serieuze kant Jos: interview *Alkmaarse Courant* e.a. 17 juni 1989/ 'Ik wil geen volksprediker zijn', interview Hannie van Dijk 18 november 2020

Jos over *Les Misérables*: *Twentse Courant* 4 januari 1992/ Monique van de Ven – 'Nederland dan toch musical-minded'

Revue Revue: recensies *Nieuwsblad van het Noorden* 19 december 1991/ Jacques J. d'Ancona – 'Revue Revue: spetter op superformaat', NRC *Handelsblad* 19 december 1991/ Henk van Gelder – 'Revue over stinkteringtyfusprovincietoneeltjes', interview Frank Sanders 18 november 2020

Vertrek RTL: *De Telegraaf* 24 maart 1992/ Henk van der Meijden – 'Jos Brink eind van jaar weg bij RTL 4', *De Telegraaf* 26 maart 1992/ Henk van der Meijden – 'Waarom Jos Brink breekt met RTL 4', interview Joop van den Ende 21 september 2020, *Broadcast Magazine* oktober 1992/ Philip Kooke – 'Terug naar echt contact met het publiek'

Op zoek: aflevering 23 april 1993/ NCRV televisie, *de Volkskrant* 11 juni 1994/ Greta Riemersma – 'Sorry, mensen hoeven van mij niet te geloven'

Langs heilige huisjes: interviews Hannie van Dijk 18 november 2020, Frank Sanders 18 november 2020

Theologische boeken: interview Henk Kemper 4 december 2020 en Hannie van Dijk 18 november 2020, Jos Brink – *Eenling is geenling*, uitgeverij Kok (Kampen 1991), interview auteur met Jos Brink 20 december 1997

Hoofdstuk 13 – Relatiecrisis

Interviews Frank Sanders 9 mei 2020, 31 oktober 2020 en 21 februari 2021, Paul van Ewijk 15 augustus 2020, Lucie de Lange 1 oktober 2020, Peter Paul en Remkoline Tobi 25 september 2020, Evert Santegoeds 8 december 2020, Albert Verlinde 20 november 2020, interview auteur met Frank voor lokale omroep Streekradio Sky-Line 17 december 1996 en interview auteur met Jos 20 december 1997

Lied over dementie bij moeder Frank: *Jos op 1* 30 december 1998/ NCRV televisie

Jos over Frank in *Privé*: oktober 1995, Peter Horvers – 'Hoe ik mijn midlife-crisis overwon'

Hoofdstuk 14 – De verzoening

Anti-Duitse gevoelens: interview Astrid Joosten – *De show van je leven*, VARA televisie, 10 januari 1998 en 6 juni 1998

Terugblik op *De show van je leven*: *Kaarten op tafel*, EO televisie, 16 maart 2002

Stoppen samenwerking Van den Ende: schriftelijke reactie Joop van den Ende 23 november 2020, interview Albert Verlinde 20 november 2020

My Fair Lady: interview *Privé* 18 juni 1994/ Monique Kalmann

– 'Ik ben verdrietig en teleurgesteld', schriftelijke reactie Joop van den Ende 26 november 2020

Recensies *Over en weer:* NRC *Handelsblad* 13 december 1999/ Henk van Gelder – 'Jos Brink met olijke sketches', *de Volkskrant* 23 november 1999/ Patrick van den Hanenberg – 'Jos Brink is nog steeds gedateerd'

Reactie Frank op brief Jos: interview Frank Sanders 21 februari 2021

Musical *Sonneveld*: interviews Peter Paul en Remkoline Tobi 25 september 2020 en Frank Sanders 14 juni 2020, registratie *Sonneveld – Haal het doek maar op* 2 juni 2002/ dvd-box *Jos Brink De Hommage* Digimode Entertainment 2010

Het Hemelbed/ Hello Dolly: interview Albert Verlinde 20 november 2020

Als op het Leidseplein...: interviews Koen van Dijk 24 november 2020, Albert Verlinde 20 november 2020, Frank Sanders 14 juni 2020 en Paul van Ewijk 15 augustus 2020, Geluidsregistratie afscheidsdienst De Nieuwe Ooster 23 augustus 2007

TV-Toppers: interview *Kunststof* 19 juli 2004/ Hanneke Groenteman NTR radio, uitzending *TV-Toppers* 3 juli 2004/ NCRV televisie, *Trouw* juli 2004/ Martine Borgdorff – 'Retrotainment is een zegen'

Musical oeuvre award: uitzending Musical Awards 6 juni 2005, AVRO televisie, *AD* 8 juni 2005/ Nico Heemelaar – 'Erkenning voor Jos en Frank'

Erkenning musicals Brink – Sanders: *Musicals in Nederland*/ Henk van Gelder – 'Met alle tekorten en beperkingen meer dan geslaagd', uitgeverij Terra 2004, *De musical – Het boek*/ hoofdstuk 'Cabaret, continuïteit en volharding: *Maskerade*' door Xandra Knebel, uitgeverij d'JongeHond 2010, *De Nederlandse musical – Emancipatie van een fenomeen*/ Bart Dieho, uitgeverij International Theatre & Film Books 2018, interviews Joop van den Ende 21 september 2020, Simone

Kleinsma 1 december 2020 en Jacques d'Ancona 2 december 2020
Purper: interview Paul van Ewijk 15 augustus 2020 en dvd-registratie 'Jos Brink in Purper 100'/ Universal 2007

Hoofdstuk 15 – Meneer Bros

Interviews Frank Sanders 14 juni 2020 en 21 februari 2021, Paul van Ewijk 15 augustus 2020 en Peter Paul en Remkoline Tobi 25 september 2020
Over ziekte: *de Volkskrant* 26 juli 2007/ 'Jos Brink ongeneeslijk ziek', interview Evert Santegoeds 8 december 2020 en *Privé* 8 augustus 2007/ Evert Santegoeds – 'Dag lieve mensen, tot gauw'
Over menswaardig heengaan: Jos Brink – *Rouw op je dak*/ Uitgeverij Lannoo 2007

Hoofdstuk 16 – Als de finale niet goed is, deugt de show niet

Interviews Frank Sanders 14 juni 2020, Paul van Ewijk 15 augustus 2020, Peter Paul en Remkoline Tobi 25 september 2020 en Lucie de Lange 1 oktober 2020
Jos over zijn uitvaart: *Privé* 6 februari 1988/ Evert Santegoeds – 'Ik leef nog maar 12 jaar!'
Televisie-uitzending uitvaart De Duif, 23 augustus 2007, AT5
Geluidsregistratie afscheidsdienst De Nieuwe Ooster 23 augustus 2007
Artikel *AD* 24 augustus 2007/ Nils Elzinga en Arno Gelder – 'Een allerlaatste applaus voor die "lieve man"'

Fotoverantwoording

De schrijver en de uitgever danken alle rechthebbenden voor de toestemming om hun werk te reproduceren. Alles is in het werk gesteld om de rechthebbenden op te sporen en hun toestemming voor het gebruik van auteursrechtelijk beschermd materiaal te verkrijgen. De uitgever verontschuldigt zich voor eventuele fouten of weglatingen en wordt graag op de hoogte gesteld van eventuele correcties die in toekomstige edities van dit boek moeten worden aangebracht.

Foto's achterplat: koningin Juliana en Jos Brink © ANP, Jos Brink bij *Wedden dat...?* © Paul Huf, en Jos Brink en Frank Sanders in *Revue Revue* © Jan Swinkels

Schutblad voor: privéarchief Jos Brink m.u.v. Jos Brink in de Grote Kerk in Dordrecht © Etienne Busink, foto met koningin Juliana © ANP, en foto Jos Brink en Frank Sanders 12,5 jaar © Will Dekkers

Schutblad achter: privéarchief Jos Brink m.u.v. foto Jos Brink met vogel bij *Wedden dat...?* © Kippa, Jos Brink en Frank Sanders bij *Revue Revue* © Jan Swinkels, en met cabaretgroep Purper © Roy Beusker/ collectie Anneke Grönloh Producties

Fotokatern

p. 1, p. 2 boven, p. 3, p. 6 midden, p. 7, p. 8 onder en p. 9: privéarchief Jos Brink
p. 2 onder: © Dick de Herder
p. 5: privéarchief Skip Voogd
p. 6 boven: © Rob Bosboom
p. 11 boven: © fotograaf Maarten Klijn, vormgever Sjef Nix
p. 12 boven en p. 14 rechtsboven: © Nederlands Instituut voor Beeld en Geluid
p. 12 onder en p. 14 onder: © Jan Swinkels
p. 13 midden en onder © Kippa
p. 14 linksboven: met dank aan de heer Van Bommel
p. 15 boven: © Wilberto van den Boogaard
p. 15 onder: met dank aan Paul van Ewijk
p. 16 boven: © Joris van Bennekom
p. 16 onder: © Olivier Middendorp
p. 3 onder, p. 4, p. 6 onder, p. 8 boven, p. 10, p. 11 midden en onder, p. 13 boven en p. 14 linksboven: fotograaf onbekend

Register

De cursieve cijfers verwijzen naar de pagina's van het fotokatern.